KB129953

희망 버리기 기술

EVERYTHING
IS F*CKED

희망 버리기 기술

마크 맨슨 지음 | 한재호 옮김

엉망진창인 세상에서
흔들리지 않고 나아가는 힘

갤리온
GALLEON

당연히,
페르난다에게
바친다

차례
___

프롤로그

굶주림과 질병으로 고통받던 시대에 등장한 과학 혁명은 세상을 바꿔 놓았다. 수십억 명이 질병과 빈곤에서 벗어났고, 세상에 '성장'이라는 개념이 나타났다. 그 전까지 인류 역사에서 거의 모든 사람이 태어날 때 상황에서 변함없이 살다가 죽었다. 일생을 살아도 아무것도 변하지 않았고, 전염병이나 기근 등이 모든 상황을 더 나쁘게 만들 뿐이었다. 그러다 과학이 나타난 뒤 사람들은 성장을 경험할 수 있었다. 운명이라 믿은 것들을 개선할 수 있었다. 그로 인해 모든 것이 바뀌었다.

진보는 계속됐다. 덕분에 전쟁의 공포와 질병의 위협은 줄어들었다. 또한 과거 선조들이 꿈꾸던 삶, 안전하고 건강하며 물질적으로 부유한 삶을 우리는 살게 되었다. 그런데 많은 사람이 우울과 불안을 경험하고 그것에 압도된 채 살아간다. 대체 무슨 일이 벌어지고 있는 것인가.

과거로 돌아가 보자. 1800년대를 살던 농부에게 의미를 찾는 일은 어렵지 않았다. 가족을 굶주리지 않고 배불리 먹이는 것, 그것이 그에게 주어진 숙제이자 문제의 전부였다. 희망은 단순했다. 하지만 오늘의 우리는 다르다. 기술의 진보로 수많은 고통이 해결됐으나, 고통을 해결하는 것이 더 이상 삶의 의미를 가져다주지 않는다. 역사상 가장 발전한 시대를 살고 있지만, 세상은 엉망진창으로 돌아간다.

오늘날 우리가 겪고 있는 문제를 파악하려면 새로운 질문이 필요할 것 같았다. 얼마나 멀리 가느냐가 아니라 제대로 된 이정표를 따라가는지를 알아야 할 것 같았다. 그래서 이런 질문들을 던졌다. 성장과 진보는 무엇을 의미하는지, 인류의 삶을 발전시킨 것은 무엇인지. 그 답을 찾다 보면 우리가 잃어버린 것이 무엇인지 알 수 있으리라 여겼다. 당신의 삶을 더 낫게 만들 것이 무엇인지 찾을 수 있을 것 같았다.

과학이라는 새로운 신의 등장 이후 이념이 생겨났다. 하지만 이념은 희망이 될 수 없었다. 신은 영원하지만, 이념은 정치의 승패에 따라 파괴되고 사라졌다. 니체는 '신은 죽었다'고 외쳤다. 오늘날 우리가 경험하는 이 질병을 예언한 것이다. 희망의 부재와 목표의 상실. 역사적으로 절대적이라 믿은 것들이 무너져 내리고, 이제 기술의 진보로 개선할 고통은 그리 많지 않다. 그래서 우리는 역사상 가장 풍요로운 세상을 살지만, 수많은 사람이 길을 잃고 헤매고 있다.

세상의 종말이 다가온 것처럼 보이는 오늘, 이 모든 것이 일어나는 이유를 들여다보고자 했다. 역사, 철학, 종교 등 모든 방면을 살펴보고 우리가 옳다고 믿은 것이 어떻게 무너져 내렸는지 확인하고자 했다. 그리고 진짜 희망이 무엇인지 찾고자 했다. 이 책은 그 답을 찾는 과정이다.

1부

희망의
역학

1장

불편한
진실

오늘날 우리는
평화나 번영이 필요하지 않다.
우리에겐 그 모든 것이 있다.

우리는 훨씬 더 불확실한 것이 필요하다.
희망이 필요하다.

진보의 역설
― 모든 것이 나아지는데 세상은 엉망진창이야

우리는 흥미로운 시대를 살아간다. 물질적으로 전례 없이 풍족하지만, 모두 전 세계가 엉망진창을 향해 가고 있다고 생각한다. 세계가 절망적이라는 인식이 선진국 전반에 퍼지고 있다. 이것이 진보의 역설이다. 사람들은 사는 게 나아지면 나아질수록 더욱 불안해하고 더욱 자포자기한다.[1]

최근에 스티븐 핑커와 한스 로슬링 같은 저자는 우리의 비관적인 느낌은 잘못된 것이며, 사실 상황은 그 어느 때보다 좋고 앞으로 훨씬 좋아질 거라고 말했다.[2] 두 사람은 수많은 도표와 그래프로 두꺼운 책을 채웠다. 그러면서 상황을 실제보다 훨씬 안 좋게 느끼게 하는 우리의 편견과 부정확한 가정에 관해 상세히 설명한다. 진보는 근대사를 거치며 중단되지 않고 줄곧 지속됐으며, 사람들은 그 어느 때보다 더 교양 있고 박식하다. 폭력은 수십 년 동안 어쩌면 수백 년 동안 감소하고 있고,[3] 인종 차별과 성차별, 여성에 대한 폭력은 역사상 최저치를 기록하고 있다. 우리는 그 어느 때보다 많은 권리를 누리는 중이다. 지구인 절반이 인터넷에 접속할 수 있고, 극단적인 빈곤은 전 세계적으로 역대 최저치를 기록하고 있다. 전쟁은 역사상 다른 어떤 시대보다 소규모로 드물게 일어난다. 아이들은 덜 죽고, 사람들은 더 오래 산다. 우리는 수많은 질병을 해결했고,[4] 그 어느 때보다 많은 부가 존재한다.

그들이 옳다. 이런 사실을 아는 건 중요하다. 하지만 이런 책을 읽는 것은 한편으론 삼촌이 '내가 너만 할 때 세상살이가 얼마나 팍팍했는지 아느냐'고 지껄이는 소리를 듣는 것과 별반 다르지 않다. 삼촌 말이 옳다고 해도, 그 때문에 당신의 문제가 조금이라도 나아지는 건 아니다.

왜냐하면 이렇게 좋은 소식이 발표되는 한편, 놀랄 만한 또 다른 통계가 있기 때문이다. 미국에서는 우울증과 불안 장애가 젊은이들은 80년 동안, 성인 인구는 20년 동안 증가했다. 우울증을 경험하는 사람이 많아지고 있을 뿐만 아니라, 세대별로 우울증을 경험하는 연령이 어려지고 있다. 1985년 이후 삶의 만족도는 낮아졌다고 보고됐다. 이 현상의 일부는 아마도 지난 30년 동안 스트레스 수준이 올라갔기 때문일 것이다. 아편 위기가 미국과 캐나다의 상당 부분을 덮치면서 최근 약물 남용은 역대 최고치를 기록했다.[5] 미국 인구 전반에 고독감과 사회적 고립감이 팽배하다. 현재 미국인의 절반 가까이가 자신의 삶에서 소외, 고립, 고독을 느낀다고 말했다. 사회적 신뢰가 선진국 전체에서 감소하다 못해 곤두박질치고 있는데, 이는 정부나 언론을 포함해 서로를 신뢰하는 사람이 그 어느 때보다 적다는 것을 의미한다.[6] 1980년대에 진행한 설문 조사에서 지난 6개월 동안 중요한 개인적 문제에 관해 몇 명과 상의했느냐고 물었을 때 가장 많이 나온 답변은 '셋'이었다. 2006년 같은 설문 조사에서 나온 가장 많은 답은 '영'이었다.

한편, 환경은 어떤가. 엉망진창이 됐다. 전 세계에서 우파와 좌파, 종교인과 비종교인을 가리지 않고 모든 형태의 극단주의자가 계속 증가하고 있다. 음모 이론가와 시민군, 생존주의자, 아마겟돈을 대비하는 프레퍼족(자연재해나 재난 따위에 대비하여 미리 준비하는 사람―역주)까지 모두 대중적인 하위문화가 되어 이제 주류를 넘보고 있다.

기본적으로 우리는 세계 역사상 가장 안전한 시대를 사는 가장 번영한 인류다. 그런데 그 어느 때보다 더 절망적이다. 우리는 상황이 좋아질수록 더욱 절망하는 것 같다. 이것이 진보의 역설이다. 그리고 이것은 놀라운 한 가지 사실로 요약될 수 있다. 부유하고 안전한 곳에 살수록 자살을 선택할 가능성이 더 커진다는 것이다.[7]

지난 몇백 년 동안 보건과 안전, 물질적 부가 믿기 힘들 만큼 진보했다는 사실은 부정할 수 없다. 하지만 이것은 미래가 아니라 과거에 대한 통계다. 그리고 우리가 희망을 찾아야 하는 곳은 필연적으로 미래다. 우리의 미래상 말이다.

희망은 통계에 기초하지 않는다. 희망은 총기 관련 사망자나 자동차 사고 사망자가 감소하는 추세와 무관하다. 지난해에 비행기 사고가 없었다거나 몽골에서 문맹률이 역대 최저치를 기록했다는 것과는 무관하다. (음, 당신이 몽골 사람이 아니라면 말이다. 아무튼 전부 사실이다.)

또한 희망은 이미 해결된 문제와는 무관하다. 해결해야 할 문제와 관련이 있다. 세상이 좋아질수록 우리가 잃을 것은 더 많아진다. 그리고 더 많은 것을 잃을수록 우리는 더 적은 것을 바라야 한다고 느끼게 된다.

희망을 구축하고 유지하려면 다음 세 가지가 필요하다. 통제력, 가치에 대한 믿음, 그리고 공동체.[8] '통제'는 우리가 자신의 삶을 통제하듯이 자기 운명에 영향을 미칠 수 있다고 느끼는 것을 의미한다. '가치관'은 얻으려고 노력할 가치가 충분한 더 나은 것을 찾는 것이며, '공동체'는 같은 행동에 가치를 두고 그것을 성취하려고 노력하는 집단의 일부임을 의미한다. 공동체가 없으면 우리는 고립감을 느끼게 되고, 우리의 가치관은 무의미한 것이 된다. 가치관이 없으면 추구해야 할 것이 사라진다. 통제력이 없으면 무언가를 추구할 힘을 잃는다. 셋 중 하나만 잃어도 나머지 둘까지 잃게 된다. 셋 중 하나만 잃어도 희망을 잃게 된다.

오늘날 우리가 왜 이런 희망의 위기를 겪고 있는지를 이해하려면 희망의 역학을 알아야 한다. 희망이 어떻게 만들어지고 유지되는지 말이다. 이제부터 삶의 세 기둥인 통제력, 가치관, 공동체를 어떻게 발달시킬지 살펴보고, 원래의 질문으로 돌아올 것이다. 모든 것이 끊임없이 나아지는데도 불구하고 끝없이 절망하게 하는 이 세계에서는 어떤 일이 벌어지고 있는 것일까? 이에 관한 답은 당신을 놀라게 할지도 모른다.

아우슈비츠에 잠입한 남자, 필레츠키

동화에나 나올 법하지만 실화인 이야기를 하겠다.

중부 유럽의 단조로운 작은 시골 부지. 한때는 군대 막사이던 이곳 창고 안에서 세계적으로 유례가 없는 어두운 악의 집합체가 발생했다. 여기서 4년 동안 130만 명 이상이 노예가 되고, 고문당하고, 살해됐다. 이 모든 일이 맨해튼의 센트럴 파크만 한 크기의 지역에서 일어났다. 그러나 아무도 그걸 막으려 하지 않았다. 한 남자만 빼고.

이것은 영웅이 거대한 악에 맞서기 위해 불타는 지옥문으로 돌진하는 이야기다. 가망이 없고 말도 안 된다. 그러나 우리의 영웅은 망설이지도 움츠러들지도 않는다. 당당하게 사악한 침략자를 작살내고, 지구를 구하며, 아마 공주도 구해 낼 것이다. 잠시 희망이 존재하는 것 같았다.

그러나 이건 희망 이야기가 아니다. 오히려 모든 게 그야말로 완전히 엉망진창이 되고 있다는 이야기다. 공짜 와이파이와 침대의 안락함에 젖은 오늘날의 우리가 상상할 수 없을 만큼 엄청나게 엉망진창이 되고 있다는 말이다.

비톨트 필레츠키였다. 그는 아우슈비츠에 잠입하기로 결심하기 전 이미 전쟁 영웅이었다. 젊은 시절, 1919년에 일어난 폴란드·소련 전쟁에서 세운 공로로 훈장을 받은 장교였다. 그는 대부분의 사람이 공산당이라는 게 뭔지 알지도 못하던 시기에 공산주의자의 엉덩이를 걷어찼다. 전쟁이 끝난 뒤에는 폴란드로 이주했고, 교사와 결혼해 자식 2명을 낳았다. 승마와 화려한 모자, 시가를 즐겼다. 단순하고 만족스러운 삶이었다.

그때 히틀러가 나타났다. 나치는 폴란드가 군화 끈을 채 묶기도 전에 국가의 절반을 급습했다. 폴란드는 한 달 남짓 만에 영토 전체를 잃었다. 이건 공정한 싸움이 아니었다. 나치가 서쪽을 침략하는 동안, 소련이 동쪽을 침략했다. 진퇴양난이었다. 앞에는 세계를 정복하겠다는 과대망상에 빠진 학살자가 있고, 뒤에서는 걷잡을 수 없는 무분별한 집단 학살이 벌어졌다.

사실 초기에는 소련이 나치보다 훨씬 더 잔인했다. 소련은 '정부를 전복하고 사람들을 잘못된 이념의 노예로 만드는' 짓을 해 본 적이 있었다. 반면에 나치는 아직 제국주의 경험이 일천했다. (히틀러의 콧수염 사진을 보라.) 소련은 전쟁 초기 몇 달 동안 100만 명이 넘는 폴란드 시민을 잡아들여서 동쪽으로 보낸 것으로 추정된다. 100만 명이 몇 달 만에 사라졌다. 일부는 시베리아에 있는 강제 노동 수용소 굴라크로 보내졌고, 일부는 수십 년 뒤 공동묘지에서 발견됐다. 그리고 많은 사람이 지금까지도 행방불명으로 남아 있다.

필레츠키는 독일과 소련 모두에 대항해 싸웠다. 패전 후 그는 바르샤바에서 동료 장교들과 함께 '폴란드 비밀군'이라는 지하 저항단을 결성했다.

1940년 봄, 폴란드 비밀군은 독일이 폴란드 남부 벽지 외곽에 대규모 수용소를 짓고 있다는 소문을 들었다. 독일은 이 새로운 수용소에 '아우슈비츠'라는 이름을 붙였다. 1940년 여름 무렵까지 수천 명의 장교와 선도적인 폴란드 시민이 폴란드 서부에서 사라졌다. 소련이 동부에서 자행한 것과 같은 대규모 수용을 이제 서부에서 계획 중이라는 술렁임이 일었다. 필레츠키와 동료들은 소도시 크기의 수용소인 아우슈비츠가 실종과 관련 있을 가능성이 크며, 이미 수천 명의 폴란드 군인이 그곳에 수용돼 있을지 모른다고 생각했다.

곧 필레츠키는 자진해서 아우슈비츠에 잠입했다. 본래 임무는 구조였다. 일부러 체포되어 그곳에 들어가 다른 폴란드 군인들과 함께 조직을 결성한 뒤 반란을 일으키고 수용소를 탈출하겠다는 것이었다. 자살행위나 다름없는 계획이었다. 차라리 지휘관에게 표백제 마시는 걸 허가해 달라고 하는 편이 나았을 것이다. 필레츠키의 상관들은 그가 미쳤다고 생각했고, 실제로 그에게 그렇게 말했다.

하지만 몇 주가 지나는 동안 상황은 심각해져만 갔다. 수천 명의 폴란드인이 사라지고 있었고, 아우슈비츠는 여전히 연합군 정보망의 거대한 사각지대였다. 연합군은 그곳에서 무슨 일이 벌어지는지 전혀 몰랐으며 알아낼 가능성도 거의 없었다. 마침내 필레츠키의 지휘관이 동의했다. 어느 날 밤, 필레츠키는 바르샤바의 검문소에서 일부러 통행금지를 어겨 나치 친위대에 체포됐다. 그는 곧 아우슈비츠로 이송됐고, 나치 강제 수용소에 자발적으로 들어갔다고 알려진 유일한 인물이 됐다.

도착하자마자 필레츠키가 알게 된 사실은 아우슈비츠의 실상이 예상보다 훨씬 더 심각하다는 것이었다. 포로들은 점호 정렬에서 꼼지락거리거나 똑바로 서 있지 않은 등의 사소한 일로 총살당하기 일쑤였다. 육체노동은 가혹하고 끝이 없었다. 포로들은 말 그대로 죽도록 일했는데, 때로는 쓸모없거나 아무 의미 없는 일을 했다. 필레츠키가 그곳에 머문 첫 달에 그의 막사에 있던 포로 3분의 1이 탈진이나 폐렴으로 죽거나 총살당했다. 그럼에도 만화 속 슈퍼히어로 필레츠키는 1940년 말까지 어떻게든 첩보 작전을 꾸몄다.

오, 필레츠키, 심연 위를 날아다니는 거인이자 투사여, 당신은 어떻게 세탁 바구니에 메시지를 넣어서 정보망을 만들어 냈습니까? 어떻게 맥가이버처럼 예비 부품과 훔친 배터리로 트랜지스터라디오를 만들어 수용소 공격 계획을 바르샤바의 폴란드 비밀군에 전송하는 데 성공했습니까? 어떻게 밀수단을 만들어 포로를 위한 음식과 약, 옷을 들여가 무수한 생명을 구하고 인간 마음의 가장 외딴 사막에 희망을 전해 주었습니까? 이 세상은 당신을 가질 자격이 있는 걸까요?

필레츠키는 2년 동안 아우슈비츠에서 온전한 저항단을 만들었다. 저항단에는 계급과 장교가 있는 일련의 지휘부, 군수망, 외부와의 통신망이 있었다. 이 모든 것이 거의 2년 동안 나치 친위대에게 발각되지 않고 진행됐다. 필레츠키의 궁극적인 목표는 수용소 안에서 전면적인 반란을 일으키는 것이었다. 그는 외부의 도움을 받는다면, 탈출을 선동하고, 나치 친위대를 괴멸하고, 고도로 훈련된 수천수만의 폴란드 유격대원을 해방할 수 있다고 믿었다. 필레츠키는 그런 계획을 바르샤바로 보냈다. 그리고 몇 달 동안 기다렸다. 몇 달 동안 그는 살아남았다.

그런데 그때 유대인이 왔다. 처음에는 버스로, 다음에는 열차에 빽빽이 실려서 왔다. 곧 수천수만의 유대인이 도착했다. 죽음과 절망의 바다를 떠도는 사람들이 물결을 이뤘다. 재산과 존엄성을 모조리 박탈당한 그들은 개조된 '샤워' 막사 안으로 기계적으로 줄지어 들어갔고, 그곳에서 독가스로 살해당해 화장됐다.

광분한 필레츠키는 외부로 보고서를 전했다. '이곳에서는 날마다 수많은 사람이 살해된다, 대부분 유대인이다, 사망자 수는 어쩌면 수백만 명에 달할지도 모른다, 수용소를 즉시 해방해 달라'고 폴란드 비밀군에 간청했다. 만약 해방할 수 없다면 최소한 폭격이라도 해 달라고 부탁했다. 부디 가스실만은 파괴해 달라고 했다. 최소한 말이다.

폴란드 비밀군은 필레츠키의 보고서를 받았지만 그가 과장하고 있다고 판단했다. 아무리 생각해도 그렇게까지 엉망진창일 수는 없었다. 그런 일은 있을 수가 없었다.

필레츠키는 세계에 홀로코스트를 경고한 최초의 인물이었다. 그의 보고서는 폴란드 전역의 다양한 저항단을 통해 전달됐고, 곧 영국에 있는 폴란드 망명 정부에 흘러 들어갔다. 그리고 런던의 연합군 사령부에 전해져 마침내 아이젠하워와 처칠에게까지 닿았다. 그러나 이들 역시 필레츠키가 과장한 게 틀림없다고 생각했다.

1943년, 필레츠키는 자신이 계획한 반란과 탈출은 절대 일어나지 않으리라는 사실을 깨달았다. 폴란드 비밀군은 오지 않을 것이다. 미군과 영국군도 오지 않을 것이다. 온다면 십중팔구 소련군이 올 테고, 그들은 더 악랄할 것이다. 필레츠키는 수용소 안에 남아 있는 건 너무 위험하다고 결론 내렸다. 탈출할 때였다.

그는 꾀병을 부려 수용소 병원에 입원했다. 그러고는 의사에게 복귀해야 하는 작업반에 관해 거짓말을 했다. 수용소의 가장자리에 있으면서 강과 가까운 제빵소에서 야간 근무를 한다고 말한 것이다. 필레츠키는 의사가 퇴원하라고 하자, 제빵소로 가서 제빵이 끝나는 새벽 2시까지 '작업'을 진행했다. 그가 할 일은 전화선을 끊고, 뒷문을 조용히 비집어 열고, 나치 친위대 교도관의 눈길을 피해 훔쳐 둔 민간인 옷으로 갈아입고, 총격이 가해지는 동안 1마일 떨어진 강으로 전력 질주하고, 별자리에 의지해 문명으로 돌아가는 길을 찾는 것이었다.

우리에게 영웅이 필요한 이유

필레츠키 같은 사람들의 이야기는 우리를 고무한다. 우리에게 희망
을 주고, 우리로 하여금 이렇게 말하게 한다.

"이런, 젠장. 당시는 상황이 훨씬 더 나빴는데, 저 사람은 그 모든
걸 초월했잖아. 난 뭘 했지?"

이는 폭풍 트윗과 분노 포르노로 점철된 방구석 전문가 시대에 우
리가 스스로에게 해야 하는 질문일 것이다. 한발 물러나서 사태를
객관적으로 바라보면, 필레츠키 같은 영웅이 세계를 구하는 동안
우리는 모기를 때려잡고 에어컨 바람이 약하다고 불평만 하고 있다
는 사실을 깨닫게 된다.

필레츠키의 이야기는 내가 여태까지 살면서 접한 가장 영웅적인
이야기다. 영웅의 자질은 단순히 용기나 배짱, 책략이 아니기 때문
이다. 이런 것들은 오히려 흔하며 종종 영웅적이지 않은 방식으로
사용된다. 영웅의 자질은 희망이 없는 곳에서 희망을 불러일으키는
능력이다. 영웅은 성냥을 켜서 텅 빈 곳을 환히 밝혀 준다. 우리에게
더 나은 세상의 가능성을 보여 준다. 우리가 존재하기를 바라는 더
나은 세상이 아니라, 우리가 존재할 수 있으리라고 생각하지 못한
더 나은 세상을 보여 준다. 모든 것이 엉망진창인 상황을 받아들이
고 어떻게든 고친다.

용기는 흔하다. 회복력도 흔하다. 하지만 영웅의 자질에는 철학적

인 요소가 있다. 영웅은 우리에게 '이유'를 제시한다. 어떤 일이 있어도 흔들리지 않는 대의명분이나 믿음 말이다. 오늘날 우리 문화가 영웅을 그렇게 간절히 원하는 건 그 때문이다. 상황이 몹시 나쁘기 때문이 아니라, 이전 세대에 추진력을 제공하던 분명한 '이유'가 사라졌기 때문이다.

우리 문화는 평화나 번영, 전기차를 위한 새 엠블럼이 필요하지 않다. 우리에겐 그 모든 것이 있다. 우리 문화는 훨씬 더 불확실한 것이 필요하다. 사람들에게는 희망이 필요하다.

수년에 걸친 전쟁과 고문, 죽음, 집단 학살을 목격한 뒤에도 필레츠키는 희망을 잃지 않았다. 조국과 가족, 친구, 자신의 삶을 잃었지만, 희망은 절대 잃지 않았다. 소련의 지배를 견디는 동안에도 자유롭고 독립적인 폴란드라는 희망을 잃지 않았다. 자신의 아이들을 위한 조용하고 행복한 삶이라는 희망을 절대 잃지 않았다. 더 많은 생명을 구할 수 있고 더 많은 사람을 도울 수 있으리란 희망을 결코 잃지 않았다.

종전 후 필레츠키는 바르샤바로 돌아가 첩보 임무를 계속했는데, 이번에는 그곳에서 막 정권을 장악한 공산당을 염탐했다. 다시 한 번 그는 현재 진행형인 악행을 서방에 최초로 알리는 인물이 될 터였다. 이번 악행은 소련이 폴란드 정부에 잠입해서 선거를 조작했다는 것이었다. 그는 또한 전쟁 기간에 소련이 폴란드 동부에서 저지른 만행을 최초로 기록한 사람이 될 터였다.

하지만 이번에는 발각됐다. 필레츠키는 곧 체포될 것이라는 경고를 받았고, 이탈리아로 달아날 기회가 주어졌다. 그러나 그는 사양했다. 도망쳐서 자신이 인정할 수 없는 무언가로 살아가기보다는 차라리 폴란드에 남아서 죽는 편을 택한 것이다. 자유롭고 독립적인 폴란드가 그에게는 유일한 희망의 원천이었다. 그것이 없다면 그는 아무것도 아니었다.

그렇게 필레츠키의 희망은 한편으론 그의 파멸의 원인이 됐다. 공산당은 1947년에 필레츠키를 체포했고, 그들은 그를 살살 다루지 않았다. 필레츠키는 거의 1년 동안 고문을 당했는데, 얼마나 가혹하고 한결같았는지 "여기에 비하면 아우슈비츠는 별것 아니었다"라고 아내에게 말할 정도였다. 그럼에도 그는 심문자에게 결코 협조하지 않았다.

결국 필레츠키로부터 정보를 얻을 수 없다는 사실을 깨달은 공산당은 그를 본보기 삼아 처벌하기로 했다. 1948년, 그들은 여론 조작용 공개 재판을 열어서 필레츠키에게 문서 위조와 통행금지 위반부터 간첩과 반역 행위에 이르기까지 온갖 혐의를 뒤집어씌웠다. 한 달 뒤 그는 유죄 판결을 받고 사형을 선고받았다.

재판 마지막 날, 필레츠키에게 발언 기회가 주어졌다. 그는 언제나 폴란드와 국민에게 충성했고, 폴란드 시민을 해치거나 배신한 적이 없으며, 아무것도 후회하지 않는다고 진술했다. 그리고 진술을 다음과 같은 말로 끝맺었다.

"죽음을 앞둔 순간에 두려움이 아니라 기쁨을 느끼는 삶을 살려고 노력했다."

이것이 당신이 들어 본 이야기 중 가장 극단적이고 과격한 것이 아니라면, 당신이 아는 이야기를 좀 들어 보고 싶다.

믿고 싶지 않은 진실, '넌 아무것도 아니야'

만약 내가 스타벅스에서 일한다면, 나는 사람들 커피 잔에 이름 대신 다음과 같은 글을 쓸 것이다.

'어느 날, 당신과 당신이 사랑하는 사람이 모두 죽을 것이다. 당신의 말과 행동은 소수의 사람에게 극히 짧은 시간 동안 중요할 뿐이며, 그 외의 사람들에게는 거의 의미가 없다. 이것이 삶의 불편한 진실이다. 당신의 모든 생각과 행동은 이 진실을 애써 피하려는 것에 지나지 않는다. 우리는 자그마한 푸른 점 위를 좌충우돌 배회하는 하찮은 우주 먼지다. 우리는 우리 자신의 중요성을 상상해서 지어낸다. 우리는 우리의 목적을 만들어 낸다. 하지만 우리는 아무것도 아니다. 빌어먹을, 커피 맛있게 드세요.'

물론 깨알같이 작은 글씨로 써야 할 것이다. 그리고 쓰는 데 시간이 좀 걸릴 테니, 오전 출근 시간에 몰려든 손님 줄이 문밖까지 늘어설 것이다. 만족스러운 고객 서비스는 아니겠군. 이래서 내가 취직이 안 된다.

그런데 진지하게 이야기해서, 사람들의 모든 생각과 동기가 인간 존재의 본질적인 무의미함을 피하려는 끝없는 욕구에서 비롯된다는 사실을 안다면, 어떻게 양심의 가책 없이 누군가에게 '좋은 하루 보내세요'라고 말할 수 있겠는가.

이 무한한 시공간에서 우주는 당신 어머니의 고관절 수술이 잘되어 가는지, 당신 자식이 대학에 입학하는지, 당신 상사가 당신이 스프레드시트를 기가 막히게 만들었다고 생각하는지에 신경 쓰지 않는다. 대선에서 민주당이 이기든 공화당이 이기든 신경 쓰지 않는다. 유명인이 (또다시) 공항 화장실에서 코카인을 하다가 들켜도 신경 쓰지 않는다. 삼림이 불타든, 빙하가 녹든, 해수면이 상승하든, 기온이 급상승하든, 외계 종족이 우리를 전부 증발시켜 버리든 신경 쓰지 않는다.

신경 쓰는 건 당신이다.

당신은 신경 쓴다. 그리고 신경 쓰기 때문에 이 모든 것의 배후에는 틀림없이 뭔가 엄청난 우주적 의미가 있을 것이라고 굳게 믿는다.

당신은 신경 쓴다. 왜냐하면 마음속으로 그런 중요성을 느껴야 불편한 진실과 존재의 불가해성, 자기 자신의 물리적 무가치함의 무게에 짓눌리는 것을 피할 수 있기 때문이다. 당신이 상상으로 만들어 낸 중요성을 주변 세계에 투사하는 이유는 그런 행위가 희망을 주기 때문이다. 나를 비롯한 다른 모든 사람이 그러하듯이.

이런 대화를 나누기에는 너무 이른가? 자, 커피 한 잔 더 마셔라. 우유 거품으로 윙크하는 웃는 얼굴까지 그려 넣었다. 귀엽지 않나? 기다려 줄 테니 얼른 인스타그램에 올려라.

좋아, 어디까지 했더라? 그래! 존재의 불가해성이었지. 당신은 이렇게 생각할지 모른다.

'마크, 난 우리 모두 여기에 존재하는 이유가 있다고 믿어. 우연의 일치 같은 건 없어. 모든 사람이 중요한 건 우리가 하는 모든 행동이 누군가에게 영향을 미치기 때문이야. 그리고 설령 우리가 한 사람만 도울 수 있다고 해도, 그건 여전히 그만한 가치가 있는 일이야. 안 그래?'

이야, 진짜 귀여운데!

그건 당신의 희망 사항이다. 그건 아침에 일어나는 것을 가치 있게 만들려고 당신 마음이 지어낸 이야기다. 우리에게는 뭔가 중요한 게 필요하다. 중요한 것이 없다면 살아갈 이유가 없기 때문이다. 그리고 단순한 형태의 이타주의나 고통 줄이기는 우리 마음이 늘 찾는 것이다. 어떤 행동이 가치 있는 것처럼 느끼기 위해서 말이다.

물고기가 물이 필요하듯 인간의 정신은 생존하기 위해 희망이 필요하다. 희망은 정신이라는 엔진을 위한 연료다. 비스킷 속의 버터다. 진짜 싸구려 은유의 향연이네. 희망이 없다면 모든 정신 기관이 멎어 버리거나 굶주릴 것이다. 현재보다 미래가 나아지리라는 희망, 즉 삶이 어떻게든 나아지리라는 희망이 있다고 믿지 않는다면 우리는 정신적으로 죽어 버린다. 상황이 나아진다는 희망이 없다면 왜 살아가겠는가. 왜 뭔가를 하겠는가.

사람들이 잘 모르는 게 있는데, 행복의 반대는 분노나 슬픔이 아니다. 화가 나거나 슬프다면 아직 뭔가에 신경을 쓰고 있다는 뜻이다. 아직 뭔가가 중요하다는 뜻이다. 아직 희망이 있다는 뜻이다.[9]

행복의 반대는 절망이다. 즉 체념과 무관심의 끝없는 회색 지평선이다. 이건 모든 게 엉망진창이라는 믿음이니, 왜 뭔가를 하겠는가.

절망은 차갑고 음침한 허무주의이며, 어차피 아무 의미 없는데 알게 뭐냐는 의식이다. 칼을 들고 뛰어다니거나 불륜을 저지르거나 학교에 총격을 가하면 안 될 이유가 뭔가? 이것은 불편한 진실, 즉 모든 것이 무의미한 무한 앞에서는 우리가 신경 쓰는 모든 것이 영으로 수렴한다는 사실에 관한 깨달음에 이른다.

절망은 불안과 정신병, 우울증의 뿌리다. 모든 고통의 근원이며 모든 중독의 원인이다. 과장이 아니다. (아, 이건 거의 확실히 과장이다.) 만성 불안은 희망의 위기이며, 실패할 미래에 대한 두려움이다. 우울증은 희망의 위기이며, 무의미한 미래에 대한 믿음이다. 망상, 중독, 강박 등은 희망을 만들어 내려는 마음의 필사적인 시도다.

절망을 회피하는 것, 다시 말해, 희망을 건설하는 것은 그렇게 우리 마음의 최우선 과제가 된다. 모든 의미, 즉 우리가 자신과 세상에 대해 이해하는 모든 것이 희망을 지키기 위한 목적으로 구성된다. 그러므로 희망은 우리가 목숨을 기꺼이 바칠 수 있는 유일한 대상이다. 희망은 우리가 자신보다 대단하다고 믿는 대상이다. 우리는 희망이 없다면 자신은 아무것도 아니라고 믿는다.

할아버지가 자랑스러워할 만한 삶? 말도 안 되는 이야기

대학에 다닐 때 할아버지가 돌아가셨다. 그 뒤로 몇 년 동안 나는 할아버지가 자랑스러워하실 만한 삶을 살아야 한다는 강렬한 느낌을 받았다. 이것은 어떤 심오한 수준에서 이치에 맞고 명백한 것처럼 느껴졌지만, 사실은 그렇지 않았다. 논리적으로 전혀 말이 되지 않았다. 나는 할아버지와 가까운 사이가 아니었다. 우리는 통화를 한 적도, 편지를 주고받은 적도 없었다. 할아버지가 살아 계시던 마지막 5년여 동안 할아버지를 뵙지도 못했다. 그런데 '할아버지가 자랑스러워할 만한 삶을 살겠다'라는 내 결심이 어떻게 뭔가에 영향을 미치겠는가.

할아버지의 죽음으로 인해 나는 이 불편한 진실과 마주하게 됐다. 그래서 내 마음은 허무주의를 차단하고 나를 지탱하기 위해 희망을 만들어 내는 작업에 착수했다. 할아버지는 자신의 삶에서 희망하고 열망하는 가능성을 박탈당했으니, 내가 그의 명예를 걸고 희망과 열망의 맥을 잇는 것이 중요하다고 판단했다. 이것은 내 마음이 만들어 낸 자그마한 신념이자, 나 자신만의 목적을 위한 작은 종교였다.

그런데 효과가 있었다! 잠시, 할아버지의 죽음은 따분하고 무의미했을 경험에 중요성과 의미를 불어넣어 주었다. 그리고 그 의미가 내게 희망을 줬다. 아마 여러분도 가까운 사람의 죽음 앞에서 비슷한 느낌을 받았을 것이다. 이건 일반적인 감정이다. 사람들은 사랑하는 사람이 자랑스러워할 만한 삶을 살아가겠노라고 자신에게 말한다. 그의 삶을 기리는 데 자신의 삶을 사용할 것이라고 말한다. 그것이 중요하고 좋은 것이라고 믿는다.

그리고 이 '좋은 것'이 실존적 공포의 순간에 우리를 견디게 해 준다. 나는 할아버지가 나를 따라다닌다고 상상하며 돌아다녔다. 마치 참견하기 좋아하는 유령이 어깨너머로 노상 지켜보고 있는 것처럼 말이다. 살아 계실 때는 내가 거의 알지 못하던 이 남성이 어찌 된 일인지 이제 내가 미적분 시험을 잘 봤는지에 엄청나게 신경을 쓴다. 이건 완전히 비이성적이었다.

역경에 직면할 때마다 우리의 정신은 이런 이야기를 만들어 낸다. 우리 자신을 위해 이런 전·후 이야기를 지어내는 것이다. 그리고 비록 비합리적이거나 파괴적이라 할지라도 이 이야기는 계속되어야 한다. 그것이 불편한 진실로부터 우리의 마음을 보호해 주는 유일한 안전장치이기 때문이다.

이런 희망 서사는 우리 삶에 목적의식을 제공하기도 한다. 미래에 더 나은 무언가가 존재한다는 사실뿐만 아니라, 그 무언가를 실제로 성취할 수 있음을 암시한다.

사람들이 '삶의 목적'을 찾아야 한다고 지껄일 때 그 말이 실제로 의미하는 바는, 무엇이 중요한지, 이 지구에서의 한정된 시간을 어떻게 해야 가치 있게 사용할 수 있는지 더는 잘 모르겠다는 것이다. 한마디로 무엇을 바라야 하는지 모르겠다는 것이다. 그들은 자기 삶의 전과 후가 어때야 하는지 알기 위해 몸부림치는 것이다.

여기가 어려운 부분이다. 자기 삶의 전과 후를 스스로 알아내는 것 말이다. 이것이 어려운 이유는 자신의 판단이 옳은지 확실히 알 방법이 없기 때문이다. 그래서 많은 사람이 종교로 몰려간다. 종교는 이런 영구적인 무지 상태를 인정하고 그 앞에서 믿음을 요구하기 때문이다. 우울증을 앓다가 자살하는 사람 중 종교인이 훨씬 적은 것은 어느 정도 이 때문일 것이다. 다시 말해, 종교인은 숙련된 믿음을 통해 불편한 진실로부터 자신을 보호한다.

하지만 희망 이야기가 꼭 종교적이어야 할 필요는 없다. 어떤 것이든 가능하다. 내게는 이 책이 작은 희망의 원천이다. 이 책은 내게 목적과 의미를 준다. 그리고 내가 만든 희망 서사는, 이 책이 사람들에게 도움이 되고 내 삶과 세상을 조금 더 나아지게 해 주리라고 내가 믿는다는 사실이다.

그런데 내가 그걸 확실히 알까? 아니. 하지만 그것이 나의 전과 후 이야기다. 그것이 나를 아침에 일어나게 해 주고 내 삶을 신나게 해 준다. 그리고 이건 나쁜 것이 아닐 뿐만 아니라, 유일한 것이다.

어떤 사람들에게 이야기는 아이들을 잘 키우는 것이고, 누군가에게는 환경을 보호하는 것이다. 또 다른 사람들에게는 떼돈을 벌고 호화로운 보트를 사는 것이다. 또 누군가에게는 그저 골프 스윙을 개선하는 것이다.

인식을 하든 못 하든 우리는 모두 어떤 이유로 인해 믿기로 선택한 이런 이야기를 갖고 있다. 희망에 도달하는 방법이 신앙, 또는 증거에 기초한 이론이나 직관, 논리적인 논증인지 아닌지는 중요하지 않다. 모두 같은 결과를 낳기 때문이다. 즉 우리는 미래에 성장하거나 향상되거나 구원받을 가능성이 있다는 믿음, 그리고 그것을 달성하기 위해 자신을 인도할 방법을 찾을 수 있다는 믿음을 얻게 된다. 바로 그거다. 매일, 매년, 우리의 삶은 끝없이 중첩되는 이런 희망 이야기로 구성된다. 이것은 장대 끝에 매달린 심리적 당근이다.

이 모든 것이 허무주의적으로 들린다면 부디 오해하지 말기 바란다. 이 책은 허무주의를 주장하지 않는다. 이 책은 허무주의, 우리 안의 허무주의와 현대 세계와 함께 나타난 점점 커져만 가는 허무주의 의식을 모두 반대한다.[10] 그리고 허무주의를 성공적으로 논박하려면 허무주의에서 출발해야만 한다. 불편한 진실에서 출발해야만 한다. 거기서부터 희망을 위한 확실한 사례를 천천히 쌓아 올려야 한다. 그냥 희망이 아니라, 지속할 수 있는 너그러운 희망, 우리를 갈라놓는 것이 아니라 함께하게 해 주는 희망, 확고하고 강력하면서도 이성과 현실에 기초한 희망, 마지막 날을 향해 갈 때 감사와 만족감을 갖게 해 주는 희망.

분명히 쉬운 일은 아니다. 틀림없이 그 어느 때보다 21세기에 더욱 어려울 것이다. 허무주의와 그에 수반하는 욕망에 대한 순수한 탐닉이 현대 세계를 사로잡고 있다. 그것은 권력을 위한 권력, 성공을 위한 성공, 쾌락을 위한 쾌락이다. 허무주의는 더 포괄적인 '이유'를 인정하지 않는다. 중대한 진리나 대의명분을 따르지 않는다. 그저 '기분이 좋으니까'에 머문다. 앞으로 보게 되겠지만, 이것이 모든 걸 그렇게 나빠 보이게 하는 것이다.

1 비관주의가 부유한 선진국에 만연해 있다. 여론 조사 기업 유고브YouGov가 2015
년 17개국 국민을 대상으로 세계가 나아진다고 믿는지, 나빠진다고 믿는지, 아니
면 현상 유지를 한다고 믿는지 조사한 결과에 따르면, 가장 부유한 국가들 국민
중 10퍼센트 이하가 나아진다고 믿는 것으로 나타났다. 미국에서는 6퍼센트만이
나아진다고 믿었다. 호주와 프랑스에서는 그 수치가 3퍼센트에 지나지 않았다.

2 내가 언급한 책은 다음과 같다. Steven Pinker, *Enlightenment Now : The
Case for Reason, Science, Humanism, and Progress*(New York : Viking,
2018), Hans Rosling, *Factfulness : Ten Reasons We're Wrong About the
World—And Why Things Are Better Than You Think*(New York : Flatiron
Books, 2018). 후자의 한국어판은 이창신 옮김,《팩트풀니스》(김영사, 2019). 나는 여
기서 저자들의 신경을 건드렸지만, 이 두 권은 훌륭하고 중요한 책이다.

3 폭력 감소를 역사적으로 철저히 다루려면, 스티븐 핑커의 책이 필수다. 다음
을 참고하라. Steven Pinker, *The Better Angels of Our Nature : Why
Violence Has Declined*(New York : Penguin Books, 2012). 한국어판은 김명남
옮김,《우리 본성의 선한 천사 : 인간은 폭력성과 어떻게 싸워 왔는가》(사이언스북
스, 2014).

4 지난 100년 동안의 가장 위대한 진보를 하나만 꼽으라면 아마도 백신일 것이다.
한 연구에 따르면, 1980년대에 WHO가 펼친 세계적인 백신 접종 운동 덕분에 전
세계적으로 2000만 건 이상의 위험한 질병을 예방하게 되었고, 1조 5300억 달러
의 의료비를 절감할 수 있었다. 완전히 박멸된 질병은 전부 백신 덕분이었다. 그
러니 백신 반대 운동은 정말 짜증 나는 일이다.

5 북미를 관통하는 아편 위기에 관한 참혹하고 열정적인 분석을 보려면 다음을
참고하라. Andrew Sullivan, "The Poison We Pick", *New York Magazine*,
2018년 2월, http://nymag.com/intelligencer/2018/02/americas-opioid-
epidemic.html.

6 에덜먼 트러스트 지표에 따르면, 대부분의 선진국에서 사회적 신뢰가 지속해서
감소하고 있다.

7 세계 보건 기구 자료에 따르면, 평균적으로 부유한 국가가 가난한 국가보다 자살률이 높다. 조시 샌번에 따르면, 자살은 또한 부유한 지역에 더 널리 퍼져 있다.

8 세 부분으로 구성된 희망에 관한 내 정의는 동기와 가치, 의미에 관한 이론을 융합한 것이다. 결과적으로 나는 내 목적에 맞게 몇 가지 다른 학문적 모델을 결합했다. 첫째는 자기 결정 이론인데, 이에 따르면 살아가며 동기를 부여받고 만족을 느끼려면 자율과 권한, 관계라는 세 가지 요소가 필요하다. 나는 자율과 권한을 '자기 통제' 개념에 포괄했고, 관계는 4장에서 분명해질 이유로 인해 '공동체'로 변경했다. 자기 결정 이론에서 빠진 것, 아니면 오히려 그것이 함축하는 바는 동기 부여가 될 만한 것이 있다는 점, 즉 세상에는 추구할 만한 가치가 있는 것이 존재한다는 점이다. 여기서 희망의 세 번째 구성 요소인 가치관이 도입된다. 나는 가치와 목적에 대한 감각을 위해 로이 바우마이스터의 '유의미' 모델을 활용했다. 이 모델에 따르면, 삶을 의미 있게 느끼려면 목적과 가치관, 유효성, 자존감이라는 네 가지 요소가 필요하다. 다시 한번, 나는 '유효성'을 '자기 통제' 아래로 포괄했다. 다른 세 가지는 우리가 가치 있고 중요하다고 믿으며 자신을 만족스럽게 느끼도록 해 주는 '가치관'으로 일괄했다. 3장에서 가치관에 대해 상세히 분석할 것이다.

9 나는 이 책에서 희망이라는 단어를 학계에서 통용되는 방식으로 사용하지 않는다. 대부분의 학자는 '희망'으로 낙관적인 느낌을 나타낸다. 즉 긍정적인 결과가 일어날 가능성에 대한 기대나 믿음을 나타낸다. 낙관주의는 희망을 북돋을 수 있지만, 희망과 같은 것은 아니다. 더 좋은 일이 일어날 것이라고 기대할 수 없을 때도 여전히 그것을 희망할 수 있다. 그리고 그 희망은 모든 증거가 그와 어긋날 때도 여전히 삶에 의미와 목적을 부여할 수 있다. 나는 '희망'이라는 단어로 가치 있다고 여겨지는 어떤 것을 향한 동기, 학술 문헌에서 때로 '목적'이나 '의미'로 표현되는 것을 가리킨다. 결과적으로, 나는 희망을 논의하기 위해 동기와 가치 이론에 관한 연구에 의지할 것이고, 많은 경우 이들을 융합할 것이다.

10 132개국 이상에서 진행된 연구에 따르면, 국가가 부유해질수록 국민은 의미와 목적에 대해 더 고심한다.

2장

너를 통제할 수 있다고 생각해? 환상이야

우리는 자신이 운명의 주인이고,
꿈꾸는 것은 무엇이든 할 수 있다고 믿는다.
그래서 자기를 완전히 통제할 수 있다는
믿음을 희망의 근원으로 삼는다.
이성으로 감정을 통제해야 한다는 믿음이
수백 년간 지속된 이유다.
하지만 그 통설은 틀렸다.

완벽하던 그 남자의 삶은 왜 곤두박질쳤을까?

완벽한 남자가 있었다. 엘리엇. 그는 회사의 성공한 임원이고, 성공한 남자였다. 매력으로 상대를 무장 해제시킬 수 있는 사람이었다. 동료와 이웃에게 인기가 있고, 좋은 남편이자 아버지였다. 극심한 두통을 앓는다는 것만 제외하면 말이다. 모든 것은 두통과 함께 시작됐다. 느닷없이 나타났다가 진통제를 먹으면 사라지는 일반적인 두통이 아니었다. 정신을 으스러뜨리고 후벼 파는 두통이었다. 집채만 한 쇳덩이가 뒤통수를 후려치는 것 같았다.[1]

엘리엇은 약을 먹고 낮잠을 잤다. 긴장을 풀고 마음을 느긋하게 먹고 받아들이려 했다. 그러나 두통은 계속 악화됐다. 곧 너무 심각해져서 밤에 잠을 잘 수도, 낮에 일을 할 수도 없었다.

마침내 그는 병원에 갔다. 절차대로 검사를 받고 진단 결과가 나왔다. 의사는 엘리엇에게 나쁜 소식을 전했다.

"뇌종양이 있습니다. 전두엽에요. 보이시죠? 회색 반점요. 제가 볼때는 야구공만 한 크기 같은데요."

외과의는 종양을 잘라 냈고 엘리엇은 집으로 돌아왔다. 직장에 복귀하고 가족과 친구들에게 돌아갔다. 만사형통인 것 같았다.

그때 일이 끔찍하게 어그러지기 시작했다. 엘리엇의 업무 실적이

나빠졌다. 전에는 식은 죽 먹기로 처리할 수 있던 일도 이제는 산더미 같은 집중력과 노력이 필요했다. 파란 펜을 사용할지 검정 펜을 사용할지를 결정하는 데도 몇 시간이 걸렸다. 기본적인 실수를 저지르고 몇 주 동안 방치했다. 회의와 마감 시간이 마치 시공간 구조에 대한 모욕이라도 되는 것처럼 그걸 어겼다. 그는 일정을 집어삼키는 블랙홀이 됐다.

처음에는 동료들이 안타까워하며 그를 감싸 줬다. 어찌 됐건, 이 남자는 얼마 전에 머리에서 작은 과일 크기의 종양을 떼어 내지 않았는가. 하지만 곧 감싸 주는 게 버거워졌다. 그는 스테이플러를 새로 사려고 투자자 회의를 빼먹었다. 엘리엇의 변명은 터무니없었다. 엘리엇, 무슨 생각을 하는 거야?

몇 개월간 회의를 망치고 헛소리를 하자, 사실을 부정할 수 없었다. 엘리엇은 수술에서 종양 이상의 무언가를 잃었다. 동료들 입장에서 그 무언가는 거액의 회삿돈이었다. 그래서 엘리엇은 해고됐다.

한편, 그의 가정생활은 훨씬 더 심하게 파탄 나고 있었다. 그는 자녀를 돌보지 않았고 소파에 앉아서 스물네 시간 텔레비전을 봤다. 그게 엘리엇의 새로운 삶이었다. 그는 아들의 리틀리그 야구 경기를 관람하러 가지 않았다. 텔레비전으로 제임스 본드 연속 방송을 보려고 학부모 회의를 빼먹었다. 아내에게 일주일에 한 번 이상은 말을 걸어 줘야 한다는 것을 까먹었다.

예상치 못하게 새로 생긴 균열 때문에 엘리엇의 결혼 생활에 싸움이 일어났다. 하지만 싸움이라고 할 수도 없었다. 싸움이라면 최소한 두 사람이 신경을 써야 한다. 하지만 아내가 화를 내는 동안 엘리엇은 아내의 이야기를 따라가는 것조차 어려움을 겪었다. 그는 자신이 가족을 사랑하고 아낀다는 것을 보여 주고 사태를 수습하는 대신, 거리를 두고 무심한 태도로 일관했다. 마치 지구상 어디에서도 절대 닿을 수 없는 동떨어진 지역에 사는 것 같았다.

아내는 더 참을 수 없었다. 당신은 종양 외에 다른 무언가도 잃었다고 소리를 질렀다. 그 무언가는 그의 빌어먹을 마음이었다. 그녀는 그와 이혼하고 아이들을 데려갔다. 엘리엇은 혼자가 됐다.[2]

낙담하고 당황한 엘리엇은 사회생활을 다시 시작할 방법을 찾아 나섰다. 하지만 형편없는 벤처 사업에 빠지고 사기꾼에게 속아서 저축한 돈을 날렸다. 꽃뱀의 유혹에 넘어가 새살림을 차렸다가 1년 뒤 이혼해서 재산의 절반을 뜯겼다. 동네에서 빈둥거리다가 점점 더 싸고 지저분한 아파트로 옮겨 가게 됐고, 결국 몇 년 뒤에는 사실상 노숙자가 됐다. 형이 그를 자기 집에서 지내게 하며 부양하기 시작했다. 친구들과 가족은 자신들이 한때 존경하던 남자가 불과 몇 년 만에 인생을 내던지는 광경을 지켜보며 아연실색했다. 아무도 이 상황을 이해할 수 없었다. 엘리엇 안에서 무언가가 변했다는 사실을 부정할 수 없었다. 심신을 파괴하는 무지막지한 두통은 고통 이상을 야기했다. 문제는 무엇이 변했느냐는 것이었다.

엘리엇의 형은 여러 병원을 전전하는 동안 보호자 역할을 했다. 형은 이렇게 말하곤 했다.

"얘는 엘리엇이 아닙니다. 문제가 있어요. 괜찮아 보이지만, 그렇지 않아요. 제가 장담하죠."

의사들은 성실히 진찰하고 진단했지만, 유감스럽게도 그들은 엘리엇이 완전히 정상이라고 말했다. 적어도 의학이 규정하는 정상에는 들어맞는다고 했다. 심지어 평균 이상이라고 했다. CT 결과는 괜찮아 보였다. IQ는 여전히 높았다. 추론 능력은 빈틈이 없고, 기억력은 대단했다. 자신의 잘못된 선택이 초래한 영향과 결과에 관해 상세히 논할 수 있었다. 다양한 주제에 관해 유머를 섞고 매력을 발산하며 대화를 나눌 수 있었다. 정신과 의사에 따르면, 엘리엇은 우울하지 않았다. 그와 반대로 자존감이 높았으며, 만성적인 불안이나 스트레스의 징후도 없었다. 그는 자신의 과실이 불러일으킨 태풍의 눈 속에서 거의 수도승과 같은 평정심을 보였다.

엘리엇의 형은 받아들일 수 없었다. 뭔가 잘못됐다. 동생은 뭔가 결여돼 있었다.

마지막으로, 지푸라기라도 잡는 심정으로 유명한 신경학자 안토니오 다마지오에게 엘리엇을 맡겼다. 처음에는 다마지오도 다른 의사들처럼 엘리엇에게 각종 인지 검사를 시행했다. 기억력, 반사 작용, 지능, 성격, 공간 지각, 도덕적 추론 등 모든 것을 확인했다. 엘리엇은 검사를 멋지게 통과했다.

그때, 다마지오는 다른 어떤 의사도 생각하지 못한 것을 엘리엇에게 했다. 그는 엘리엇에게 말을 걸었다. 그러니까 실제 대화를 한 것이다. 다마지오는 모든 잘못, 모든 실수, 모든 후회에 대해 알고 싶었다. 그는 어떻게 직장과 가족, 집, 저축을 잃은 걸까? 다마지오는 엘리엇에게 각각의 결정과 사고 과정(또는 사고 과정의 결여)을 설명해 보라고 했다.

엘리엇은 자기가 어떤 결정을 내렸는지 상세히 설명할 수 있었지만, 왜 그런 결정을 내렸는지는 설명할 수 없었다. 사실과 일련의 사건을 아주 유창하게 심지어 극적으로 설명할 수 있었지만, 의사 결정의 과정, 즉 왜 스테이플러를 사는 것이 투자자 회의보다 중요하다고 판단했는지, 왜 제임스 본드가 자기 자식들보다 흥미롭다고 판단했는지 설명해 보라고 하자, 대답을 하지 못했다. 대답하지 못했을 뿐 아니라, 대답하지 못하는 것에 대해 속상해하지도 않았다. 사실상 관심이 없었다.

이 남성은 자신의 형편없는 선택과 잘못 때문에 모든 것을 잃었고, 자기 통제력도 보이지 않았으며, 그로 인해 자기 삶이 엉망진창이 됐다는 사실을 완벽하게 인식했지만, 그럼에도 회한과 자기혐오는 물론이거니와 약간의 당혹감조차 내비치지 않았다. 때로 사람들은 엘리엇이 겪은 일의 총합보다 덜한 일로도 자살로 내몰린다. 그러나 엘리엇은 자신의 불행에 편안해했을 뿐만 아니라 무관심했다.

그때 다마지오는 눈부신 깨달음을 얻었다. 엘리엇이 받은 심리 검사는 생각하는 능력을 측정하기 위해 고안된 것이었다. 그중에 감정을 느끼는 능력을 측정하는 것은 없었다. 모든 의사가 엘리엇의 추론 능력에 지나치게 몰두한 나머지 손상된 것이 엘리엇의 감정 능력이라는 사실을 고려하지 못했다. 설령 그걸 알아차렸다고 해도 그런 손상을 측정할 표준화된 방법은 없었다.

어느 날, 다마지오의 한 동료가 기괴하고 충격적인 사진을 잔뜩 출력했다. 화상 환자, 섬뜩한 살인 현장, 전쟁으로 파괴된 도시, 굶주리는 아이들의 사진이었다. 그는 엘리엇에게 이 사진을 한 장씩 보여 줬다.

엘리엇은 전혀 관심이 없었다. 아무것도 느끼지 않았다. 관심이 없다는 사실이 너무 충격적이어서 본인조차도 그 상황이 얼마나 엿같은지에 관해 언급해야 했다. 그는 과거에 이런 사진들을 봤다면 분명히 불안을 느꼈을 테고, 가슴에서 공감과 공포가 솟아올랐을 것이며, 혐오감에 고개를 돌리고 말았을 것이라고 시인했다. 그런데 지금은? 엘리엇은 자리에 앉아 인간 존재의 가장 사악한 타락을 빤히 바라보며 아무것도 느끼지 못했다.

다마지오는 이것이 문제라는 사실을 알아냈다. 엘리엇은 지식과 추론 능력이 온전히 남아 있었지만, 종양 제거 수술로 인해 공감하고 감정을 느끼는 능력이 약화됐다. 그의 내면세계에는 이제 빛과 어둠이 존재하지 않았다. 끝없는 회색 공기만 존재했다. 딸의 피아노 연주회에 참석할 때 아버지로서 느끼는 기쁨과 자부심이 새 양말 한 켤레를 살 때와 다르지 않았다. 100만 달러를 잃는 것이 주유를 하거나 침대 시트를 세탁하거나 〈발칙한 퀴즈쇼〉를 보는 것과 똑같이 느껴졌다. 그는 걸어 다니고 말하는 무관심 기계가 됐다. 엘리엇은 여전히 지적이었지만 가치를 판단하는 능력, 즉 선악을 구별하는 능력을 상실한 뒤 자기 통제력을 잃었다.[3]

하지만 이는 엄청난 질문을 제기했다. 엘리엇의 인지 능력(지능, 기억력, 주의력)이 멀쩡하다면, 왜 더는 효과적인 결정을 할 수 없는 것일까?

다마지오와 동료들은 이 때문에 쩔쩔맸다. 사람들은 때로 감정을 느끼지 않기를 바란다. 감정은 종종 우리가 나중에 후회하는 멍청한 일을 하도록 몰아가기 때문이다. 수 세기 동안 심리학자와 철학자는 감정을 무디게 하고 억누르는 것이 인생의 모든 문제에 대한 해결책이라고 믿었다. 그러나 감정과 공감 능력을 완전히 박탈당한 채 지성과 추론 능력밖에 없는 이 남자의 삶은 완전히 엉망진창이 돼 버렸다. 그는 합리적 의사 결정과 자기 통제에 관한 모든 통설에 위배되는 사례였다.

하지만 당혹스럽기는 매한가지인 두 번째 질문이 남아 있었다. 엘리엇이 여전히 명민하고 자기 앞에 놓인 문제를 해결할 방법을 추론할 수 있다면, 왜 업무 실적이 바닥으로 떨어진 것일까? 왜 생산성이 걷잡을 수 없이 불타는 쓰레기통에 던져진 것일까? 왜 부정적인 결과를 뻔히 알면서 가족을 등진 것일까? 설령 아내나 직장에 더는 신경을 안 쓴다고 해도, 그걸 유지하는 게 여전히 중요하다는 점은 추론할 수 있어야 하지 않겠는가. 무슨 말이냐면, 소시오패스는 결국 그런 게 중요하다는 사실을 안다. 그런데 왜 엘리엇은 그럴 수 없는가? 어찌 된 일인지, 감정을 느끼는 능력을 잃음으로써 엘리엇은 결정을 내리는 능력까지 잃었다. 그는 자기 삶을 통제하는 능력을 잃은 것이다.

누구나 무엇을 해야 하는지 알면서도 그걸 하지 않은 경험이 있을 것이다. 사람들은 때로 중요한 일을 미루고, 아끼는 사람을 무시하며, 자기 이익에 따라 행동하지 못한다. 그리고 일반적으로, 해야 하는 일을 하지 않았을 때, 그건 우리가 감정을 충분히 통제할 수 없기 때문이라고 생각한다.

그러나 엘리엇의 사례는 이 모든 것에 의문을 제기했다. 충동과 감정이 존재함에도 불구하고, 자신에게 이로운 일을 하도록 스스로를 강제하는 힘, 자기 통제에 관한 의문이었다.

삶에서 희망을 만들어 내려면 우선 자기 삶을 통제하고 있는 것처럼 느껴야 한다. 좋고 옳다고 믿는 바를 완수하고 있는 것처럼 느껴야 한다. '더 나은 무언가'를 좇고 있다고 말이다. 많은 사람이 자신을 통제할 수 없어 몸부림친다. 엘리엇의 사례는 이런 일이 왜 일어나는지를 이해하게 해 주는 돌파구가 됐다. 불쌍하고 고립되고 외로운 이 남자. 자기 삶에 대한 은유일 수도 있는 망가진 육체와 지진 잔해 사진을 응시하는 이 남자. 그야말로 모든 것을 잃었지만 그에 관해 말하며 미소를 짓는 이 남자. 이 남자가 인간의 마음, 즉 우리가 결정을 어떻게 내리는지와 우리에게 실제로 자기 통제력이 얼마나 있는지를 이해하는 데 혁명을 일으킬 열쇠였다.

노벨상을 받았지만 전 세계가 금지한 위험한 수술

톰 웨이츠는 지독한 알코올 의존자였다.[4] 1970년대 내내 정신줄을 챙기느라 애를 썼지만 같은 시기에 7개의 훌륭한 음반을 작업하고 녹음했다. 다작하면서도 깊이가 있었다. 수백만 장의 음반을 팔고 상을 받았다. 그는 인간의 조건에 대한 놀랄 만한 통찰력을 보여 주는 보기 드문 예술가 중 한 사람이었다.

그가 음주에 관한 질문을 받았을 때 "전두엽 절제술을 받느니 차라리 제 앞에 있는 술을 마시고 말죠"라고 중얼거린 일화는 유명하다. 이 말을 할 때 그는 고주망태처럼 보였다. 아 참, 그는 텔레비전 전국 방송에 출연 중이었다.[5]

전두엽 절제술은 코를 통해 두개골 안으로 구멍을 뚫은 다음 송곳으로 전두엽을 조심스럽게 잘라 내는 수술이다.[6] 1935년 이 수술을 발명한 사람은 안토니우 에가스 모니스라는 신경학자였다. 그는 심한 불안감이나 자살 충동을 동반하는 우울증 및 여타 정신 건강 문제(다른 말로 하면, 희망의 위기)를 겪는 사람들의 뇌를 의학적으로 손상시키면 그들을 진정시킬 수 있다는 사실을 발견했다.

그는 전두엽 절제술을 통해 모든 정신 질환을 치료할 수 있으리라 믿고, 그렇게 광고했다. 이 수술은 1940년대 말까지 큰 인기를 끌면서 전 세계적으로 수많은 환자에게 시행됐다. 에가스 모니스는 이 발견으로 노벨상을 받기까지 했다.

하지만 1950년대가 되자, 사람들은 이 수술의 몇 가지 부작용을 인지하기 시작했다. 그 '부작용'으로 환자가 '바보'가 돼 버린 것이다. 이 수술은 환자의 극심한 감정적 고통을 '치료'하는 동시에, 집중하고 결정하고 장기 계획을 세우고 추상적으로 생각하는 능력을 앗아 갔다. 본질적으로 환자들은 아무 생각 없이 만족하는 좀비가 됐다. 엘리엇이 된 것이다.

소련은 세계 최초로 전두엽 절제술을 금지한 국가다. 소련은 이 수술이 '인간의 원리에 반한다'라고 공표했으며, '정신 이상자를 백치로 바꿔 놓는다'라고 주장했다. 이는 전 세계에 경종을 울렸다. 왜냐하면, 까놓고 말해서, 스탈린이 당신에게 윤리와 인간의 품위에 관해 설교한다면 그건 당신이 엉망진창이라는 뜻이기 때문이다.

그 뒤로 전 세계가 서서히 이 수술을 금지하기 시작했고, 1960년대에는 거의 모든 사람이 혐오하게 됐다. 마지막 전두엽 절제술은

1967년 미국에서 실시됐는데, 수술을 받은 환자는 죽었다. 10년 뒤 톰 웨이츠가 텔레비전에서 술김에 명언을 중얼거렸고, 나머지는 이른바 역사가 됐다.

전두엽 절제술에 관한 웨이츠의 농담은 웃음을 주지만, 그 안에는 숨겨진 지혜가 있다. 그는 열정이 사라지는 것보다는 차라리 술에 대한 열정으로 문제를 겪는 편이 낫다고 생각했다. 희망을 찾지 않기보다는 하찮은 곳에서라도 희망을 찾는 편이 낫다고 생각했다. 제멋대로인 충동이 없다면 우리는 아무것도 아니라고 생각했다.

감정이 모든 문제를 야기하는 주범이고 이성이 그 난장판을 치워야 한다는 암묵적인 가정은 언제나 존재했다. 이런 사고방식은 이성이 모든 선의 뿌리라고 선언한 소크라테스까지 거슬러 올라간다. 계몽주의 시대 초창기에 데카르트는 이성은 동물적인 욕구와 분리되어 있으며, 그런 욕구를 통제하는 법을 배워야 한다고 주장했다. 칸트도 거의 같은 주장을 했다.[7] 프로이트도 남근을 엄청나게 연관시킨 걸 제외하면 마찬가지다. 그리고 에가스 모니스가 1935년에 최초로 환자에게 전두엽 절제술을 실시했을 때, 틀림없이 그는 철학자들이 2000년 넘게 주장해 온 것을 실행에 옮길 방법을 찾았다고 생각했을 것이다. 즉 제멋대로인 격정에 대한 지배권을 이성에 부여하고, 인류가 마침내 자신에 대한 통제권을 행사하는 것을 도왔다고 생각했을 것이다.

(합리적인 이성이 감정을 지배해야 한다는) 이 가정은 수 세기에 걸쳐 이어져 내려왔으며, 오늘날에도 우리 문화의 상당 부분을 규정한다. 이것을 '고전적 가정'이라고 하자. 이에 따르면, 만약 어떤 사람이

버릇없거나 제멋대로 굴거나 악의적이라면, 그건 감정을 다스리는 능력이 부족하기 때문이다. 고전적 가정은 격정과 감정을 극복하고 고쳐야 하는 결함이자 오류로 본다.

오늘날에도 우리는 고전적 가정을 바탕으로 사람을 판단한다. 비만을 창피하게 여기는 이유는 그것을 자기 통제의 실패로 보기 때문이다. 그들은 멈춰야 한다는 걸 알지만 계속 먹는다. 흡연자도 마찬가지다. 우리는 그들에게 뭔가 문제가 있는 게 틀림없다고 가정한다. 마약 중독자도 당연히 같은 취급을 받지만, 범죄자라는 추가적인 오명을 얻는다.

우울증을 겪거나 자살 충동을 느끼는 사람들은 한층 위험한 방식으로 이 가정에 시달린다. 삶에서 희망과 의지를 만들어 내지 못하는 것이 그들의 잘못이라는 말을 듣는다. 조금만 더 노력한다면 넥타이로 자기 목을 매겠다는 생각은 들지 않을 것이라는 말을 듣는다.

우리는 감정적 충동에 굴복하는 것을 도덕적 실패로 본다. 자기 통제력 부족을 불완전한 인격의 표시로 본다. 그와 반대로, 감정을 두들겨 패서 통제하는 사람들을 찬양한다. 무자비하고 로봇처럼 효율적인 운동선수와 사업가, 지도자를 보면 단체로 열광한다. CEO가 책상 밑에서 잠을 자고 자식들을 6주에 한 번 본다고 하면 '그래, 그런 게 바로 투지다! 봤지? 누구나 성공할 수 있어!'라고 외친다.

이 가정이 위험한 논리로 이어지는 것은 쉽게 알 수 있다. 만약 고전적 가정이 참이라면, 우리는 정신적 노력만으로 자제력을 보이고 감정 폭발과 치정 범죄를 막고 중독과 탐닉을 피할 수 있어야 한다. 그럴 수 없다는 것은 우리 안에 뭔가 본질적으로 불완전하거나 손상된 것이 있음을 의미한다.

우리가 '자기 정체성'을 변화시켜야 한다는 잘못된 믿음을 갖게 되는 이유다. 만약 우리가 목표를 달성할 수 없다면, 예를 들어, 살을 뺄 수 없거나 승진을 할 수 없거나 기술을 배울 수 없다면 그것은 뭔가 내적인 결함이 있다는 뜻이기 때문이다. 그러므로 희망을 지키기 위해서, 우리는 자신을 바꾸겠다고, 완전히 새롭고 전혀 다른 누군가가 돼야겠다고 결심한다. 자신을 변화시키겠다는 이 욕망은 우리를 다시 희망으로 채운다. '예전의 나'는 끔찍한 흡연 습관을 떨칠 수 없었지만, '새로운 나'는 떨칠 것이다. 그렇게 우리는 다시 출발한다.

자신을 변화시키려는 끊임없는 욕망은 그 자체로 중독이 된다. '자기 변화시키기 프로젝트'는 비슷한 자기 통제 실패로 귀결된다. 그 결과 또다시 프로젝트를 시작해야 한다고 느끼고 당신의 희망을 당신에게 다시 주입한다. 그 과정을 반복하는 동안, 문제의 근원인 고전적 가정이 폐기되기는커녕 의문이 제기되는 일조차 없다.

지난 몇 세기 동안 이 프로젝트는 하나의 산업이 됐고, 악성 여드름처럼 걷잡을 수 없이 퍼졌다. 이 산업은 행복과 성공, 자기 통제의 비밀에 대한 거짓된 약속과 단서로 가득하다. 실상 이 산업이 하는 일은 사람들이 부족함을 더 느낄 수밖에 없도록 자극하는 게 전부다.[8]

진실은 인간의 마음은 어떤 비밀보다도 훨씬 더 복잡하다는 것이다. 그리고 사람은 자신을 간단히 변화시킬 수 없으며, 그래야 한다고 항상 느낄 필요도 없다.

우리가 이런 이야기에 매달리는 이유는 자신을 완전히 통제할 수 있다는 믿음이 희망의 근원이기 때문이다. 우리는 자신을 변화시키는 것이 무엇을 변화시켜야 할지 아는 것만큼 단순하다고 믿고 싶어 한다. 우리는 무엇을 해야 할지 아는 것이 무엇을 결정하고 그걸 해내기에 충분한 의지력을 발휘하는 것만큼 단순하다고 믿고 싶어 한다. 우리는 자신이 자기 운명의 주인이라고, 꿈꾸는 것은 무엇이든 할 수 있다고 믿고 싶어 한다.

엘리엇에 대한 다마지오의 발견이 대단한 이유는 고전적 가정이 틀렸음을 보여 주기 때문이다. 삶이 감정을 통제하고 이성에 의해 결정을 내리는 법을 배우는 것처럼 단순하다면, 엘리엇은 막을 수 없는 상남자, 지칠 줄 모르고 근면한, 무자비한 의사 결정자가 됐어야 한다. 또한 전두엽 절제술은 엄청나게 유행해야 한다. 그게 사실이라면, 우리는 그걸 위해 너도나도 돈을 모으고 있을 것이다.

하지만 전두엽 절제술은 효과가 없었고, 엘리엇의 삶은 엉망이 됐다. 진실은 우리가 자제력을 얻는 데는 의지만으로는 충분하지 않다는 것이다. 감정이 의사 결정과 행동에 중요한 역할을 한다는 것이 밝혀졌다. 우리가 그걸 깨닫지 못했을 뿐이다.

당신 안의 지킬과 하이드, 생각 뇌와 감정 뇌

당신 마음이 자동차라고 가정해 보자. 그리고 그걸 '의식 차'라고 부르자. 당신의 의식 차는 삶이라는 도로를 따라 달리고, 도로에는 교차로와 진입로, 진출로가 있다. 도로와 교차로는 운전하는 동안 당신이 내려야 하는 결정을 나타내고, 그것이 당신의 목적지를 결정할 것이다.

자, 이제 당신의 의식 차 안에는 두 여행자가 있다. 하나는 생각하는 뇌, 다른 하나는 감정을 느끼는 뇌다.[9] 편의상 생각 뇌와 감정 뇌라고 하자. 생각 뇌는 의식적인 사고, 계산 능력, 다양한 선택 사항을 두고 추론하고 언어를 통해 생각을 표현하는 능력을 나타낸다. 감정 뇌는 정서, 충동, 직관, 본능을 나타낸다. 생각 뇌가 신용 카드 명세서의 결제일을 계산하는 동안, 감정 뇌는 모든 걸 팔아 치우고 타히티섬으로 떠나고 싶어 한다.

2개의 뇌는 각자 나름의 장단점이 있다. 생각 뇌는 양심적이고, 정확하고, 공정하다. 체계적이고 합리적이지만, 느리다. 많은 노력과 에너지가 필요하고, 근육처럼 강화하는 데 시간이 들며, 지나치게 쓰면 피로해진다.[10] 하지만 감정 뇌는 빠르고 쉽게 결론에 도달한다. 문제는 종종 부정확하고 비합리적이라는 것이다. 감정 뇌는 또한 사소한 일에 호들갑을 떨고 과잉 반응하는 나쁜 습관이 있다.

우리는 생각 뇌가 의식 차를 몰고 감정 뇌는 조수석에 앉아 어디로 가고 싶은지를 외친다고 가정한다. 이 가정에 따르면, 이성이 궁극적으로 우리 삶을 통제해야 한다.

하지만 의식 차는 이런 식으로 작동하지 않는다. 엘리엇은 종양이 제거됐을 때 감정 뇌가 움직이는 정신 차량에서 내동댕이쳐졌지만, 아무것도 나아지지 않았다. 사실상 그의 의식 차는 작동을 멈췄다. 전두엽 절제술을 받은 환자는 감정 뇌가 꽁꽁 묶여서 자동차 트렁크에 처박힌 셈이고, 그 결과 환자들은 차분해지고 게을러졌으며 잠자리에서 일어나거나 스스로 옷 입는 것조차 할 수 없게 됐을 뿐이다.

한편 톰 웨이츠는 언제나 감정 뇌 자체였다고 해도 과언이 아니지만, 그는 알코올 의존자인 동시에 수백만 장의 음반을 팔고 상을 받은 예술가였다.

진실은 감정 뇌가 의식 차를 몬다는 것이다. 당신이 자신을 얼마나 과학적이라고 생각하는지 또는 당신 이름 앞에 얼마나 많은 수식어가 붙는지는 내 알 바 아니다. 잘난 척해 봐야 당신도 우리 중한 사람이다. 우리는 미치광이 감정 뇌에 조종당하는 로봇이다.

감정 뇌가 의식 차를 모는 이유는 궁극적으로 우리를 행동하게 하는 것은 오직 감정이기 때문이다. 행동이 곧 감정이기 때문이다. 감정은 우리 몸을 움직이게 하는 생물학적 유압 장치다. 공포는 당신 뇌가 발명한 마술적인 것이 아니다. 공포는 우리 몸에서 일어나는 것이다. 공포는 위의 조임과 근육의 긴장, 아드레날린 분비, 신체 주변의 빈 곳에 대한 강한 욕구다. 생각 뇌는 두개골 내부의 시냅스 배열 안에만 존재하지만, 감정 뇌는 몸 전체의 지혜와 어리석음이다. 분노는 몸을 움직이게 한다. 불안은 몸을 물러서게 한다. 기쁨은 얼굴 근육을 환하게 하고, 슬픔은 존재에 그림자를 드리우려 한다. 감정은 행동을 불러일으키고, 행동은 감정을 불러일으킨다. 둘은 떼려야 뗄 수 없는 관계다.

이는 시대를 초월한 질문, 즉 '왜 우리는 해야 한다고 알고 있는 것을 하지 않는가?'라는 질문에 관한 가장 단순하고 가장 확실한 답으로 이어진다. 답은 하고 싶지 않기 때문이다.

자기 통제의 모든 문제는 규율이나 이성의 문제가 아니라 감정의 문제다. 자기 통제의 문제는 정보나 규율, 이성의 문제가 아니라 감정의 문제다. 자기 통제는 감정 문제다. 게으름도 감정 문제다. 미루는 버릇 역시 감정 문제다. 능력 이하의 성과를 내는 것 또한 감정 문제다. 충동도 감정 문제다.

이건 짜증 나는 일이다. 왜냐하면 감정적 문제는 논리적 문제보다 훨씬 더 다루기 힘들기 때문이다. 자동차 대출 할부금 계산을 도와주는 방정식은 있다. 하지만 악연을 끝내게 도와주는 방정식은 없다.

아마도 지금쯤이면 이해했겠지만, 행동을 바꾸는 법을 지적으로 이해한다고 해서 행동이 바뀌지는 않는다. (내 말을 믿어라. 나는 영양 관련 책을 12권이나 읽었지만, 여전히 이 글을 쓰면서 햄버거를 먹고 있다.) 우리는 담배를 끊고 설탕을 줄이고 뒷담화를 하지 말아야 한다는 것을 알지만, 그럼에도 불구하고 그러지 못한다. 그리고 그건 어리석어서가 아니라 기분이 나아지지 않기 때문이다.

감정 문제는 비합리적인데, 그건 논리적으로 파악될 수 없다는 뜻이다. 그리고 이것은 우리에게 더 나쁜 소식을 전해 준다. 감정 문제에는 오직 감정적 해결책만이 존재할 수 있다는 사실이다. 즉 모든 것이 감정 뇌에 달려 있다. 사람들의 감정 뇌가 운전을 어떻게 하는지 봤다면, 이건 꽤 겁나는 소식이다.

한편, 이 모든 일이 벌어지는 동안 생각 뇌는 조수석에 앉아서 자신이 상황을 완전히 통제한다고 상상한다. 감정 뇌가 운전사라면, 생각 뇌는 길잡이다. 생각 뇌는 일생을 통해 작성하고 축적한 현실 지도를 무더기로 쌓아 놓고 있다. 목적지로 가는 방법과 대체 경로를 찾는 방법을 안다. 위험한 모퉁이가 어디에 있는지와 지름길이 어디에 있는지를 안다. 자신을 지적이고 합리적인 뇌로 올바로 인식하며, 그것이 왠지 자신에게 의식 차를 통제할 특권을 부여해 준다고 믿는다. 하지만 안타깝게도 그렇지 않다. 대니얼 카너먼에 따르면, 생각 뇌는 '자신을 영웅으로 상상하는 조연'이다.

비록 때로는 서로를 참을 수 없다고 해도 2개의 뇌는 서로를 필요로 한다. 감정 뇌는 우리를 행동하게 하는 감정을 만들어 내고, 생각 뇌는 그 행동을 어디로 향하게 할지를 제시한다. 여기서 핵심은 제시한다는 점이다.

생각 뇌는 감정 뇌를 통제할 수 없지만, 영향을 줄 수는 있다. 때로는 엄청나게 말이다. 생각 뇌는 감정 뇌를 설득해서 더 나은 미래로 이어지는 새로운 도로를 따라가게 하거나, 실수했을 때 유턴을 하게 만들거나, 전에 무시하던 새로운 경로나 지역을 고려하게 할 수 있다. 하지만 감정 뇌는 고집이 세서 가고 싶은 길이 있으면 생각 뇌가 얼마나 많은 자료를 제시하든 그 길로 갈 것이다. 도덕 심리학자 조너선 하이트는 2개의 뇌를 코끼리와 기수에 비유한다. 기수가 코끼리를 특정한 방향으로 부드럽게 이끌 수는 있지만, 궁극적으로 코끼리는 자기가 가고 싶은 곳으로 갈 것이다.[11]

인간사는 잔혹했고 사람들은 감정 탓을 했다

감정 뇌는 중요한 만큼 어두운 면을 가지고 있다. 의식 차에서, 감정 뇌는 차를 세우고 길을 물어보기를 거부하며 폭언하는 애인이다. 그는 어디로 가라는 말을 듣기 싫어하며, 운전에 대해 왈가왈부하면 극도로 화를 낼 것이다.

생각 뇌는 이런 싸움을 피하고 희망을 지키기 위해 감정 뇌가 이미 가겠다고 결정한 곳을 설명하거나 정당화하는 지도를 그린다. 감정 뇌가 아이스크림을 먹고 싶어 하면 생각 뇌는 설탕과 칼로리 과잉에 대한 사실로 그걸 반박하는 대신 '나는 오늘 열심히 일한 만큼 아이스크림을 먹을 자격이 있어'라고 말한다. 감정 뇌는 편안함과 만족을 느낀다. 만약 당신의 감정 뇌가 당신 배우자는 개자식이고 당신은 아무것도 잘못하지 않았다고 결정하면, 당신의 생각 뇌는 즉각적으로 배우자가 당신의 삶을 망치는 동안 당신이 얼마나 인내와 겸손의 화신이었는지 기억해 낼 것이다.

이런 식으로 감정 뇌와 생각 뇌는 불건전한 관계를 발달시킨다. 생각 뇌는 감정 뇌가 듣고 싶어 하는 이야기를 만들어 내고, 그에 대한 보답으로 감정 뇌는 갑자기 도로 밖으로 돌진해서 사람들을 죽이는 행동을 하지 않겠다고 약속한다.

생각 뇌가 감정 뇌가 원하는 지도만을 그리는 함정에 빠지기는 너무나 쉽다. '자기 위주 편향'이라 불리는 이것은 인류 역사에서 일어난 거의 모든 끔찍한 사건의 근간이다. 자기 위주 편향은 그야말로 사람을 편파적이고 자기중심적으로 만든다. 내가 옳다고 느끼는 것을 옳은 것으로 생각하게 한다. 사람과 지역, 집단, 생각에 대한 성급한 판단을 내리게 하는데, 그런 판단의 대부분은 부당하거나 편협한 것이다.

하지만 극단적인 형태의 자기 위주 편향은 완전한 망상이 될 수 있다. 그럴 경우 당신은 존재하지 않는 것을 현실로 믿고, 기억을 왜곡하고 사실을 과장하며, 감정 뇌의 끝없는 갈망에 복종하게 된다. 생각 뇌가 나약하고 무지한 상태에서 감정 뇌가 짜증을 낸다면, 생각 뇌는 감정 뇌의 불같은 변덕과 위험한 운전에 굴복하게 될 것이다. 스스로 생각하거나 감정 뇌의 결론에 반박하는 능력을 잃을 것이다.

이것은 의식 차를 가는 곳마다 확성기로 서커스 음악을 울려 대는 광대 차로 바꿔 놓는다.[12] 생각 뇌가 감정 뇌에 완전히 굴복할 때, 일상이 순전히 자기만족에 의해 결정될 때, 진실이 자기 위주의 가정으로 채워진 만화로 왜곡될 때, 모든 믿음과 원칙이 허무주의 바다에서 길을 잃을 때, 의식 차의 운전대는 광대가 잡는다. 결국 의식 차는 광대 차가 되고 만다.

광대가 운전하는 차는 언제나 중독과 자아도취, 충동을 향해 달려간다. 광대에게 마음을 지배당하는 사람은 종교 지도자, 정치인, 자기 계발 도사, 사악한 인터넷 포럼 등 기분을 좋게 해 주는 사람이나 집단에 쉽게 조종당한다. 광대 차는 다른 의식 차를 기꺼이 밀어붙일 것이다. 생각 뇌가 그런 벌을 마땅하다고 말하며 이런 행위를 정당화할 것이기 때문이다.

어떤 광대 차는 그저 재미를 향해 달려간다. 그들에게는 술과 섹스, 파티가 전부다. 다른 차는 권력을 향해 달린다. 이것이 가장 위험한 광대 차다. 그들의 생각 뇌는 타인을 학대하고 예속하는 행위를 경제학, 정치학, 인종, 유전학, 성, 생물학, 역사 등 지적으로 들리는 이론을 통해 정당화하기 때문이다.

광대 차는 때때로 증오도 추구한다. 증오는 그 자체로 이상한 만족감과 자만심을 주기 때문이다. 이런 마음은 걸핏하면 독선적인 분노로 발산된다. 외부의 표적을 겨냥하면 자신의 도덕적 우월성을 재확인할 수 있기 때문이다. 이것은 필연적으로 타인을 파괴하는 방향으로 달려 나간다. 끝없는 내적 충동을 만족시키려면 외부 세계를 파괴하고 지배하는 수밖에 없기 때문이다.

일단 광대 차에 타면 거기서 헤어나기란 쉬운 일이 아니다. 생각 뇌는 광대 차 안에서 오랫동안 괴롭힘과 학대를 겪으며 일종의 스톡홀름 증후군을 경험한다. 생존이 위협받는 상황에서 피해자가 가해자와 자신을 동일시하고 가해자의 폭력적 행동을 합리화하게 되는 현상 말이다. 생각 뇌는 감정 뇌를 즐겁게 하는 행위, 정당화시키는 것 이상을 상상할 수 없게 된다. 감정 뇌의 주장을 반박하거나 녀석이 가고자 하는 곳에 이의를 제기하지 못하게 되고, 그래야 한다고 말하는 당신에게 화를 낸다. 광대 차 안에는 모순을 판단할 수 있는 독립적인 사고나 믿음을 바꾸는 능력은 존재하지 않는다. 어떤 의미에서 광대가 운전대를 잡은 차를 타고 있는 사람은 개인의 정체성을 포기한 것이나 다름없다.

그래서 컬트(소수의 사람이 매우 열중하거나 좋아하는 방향이나 경향—역주) 지도자는 사람들에게 생각 뇌를 차단하라고 말한다. 감정 뇌를 바로잡고 어디에서 길을 잘못 들었는지 보여 주는 생각 뇌의 작동을 중지시키는 것이다. 생각 뇌가 입을 다물면 잠시 기분이 좋아진다. 사람들은 이것을 심오하게 느낀다. 그리고 좋게 느껴지는 것이 좋은 것이라고 착각한다.

광대 차의 은유는 감정에 대한 탐닉과 숭배에 관한 고대 철학자들의 경고다.[13] 그리스인과 로마인이 덕을 가르친 것, 기독교 교회가 금욕과 극기라는 메시지를 권한 것은 모두 광대 차에 대한 공포에서 비롯됐다.[14] 그들은 자아도취와 과대망상에 빠진 권력자가 초래한 파괴를 봤다. 그리고 감정 뇌를 처리할 유일한 방법은 가능한 한 산소를 적게 줘서 그것이 주변 세계를 폭발시키고 파괴하는 걸 막는 것이라고 믿었다. 이 과정에서 고전적 가정이 탄생했다. 이성보다 감정을, 의무보다 욕망을 옹호하는 감정 뇌를 생각 뇌가 지배하는 것이야말로 좋은 사람이 되는 유일한 길이라는 믿음 말이다.

대부분의 인간사에서 사람들은 잔혹하고, 미신적이고, 무지했다. 중세 사람들은 장난삼아 고양이를 고문했고, 아이들과 함께 마을 광장에서 동네 좀도둑의 불알을 잘라 내는 광경을 지켜봤다.[15] 사람들은 가학적이고 충동적인 멍청이였다. 대부분의 역사에서 세상은 살기 좋은 곳이 아니었고, 그 주된 이유는 모든 사람의 감정 뇌가 미친 듯이 날뛰었기 때문이다. 고전적 가정은 일반적으로 문명과 완전한 무질서 사이에 존재하는 유일한 것이었다.

그 뒤로 지난 몇백 년 동안 여러 가지 일이 일어났다. 사람들은 기차와 자동차를 개발하고 중앙난방 같은 것을 발명했다. 경제적 번영이 인간의 충동을 넘어섰다. 사람들은 먹을 게 없는 상황이나 왕을 모욕했다는 이유로 처형당하는 것에 대해 더는 걱정하지 않았다. 살기가 한결 편하고 쉬워졌다. 자유 시간이 넘쳐 났고, 전에는 전혀 고민해 본 적 없는 온갖 실존적 잡설에 관해 생각하고 걱정하게 됐다.

그 결과, 20세기 후반에 감정 뇌를 옹호하는 움직임이 일어나기 시작했다.[16] 생각 뇌의 억압으로부터 감정 뇌를 해방한 것은 수백만 명을 치료하는 데 믿기 힘들 만큼 큰 도움을 줬다. 그건 오늘날에도 마찬가지다.

문제는 사람들이 반대 방향으로 너무 멀리 가기 시작했다는 것이다. 그들은 감정을 인정하고 존중하는 것에서 감정이 유일하게 중요한 것이라고 믿는 다른 쪽 극단까지 갔다. 특히 감정을 억압하며 우울한 유년기를 보내고 늦은 나이에 처음 감정 뇌와 접촉한 백인 중산층 여피족(도시 주변을 생활 기반으로 삼고 전문직에 종사하면서 신자유주의를 지향하는 젊은이들—역주)이 그랬다. 그들은 기분이 상하는 것을 제외하면 어떤 실질적인 문제도 겪지 않았기 때문에, 오직 감정만이 중요하고 생각 뇌의 지도는 단지 감정을 부당하게 방해하는 것일 뿐이라는 잘못된 믿음을 갖게 됐다. 그들 중 상당수는 감정 뇌의 '영적 성장'을 위해 생각 뇌를 정지시키려 했고, 자신에게만 몰두하는 등신이 되면 깨달음에 가까워진다고 생각했다.[17] 실제로는 과거의 감정 뇌가 제멋대로 날뛰게 하고 있으면서 말이다. 그것은 새롭고 힙해 보이는 페인트를 덧칠한 똑같은 광대 차였다.[18]

감정 탐닉은 희망의 위기로 이어지지만, 감정 억압도 마찬가지다. 감정 뇌를 부정하면 주변 세상에 무감각해진다. 감정을 거부하면 어떤 것이 다른 것보다 낫다는 것을 결정하는 가치 판단을 거부하게 된다. 그 결과 삶과 자신의 결정에 의한 결과에 무감각해진다. 기를 쓰고 타인과 다툰다. 관계가 악화된다. 만성적인 무관심은 결국 불편한 진실과의 불쾌한 만남으로 이어진다. 아무것도 더 중요하거나 덜 중요하지 않다면, 그 무엇도 해야 할 이유가 없다. 아무것도 해야 할 이유가 없다면, 왜 사는가?

한편, 생각 뇌를 부정하면 충동적이고 이기적으로 되며, 현실을 왜곡해서 절대 만족할 수 없는 자신의 변덕과 공상에 일치시킨다. 이런 경우 희망의 위기는 아무리 많이 먹고 마시고 지배하고 섹스해도 절대 충분하지 않게 된다는 것이다. 절대로 충분히 중요하지 않을 것이고, 절대로 충분히 의미 있게 느껴지지 않을 것이다. 영원히 돌아가는 절망의 쳇바퀴 위에서 밤낮으로 달리지만 어디로도 가지 못한다. 그리고 어떤 지점에서 멈추면 불편한 진실에 즉시 따라잡힌다.

내가 극적으로 표현하고 있다는 건 나도 안다. 하지만 그래야 한다. 그러지 않으면, 감정 뇌가 지루함을 느껴서 이 책을 덮을 테니까. 책장 넘기기가 바쁠 정도로 흥미진진한 책이 왜 그렇게 재미있는지 생각해 본 적 있나? 책장을 넘기는 건 당신이 아니다. 그랬다고 생각하나? 그건 감정 뇌다. 기대감과 긴장감이다. 발견의 기쁨과 해결의 만족감이다. 좋은 책은 2개의 뇌 모두와 이야기하는 동시에 그들의 흥미를 불러일으킬 수 있는 것이다.

그리고 이것이 문제의 전부다. 2개의 뇌 모두에게 말을 걸어서 우리의 뇌를 협력하고 조화롭고 통일된 완전체로 통합하는 것 말이다. 만약 자기 통제가 생각 뇌의 잔뜩 부풀려진 자존심이 만들어 낸 환상이라면, 우리를 구원할 것은 자기 수용, 즉 감정을 받아들이고 그것에 대항하는 게 아니라 그것과 함께하는 것이기 때문이다. 하지만 자기 수용을 발달시키려면 일을 좀 해야 한다. 생각 뇌야, 얘기 좀 하자. 다음 단락에서 만나.

감정 뇌와 잘 지내기 위해 생각 뇌한테 보내는 편지

안녕, 생각 뇌.

잘 지내? 가족은? 세금 문제는 잘 풀리고 있어?

아이고, 이런. 신경 쓰지 마. 깜빡했네. 내가 알 게 뭐야.

이봐, 감정 뇌가 네 일을 망치고 있다는 거 알아. 어쩌면 중요한 관계를 망쳤을지도 모르지. 어쩌면 네가 새벽 3시에 쪽팔린 전화를 걸게 했을 수도 있어. 어쩌면 사용하지 말아야 하는 물질을 자기한테 자꾸 투약할 수도 있어. 통제할 수 있기를 바라지만 그럴 수 없는 무언가가 너 자신한테 있다는 걸 알아. 그리고 넌 이 문제 때문에 때때로 희망을 잃겠지.

하지만 들어 봐, 생각 뇌야. 너는 감정 뇌의 충동과 형편없는 의사 결정을 너무나 싫어하지? 하지만 공감할 방법을 찾아야 해. 감정 뇌가 진정으로 이해할 수 있는 유일한 언어는 공감이거든. 감정 뇌는 민감한 녀석이야. 어쨌거나 녀석은 너의 빌어먹을 감정으로 만들어졌지. 우리가 이해하는 것처럼 스프레드시트로 녀석을 이해시킬 수 있으면 좋겠지만, 그럴 수 없어.

감정 뇌를 사실과 이성으로 폭격하지 말고, 먼저 기분이 어떤지 물어봐. 이렇게 말해 보라고.

"야, 감정 뇌, 오늘 체육관에 가 보면 어떨까?"

"직업을 바꿔 보는 건 어때?"

"모든 걸 팔고 타히티섬으로 이주하는 건 어때?"

감정 뇌는 말로 반응하지 않을 거야. 말로 하기에는 감정 뇌의 속도가 너무 빨라. 감정 뇌는 감정으로 반응할 거야. 그래, 너무 뻔한 사실이라는 건 알지만, 생각 뇌야, 네가 때로는 바보같이 구니까 해 주는 말이야.

감정 뇌는 귀찮음이나 불안이라는 느낌으로 반응할 수도 있어. 약간의 흥분과 약간의 분노가 혼합된 복합적인 감정일 수도 있지. 그게 뭐든, 너는 생각 뇌(두개골의 책임자)로서 어떤 감정에 직면하든, 비판적이지 않은 태도를 유지할 필요가 있어. 귀찮게 느껴진다고? 괜찮아. 누구나 때로는 귀찮음을 느끼니까. 자기혐오가 느껴진다고? 아마도 대화를 좀 더 하자는 초대장일 거야. 체육관은 기다려 줄 수 있어.

감정 뇌가 짜증스럽고 뒤틀린 감정을 전부 내보내게 하는 것이 중요해. 그냥 녀석을 야외로 데리고 가서 숨 쉴 수 있게 해 줘. 숨을 많이 쉴수록 의식 차의 핸들을 쥔 손아귀가 약해지거든.

그런 다음, 감정 뇌를 이해하는 수준에 도달했다고 느끼면, 그때 감정 뇌가 이해하는 방식인 감정을 통해 그에게 호소해. 바람직하고 새로운 행동의 모든 이익에 관해 생각해 봐. 바람직한 목적지에 있는 섹시하고, 반짝이고, 즐거운 것을 모두 언급해. 운동을 하면 얼마나 기분이 좋은지, 이번 여름에 멋진 몸매로 수영복을 입으면 얼마나 기분이 좋을지, 목표를 완수하면 자존감이 얼마나 높아지는지, 자신의 가치관에 따라 살아가고 사랑하는 사람들에게 모범이 되면 얼마나 행복한지를 감정 뇌에게 상기시키는 거야.

기본적으로 모로코 양탄자 상인과 흥정하는 방식으로 감정 뇌와 흥정해야 해. 지금 좋은 거래를 하고 있다고 감정 뇌가 믿을 수 있도록 말이야. 그러지 않으면 아무런 소득 없이 고함만 치게 될 거야. 한 가지 기억해야 할 팁은, 감정 뇌가 싫어하는 일을 시켜야 할 경우에만 감정 뇌가 좋아하는 일을 하는 것에 동의해 주는 거야. 쓴 약을 먹으면 사탕을 주는 것처럼. 체육관의 러닝 머신 위에서 뛰기 위해 좋아하는 텔레비전 프로그램을 보는 거지. 또 이번 달 고지서 요금을 밀리지 않고 납부했을 때는 친구들을 만나는 거야.[19]

가볍게 시작해. 감정 뇌는 극도로 민감하고 철저히 비합리적이라는 것을 명심해. 네가 감정적 이익이 따르는 쉬운 일(예를 들어, 운동 한 뒤 좋은 기분 느끼기, 의미 있게 느껴지는 직업 추구하기, 자식들에게 존경받고 존중받기)을 제안하면 감정 뇌는 긍정적이든 부정적이든 또 다른 감정으로 반응할 거야. 만약 그 감정이 긍정적이면 감정 뇌는 기꺼이 그 방향으로 조금 더 달릴 테지만, 아주 조금만 갈 거야! 명심해. 감정은 절대 오래가지 않아. 그래서 가볍게 시작하는 거야. 감정 뇌야, 오늘은 일단 운동화만 신자. 그게 다야. 그리고 어떤 일이 생기는지 한번 지켜봐.[20]

만약 감정 뇌가 부정적으로 반응하면 부정적 감정을 그냥 받아들이고 또 다른 타협안을 제시해. 일단 감정 뇌가 어떻게 반응하는지 지켜봐. 그런 다음 반복해.

하지만 네가 뭘 하든지 감정 뇌와 싸우지는 마. 그건 상황을 악화시킬 뿐이니까. 첫째, 넌 이길 수 없어, 절대. 운전을 하는 건 언제나 감정 뇌거든. 둘째, 기분이 나쁜 것에 대해 감정 뇌와 싸우는 건 감정 뇌의 기분을 더 나쁘게 할 뿐이야. 그러니, 그럴 이유가 있겠어? 생각 뇌야, 너는 원래 똑똑한 뇌잖아.

감정 뇌와의 대화는 며칠, 몇 주, 심지어 몇 달, 제기랄 몇 년 동안 불규칙적으로 이처럼 오락가락하며 계속될 거야. 2개의 뇌가 이런 대화를 하려면 연습이 필요해. 어떤 사람들에게는 이 연습이 감정 뇌가 어떤 감정을 표출하는지 인식하는 작업이 될 거야. 어떤 사람들의 생각 뇌는 감정 뇌를 너무 오래 무시해서 감정 뇌의 말에 귀 기울이는 법을 다시 배워야 하기도 해. 그러려면 시간이 좀 걸려.

또 어떤 사람들은 정반대 문제를 겪을 거야. 이들은 생각 뇌가 목소리를 크게 낼 수 있게 훈련시켜야 할 거야. 즉 생각 뇌가 감정 뇌의 감정과는 별개인 독립적인 생각(새로운 방향)을 제시하도록 해야 해. 이들은 '감정 뇌의 느낌이 틀렸으면 어떡하지?'라는 질문을 스스로 해 본 다음 대안을 고려해야 해. 처음에는 어려울 거야. 하지만 이런 대화를 자주 할수록 2개의 뇌는 서로의 말에 더 자주 귀를 기울이기 시작할 거야. 감정 뇌는 다른 감정을 발산하기 시작할 테고, 생각 뇌는 감정 뇌가 인생길을 항해하는 것을 어떻게 도와야 하는지 더 잘 이해하게 될 거야.

심리학에서는 이것을 '정서 조절'이라고 하는데, 기본적으로 감정 뇌가 절벽으로 돌진하지 못하도록 가드레일과 일방통행 표지판을 인생길을 따라 줄줄이 놓는 법을 배우는 거야.[21] 힘든 일이지만, 이게 유일한 방법이야.

왜냐하면 생각 뇌, 넌 감정을 통제할 수 없기 때문이야. 자기를 통제할 수 있다는 생각? 환상에 불과해. 그건 2개의 뇌가 연합해서 같은 행동 방침을 따를 때 일어나는 환상이자, 사람들에게 희망을 주기 위해 만들어진 환상이야. 그리고 생각 뇌가 감정 뇌에 동조하지 않을 때, 사람들은 무력감을 갖고 주변 세계를 절망적으로 느끼기 시작해. 이 환상이 거짓이라는 것을 들춰내는 유일한 방법은 일관된 가치관을 중심으로 2개의 뇌가 끊임없이 소통하고 연합하는 거야. 이건 기술이야. 수구를 하거나 칼로 저글링하는 묘기처럼 말이야. 연습을 해야 해. 그 과정에서 실패가 따를 거야. 베이고 긁혀서 피가 날 수도 있어. 하지만 그건 입장료일 뿐이야.

생각 뇌, 네가 갖고 있는 게 있어. 네가 너 자신을 통제할 순 없을지 몰라도, 충동과 감정의 의미는 통제할 수 있어. 그게 너의 초능력이자, 재능이야. 넌 그게 얼마나 적절한지 판독할 수 있고, 지도를 그릴 수 있어. 이건 믿기 힘들 만큼 강력한 능력이야. 왜냐하면 감정 뇌가 감정에 반응하는 방식을 바꿀 수 있는 게 바로 의미이기 때문이지.

그리고 이것이 희망을 만들어 내는 방법이고 미래가 생산적이고 즐거울 수 있다는 느낌을 불러일으키는 방법이지. 감정 뇌가 던지는 똥을 심오하고 유용한 방식으로 해석해. 너를 충동의 노예로 만들지 말고, 충동에 도전하고 충동을 분석하고, 충동의 성격과 형태를 바꿔 봐.

'감정 뇌를 악랄한 놈이라 재단하는 대신 감정 뇌와 협력하는 법을 가르치는 것', 당연히 이건 좋은 치료법이야. 임상 심리학자가 우리 삶을 개선하기 위해 발명한 인지 행동 치료나 수용 전념 치료 같은 것들과 마찬가지로 말이야.

희망의 위기는 자신과 자신의 삶을 통제할 수 없다는 생각에서 시작돼. 사람들은 자기를 주변 세계 또는 더 심하게는 자기 마음의 희생양이라고 느끼지. 우리는 감정 뇌와 싸워서 녀석을 강압적으로 굴복시키려 하거나 정반대로 아무 생각 없이 녀석을 따르지. 우리가 스스로를 조롱하고 세상을 등지는 건 고전적 가정 때문이야. 현대 세계에서 물질적 풍요와의 연결은 자기 통제라는 환상으로 인한 고통을 가중시킬 뿐이야.

생각 뇌야, 너에게 임무가 있어. 감정 뇌를 녀석의 방식으로 사로잡는 거야. 최악이 아니라 최고의 충동과 직관을 감정 뇌가 끌어낼 수 있는 환경을 조성해. 감정 뇌가 네게 무엇을 분출하든 반대하기보다는 받아들이고 함께해. 그 외 모든 판단과 가정은 전부 착각이야. 언제나 착각이었지. 네게는 통제권이 없어. 전에도 그랬고 앞으로도 그럴 거야. 하지만 희망을 잃을 필요는 없어.

안토니오 다마지오는 결국 엘리엇에 대한 경험과 다수의 다른 연구를 바탕으로 《데카르트의 오류》라는 유명한 책을 썼다. 다마지오에 따르면, 생각 뇌가 논리적이고 사실적인 형식의 지식을 산출하는 것과 같은 방식으로, 감정 뇌 역시 고유한 형태의 가치 중심적인 지식을 발달시킨다. 생각 뇌가 사실과 자료, 관찰 사이에서 연관성을 만들어 낸다면, 감정 뇌는 동일한 사실과 자료, 관찰에 기초해 가치 판단을 한다. 감정 뇌는 무엇이 좋고 나쁜지, 무엇이 바람직하고 바람직하지 않은지, 그리고 결정적으로 우리에게 어떤 자격이 있고 어떤 자격이 없는지를 결정한다.

생각 뇌는 객관적이고 사실적이며, 감정 뇌는 주관적이고 관계적이다. 그리고 어떤 수단을 동원해도 우리는 절대 한 형태의 지식을 다른 형태로 번역할 수 없다.[22] 이것이 희망이 안고 있는 진짜 문제다. 우리가 탄수화물 섭취를 줄이거나 담배 끊는 법을 지적으로 이해할 수 없는 경우는 드물다. 우리는 머리로 그것이 왜 문제인지 이해한다. 문제는 감정 뇌의 어딘가에서 우리가 그런 것을 할 가치가 없다고, 우리가 자격이 없다고 결정해 버린다는 것이다. 그것이 우리가 속상한 이유다.

이런 자격이 없다는 느낌은 일반적으로 어느 시점에 우리에게 일어난 나쁜 일의 결과다. 우리가 어떤 끔찍한 일을 경험할 때 감정 뇌는 우리가 그런 나쁜 경험을 겪는 것이 마땅하다고 판단한다. 그 결과, 생각 뇌가 더 나은 방향과 지식을 갖고 있음에도, 감정 뇌는 그 고통을 반복하는 길을 선택한다.

이것이 자기 통제의 근본적인 문제다. 이것이 희망의 근본적인 문제다. 자신과 세계에 대한 형편없는 가치 판단을 채택하고 받아들이는 감정 뇌의 문제다. 그리고 심리 치료와 같은 작업은 모두 우리 자신의 가치관을 솔직히 드러낼 수 있도록 자신의 가치관을 들여다보는 과정이다.

다시 말해, 문제는 우리가 얼굴을 얻어맞지 않을 방법을 모르는 데 있는 것이 아니다. 문제는 어느 시점에 되받아치는 대신 나는 맞아도 싸다고 판단하는 것이다.

1 엘리엇의 사례는 다음 책에서 개작한 것이다. Antonio Damasio, *Descartes'*
Error : Emotion, Reason, and the Human Brain(New York : Penguin Books,
2005). 한국어판은 김린 옮김, 《데카르트의 오류 : 감정, 이성, 그리고 인간의 뇌》
(NUN, 2017). 엘리엇은 안토니오 다마지오가 환자에게 붙인 가명이다.

2 그의 가정생활과 관련된 사례(리틀리그, 가정불화 등)는 요점을 분명히 보여 주기 위
해 지어낸 것이다. 다마지오의 설명에는 나오지 않으며, 아마도 그런 일은 없었을
것이다.

3 다마지오는 '자유 의지'라는 용어를 사용하지만, 나는 '자기 통제'라는 용어를 사
용한다. 두 용어 모두 자기 결정 이론에서 자율성에 대한 욕구로 생각할 수 있다.

4 1970년대 음악 저널리스트 사이에서 웨이츠가 알코올 의존자인 척한다는 괴상
한 음모 이론이 돌았다. 이에 관한 기사나 책도 있었다. 웨이츠가 퍼포먼스를 위
해 '방랑 시인' 페르소나를 과장했을 가능성이 상당히 크지만, 그는 지금까지 수
년 동안 자신의 알코올 의존증에 관해 공개적으로 견해를 밝혀 왔다. 최근의 예는
〈가디언〉과의 2006년 인터뷰였다. 여기서 그는 이렇게 말했다. "저는 알코올 의
존증 문제를 겪었습니다. 사람들은 제 음악 인생이 끝날 거라고 생각했죠. 아내가
제 생명을 구했습니다."

5 웨이츠는 1977년 노먼 리어의 텔레비전 쇼 〈Fernwood 2 Night〉에서 이 농담
을 웅얼거렸지만, 그걸 생각해 낸 사람은 웨이츠가 아니다. 이 농담이 어디에서
유래했는지는 아무도 모른다. 온라인에서 그걸 알아내려 한다면, 갖가지 이론 때
문에 혼란에 빠질 것이다. 어떤 사람은 작가 도로시 파커가 처음 말했다고 하고,
또 다른 사람은 코미디언 스티브 앨런이 처음 말한 것이라고 한다. 웨이츠 자신은
어디에서 처음 들었는지 기억나지 않는다고 말했다. 그 역시 이 농담은 자기 것이
아니라고 인정했다.

6 초기 전두엽 절제술 중 일부는 실제로 얼음송곳을 사용했다. 미국에서 이 수술을
가장 강력히 지지한 월터 프리먼은 독점적으로 얼음송곳을 사용하다가 그만뒀는
데, 송곳이 자꾸 부러져서 환자 머릿속에 끼었기 때문이다.

7 칸트는 실제로 이성이 도덕의 뿌리이며 감정은 거의 무관하다고 주장했다. 그는

올바르게 행동한다면 기분이 어떤지는 중요하지 않다고 생각했다. 칸트에 대해서는 6장에서 살펴볼 것이다.

8 내가 이걸 아는 이유는 불행하게도 나 자신이 그 산업의 일부이기 때문이다. 농담 삼아 종종 하는 말이지만, 나는 '자기를 혐오하는 자기 계발 도사'다. 사실, 이 산업의 대부분은 헛소리이며, 삶을 정말로 개선할 유일한 방법은 기분을 좋게 하는 게 아니라, 나쁜 기분에 잘 대처하는 것이다.

9 위대한 사상가는 늘 인간의 마음을 두세 가지로 구분했다. 내 '두 가지 뇌' 구조는 앞선 사상가의 개념을 요약한 것일 뿐이다. 플라톤은 영혼이 이성(생각 뇌), 욕구, 기개(감정 뇌)라는 세 부분으로 구성된다고 했다. 데이비드 흄은 모든 경험이 인상(감정 뇌) 아니면 관념(생각 뇌)이라고 주장했다. 프로이트는 에고(생각 뇌)와 이드(감정 뇌)를 말했다. 가장 최근에는 대니얼 카너먼과 아모스 트버스키가 시스템1(감정 뇌)과 시스템2(생각 뇌)라는 두 시스템이 있다고 말했다. 카너먼은 그의 저서 *Thinking : Fast and Slow*(New York : Farrar, Straus and Giroux, 2011)에서 이를 '빠른' 뇌와 '느린' 뇌로 표현하기도 했다. 한국어판은 이창신 옮김,《생각에 관한 생각》(김영사, 2018).

10 '자아 고갈'이라고도 하는 '근육으로서의 의지력' 이론은 현재 학계에서 곤경에 처해 있다. 다수의 연구가 자아 고갈을 되풀이하는 데 실패했다. 일부 메타 분석은 유의미한 결과를 찾아냈지만, 다른 메타 분석은 그렇지 않았다. 이 이론은 현재 불확실한 것으로 보인다.

11 하이트는 부처에게서 코끼리 은유를 얻었다고 말한다.

12 이 실 없는 광대 차 비유는 실제로 이기적인 자아도취자 사이에서 어떻게 치명적인 관계가 형성되는지 설명하는 데 효과적이다. 심리적으로 건전하고 마음이 광대 차가 아닌 사람은 광대 차가 오는 소리를 미리 들을 수 있고 광대 차와의 접촉을 최대한 피할 수 있다. 하지만 당신 자신이 광대 차라면, 당신의 서커스 음악 때문에 다른 광대 차의 서커스 음악을 잘 듣지 못할 것이다. 당신의 눈과 귀에는 그들이 정상으로 느껴지고, 당신은 그들과 관계를 맺을 것이다. 그러면서 건전한 의식 차는 전부 지루하고 재미없다고 생각하고, 그 결과 치명적인 관계를 연이어 맺을 것이다.

13 일부 학자들에 따르면, 플라톤은 당시 아테네에서 일어난 정치적 혼란과 폭력에

대한 대응으로 《국가》를 썼다.

14 기독교도는 플라톤으로부터 도덕 철학의 상당 부분을 빌렸고, 고대 철학자들과 다르게 플라톤의 저작을 보존했다. 스티븐 그린블랫은 *The Swerve : How the World Became Modern*(New York : W. W. Norton and Company, 2012)에서 초기 기독교도가 플라톤과 아리스토텔레스의 발상에 매달린 이유는 두 사람이 신체로부터 독립된 영혼을 믿었기 때문이라고 주장한다. 독립된 영혼이라는 발상은 사후 세계에 대한 기독교도의 믿음과 일치했다. 그리고 이 발상에서 고전적 가정이 나왔다. 한국어판은 이혜원 옮김, 《1417년, 근대의 탄생 : 르네상스와 한 책 사냥꾼 이야기》(까치, 2013).

15 Steven Pinker, *The Better Angels of Our Nature*를 참고한 것으로, '불알을 잘라 낸다'라는 표현은 당연히 내가 윤색한 것이다.

16 우드스톡과 1960년대 자유연애 운동에서 자주 반복되는 모토는 '기분 좋으면, 해!'였다. 이 정서는 오늘날의 많은 뉴에이지와 반문화 운동의 기초다.

17 영성이라는 미명 아래 제멋대로 구는 것에 대한 훌륭한 예가 영적 지도자 오쇼 라즈니시와 그 추종자에 대한 넷플릭스 다큐멘터리 〈Wild, Wild Country〉(2018)에서 그려졌다. 한국어판 제목은 '오쇼 라즈니쉬의 문제적 유토피아'.

18 이처럼 자신의 감정에 대한 탐닉을 위대한 영적 깨달음으로 착각하는 20세기 영적 운동의 경향을 가장 잘 분석한 사람은 탁월한 작가 켄 윌버다. 그는 이것을 전/초 오류라고 불렀으며, 감정은 이성 이전에 있고 영적 깨달음은 이성 이후에 있는데, 둘 다 비이성적이기 때문에 사람들은 보통 두 가지를 혼동한다고 주장했다.

19 이 기법은 심리학자 데이비드 프리맥이 선호하는 행동을 보상으로 활용하는 것을 기술한 이후 '프리맥 원리'로 알려져 있다.

20 행동을 바꾸기 위해 '작게 시작하기'에 대해 더 알고 싶다면, 내 전작에서 '뭐라도 해 원리'를 보라. *The Subtle Art of Not Giving a F*ck : A Counterintuitive Approach to Living a Good Life*(New York : Harper-One, 2016). 한국어판은 한재호 옮김, 《신경 끄기의 기술》(갤리온, 2017).

21 의식 차를 위한 '가드레일'에 관해 생각하는 한 가지 방식은 실행 의도, 즉 행동

을 무의식적으로 지시할 수 있는 조건문 형식의 작은 습관을 개발하는 것이다.

22 철학에서 이것은 '흄의 단두대'로 알려져 있는데, '……이다'에서 '……를 해야 한다'를 끌어낼 수 없음을 뜻한다. 사실에서 가치를 끌어낼 수는 없다. 생각 뇌의 지식에서 감정 뇌의 지식을 끌어낼 수는 없다. 흄의 단두대는 철학자와 과학자로 하여금 현재까지 수 세기 동안 같은 자리를 맴돌게 했다. 몇몇 사상가는 가치에 대한 사실적 지식을 얻을 수 있음을 지적함으로써 이것을 논박하려 한다. 예를 들어, 내가 고통이 잘못된 것이라고 믿는다면 그것은 내 믿음에 대한 사실이지만, 내가 사실이라고 믿는 것과 같은 건 아니다. 달리 말하자면, 가치에 기초한 사실은 가능하지만, 사실에 기초한 가치는 절대 가능하지 않다.

3장

뉴턴의
감정 법칙

동등화를 향한 욕망은 정의감의 근간이다.
바빌로니아 왕 함무라비 법전에는
'눈에는 눈, 이에는 이'가 있고,
《성서》에는 '남에게 대접받고자 하는 대로
남에게 대접하라'가 있다.
그것이 우리의 도덕심과 공정성에 대한
근간이자, 모든 인류 문화의 기반이다.

가치관의 힘과 희망의 질량 관계

아이작 뉴턴은 처음 얼굴을 얻어맞았을 때, 들판에 서 있었다. 삼촌이 밀을 대각선으로 줄지어 심어야 하는 이유를 설명하고 있었지만, 아이작은 귀를 기울이지 않았다. 태양을 응시하며 빛이 무엇으로 만들어졌는지 궁금해했다. 아이작은 일곱 살이었다.[1]

삼촌이 손등으로 왼쪽 뺨을 어찌나 세게 때렸는지 쓰러진 땅바닥에서 아이작의 자의식은 순간적으로 박살이 났다. 아이작은 인격이 흩어진 느낌을 받았다. 정신의 조각들이 다시 합쳐지는 동안, 비밀스러운 그의 일부는 흙바닥에, 다시는 되찾을 수 없는 곳에 남겨졌다.

아이작의 아버지는 아들이 태어나기 전에 죽었고, 어머니는 곧 아들을 버리고 옆 마을에 사는 부유한 영감과 결혼했다. 그래서 아이작은 인격 형성기를 삼촌과 사촌, 조부모 사이를 맥없이 왔다 갔다 하며 보내야 했다. 아무도 딱히 그를 원하지 않았다. 그를 어찌해야 할지 아는 사람도 거의 없었다. 그는 애물단지였다. 사랑받기란 하늘의 별 따기와 같았다.

아이작의 삼촌은 무식한 술꾼이었지만, 들판의 울타리와 줄을 세는 법은 알았다. 그게 삼촌에게는 유일한 지적 기술이었으므로 삼촌은 그걸 필요 이상으로 자주 했다. 아이작은 종종 줄짓는 작업에 따라갔는데, 삼촌이 그때만큼은 자기한테 관심을 보였기 때문이다. 소년은 어떤 관심이든 마치 그것이 사막의 물이라도 되는 듯 절박하게 그 안으로 젖어 들었다.

나중에 밝혀진 대로, 소년은 신동이었다. 여덟 살 때 다음 계절에 양과 돼지에게 필요한 먹이의 양을 예상할 수 있었다. 아홉 살 때는 밀과 보리, 감자 밭의 면적을 즉석에서 계산해서 줄줄 읊었다.

열 살이 된 아이작은 농사는 어리석은 짓이라고 판단했다. 그래서 그는 농사 대신 계절에 따른 태양의 정확한 궤도를 계산하는 데 관심을 쏟았다. 삼촌은 태양의 정확한 궤도에는 신경 쓰지 않았다. 그걸 안다고 해서 식탁에 음식이 올라오지는 않기 때문이었다. 적어도 직접적으로는 말이다. 그래서 다시 아이작을 때렸다.

학교도 상황이 나을 게 없었다. 아이작은 창백하고 앙상하고 멍했다. 사교성도 부족했다. 해시계, 데카르트 평면, 그리고 달이 실제로 구인지를 밝히는 것처럼 별난 일에 관심이 있었다. 다른 아이들이 크리켓을 하거나 숲에서 술래잡기를 하는 동안 아이작은 가만히 서서 몇 시간씩 동네 개울을 응시하며 안구가 어떻게 빛을 볼 수 있는지 궁금해했다.

아이작 뉴턴의 어린 시절은 구타의 연속이었다. 얻어맞을 때마다 그의 감정 뇌는 자신이 뭔가 본질적으로 잘못됐다고 느꼈다. 그렇지 않다면 부모가 왜 그를 버렸겠는가. 왜 또래가 그를 비웃었겠는가. 변함없는 그의 고독을 달리 어떻게 설명할 수 있겠는가. 그의 생각 뇌가 상상 속에서 그래프를 그리고 월식을 도표로 작성하는 것에 몰두하는 동안, 감정 뇌는 링컨셔주 출신의 이 작은 영국 소년이 근본적으로 뭔가 망가졌다는 지식을 내면화했다.

어느 날, 아이작은 공책에 이렇게 적었다.

'나는 꼬맹이다. 창백하고 나약하다. 나를 위한 공간은 없다. 집에도 지옥의 밑바닥에도 없다. 내가 뭘 할 수 있지? 내가 뭘 잘하지? 난 흐느낄 수밖에 없다.'[2]

당신이 여기까지 읽은 뉴턴에 관한 이야기는 모두 사실이다. 적어도 사실일 가능성이 아주 크다. 하지만 잠시 평행 우주가 있다고 상상해 보자. 그리고 이 평행 우주에 우리의 뉴턴과 아주 비슷한 또 다른 아이작 뉴턴이 있다고 해 보자. 그 역시 파탄 나고 폭력적인 가정 출신이고 극심한 고립감 속에서 살고 있다. 그도 마주치는 모든 것을 유별나게 측정하고 계산한다.

하지만 이 평행 우주의 뉴턴은 다른 점이 있다. 그가 측정하는 것은 외부의 자연 세계가 아니라 내면의 심리다. 그는 인간의 정신과 감정의 세계를 강박적으로 측정하고 계산하기로 결심한다.

평범한 사람들에게는 사람을 관찰하는 행위가 할 일 없는 일요일에 공원에서 할 수 있는 심심풀이에 지나지 않을 것이다. 하지만 학대받는 사람에게 이것은 생존 기술이다. 그들은 폭력이 언제 닥칠지 모르기 때문에 자신을 보호하기 위해 스파이더맨처럼 감각을 예리하게 발달시킨다. 목소리의 억양, 눈썹의 상승, 한숨의 깊이 등 어떤 것이든 그들 내면의 경보기를 울릴 수 있다. 그러므로 학대 피해자가 인간의 본성을 가장 예리하게 관찰하는 건 흔한 일이다.

자, 이 평행 우주의 '감성 뉴턴'이 자신의 강박을 주변 사람들에게로 향하게 했다고 상상해 보자. 그는 공책을 들고 다니면서 또래와 가족에게서 관찰할 수 있는 모든 행동을 목록으로 만들었다. 관찰한 모든 행동과 모든 말을 집요하게 휘갈겨 기록했다. 사람들이 스스로 인식하지도 못하는 행동에 관한 관찰로 수백 쪽을 채웠다. 감성 뉴턴은 측정을 통해 태양과 달, 별의 형태와 배열 같은 자연 세계를 예측하고 통제할 수 있다면, 감정 세계 역시 예측하고 통제할 수 있을 것이라고 생각했다.

이런 관찰을 통해, 감성 뉴턴은 우리 모두 알지만 인정하기를 꺼리는 고통스러운 무언가를 깨달았다. 그건 사람들이 거짓말쟁이라는 사실이었다. 우리는 끊임없이 습관적으로 거짓말을 한다. 악의적으로 거짓말을 하는 것은 아니다. 중요한 일과 사소한 일에 관해 거짓말을 한다. 그리고 다른 사람에게 거짓말하는 이유는 자신에게 거짓말하는 습관 때문이다.

아이작은 빛이 사람들의 마음을 통과할 때 그들 자신이 보는 곳과 다른 방향으로 굴절되는 것에 주목했다. 사람들은 싫어하는 것처럼 보이는 사람을 사랑한다고 말했다. 이것을 믿으면서 저것을 믿는다고 말했다. 부정직하고 잔인한 행위를 저지르면서 자신이 올바르다고 여겼다. 그럼에도 어떤 식으로든 마음속으로 자신의 행동이 일관되고 진실하다고 믿었다.

아이작은 누구도 신뢰할 수 없다고 판단했다. 절대로. 아이작은 자신의 고통이 자신과 세상 사이의 거리의 제곱에 반비례한다고 계산했다. 그래서 누구의 궤도에도 머무르지 않고 타인의 마음이 만들어 내는 중력으로부터 벗어나 홀로 지냈다. 그는 친구가 없었다. 친구를 원치 않았다. 세상은 암울하고 끔찍한 곳이며, 자신의 비참한 삶에서 유일한 가치는 그 비참함을 기록하고 계산하는 자신의 능력이라는 것이 그의 결론이었다.

아이작은 무뚝뚝했지만 야심이 없는 건 아니었다. 그는 인간 마음의 궤도와 고통의 속도에 대해 알고 싶었다. 가치관의 힘과 희망의 질량을 알고자 했다. 그리고 무엇보다 이 모든 요소 사이의 관계를 이해하고 싶었다. 그래서 그는 '뉴턴의 세 가지 감정 법칙'을 쓰기로 결심했다.[3]

삶을 좌우하는 건 등가 교환의 법칙

[뉴턴의 첫 번째 감정 법칙]
모든 행동에는 감정적 반작용이 존재한다

내가 당신 얼굴을 주먹으로 때린다고 상상해 보라. 아무런 이유도 명분도 없다. 그냥 순수한 폭력이다. 당신은 어떤 식으로든 내게 보복하고 싶을 것이다. 형태의 차이가 있을 뿐. 그게 본능적 반응이다. 물리적이라면 당신은 내게 똑같이 주먹을 날릴 것이다. 언어적이라면 육두문자를 날릴 것이고, 사회적이라면 경찰이나 여타 공권력에 알려서 당신을 공격한 나를 처벌하게 할 것이다.

어떻게 반응하든, 나에 대한 부정적인 감정이 치밀어 오르는 걸 느낄 것이다. 당연히 그럴 것이다. 분명히 나는 끔찍한 사람이다. 당신이 고통을 겪을 이유가 없는데 내가 당신에게 고통을 가했다. 그 생각은 부당함이라는 인식을 만들어 낸다. 일종의 도덕적 간극이 벌어진다. 즉 우리 중 한 사람은 본질적으로 올바르고, 다른 한 사람은 열등한 놈이라는 인식이 생긴다.

고통은 도덕적 간극을 야기한다. 사람들 사이에서만 그런 게 아니다. 개가 당신을 문다면 당신은 본능적으로 개를 벌줄 것이다. 탁자에 발가락을 찧는다면 어떻게 할까? 망할 탁자를 향해 소리를 지를 것이다. 집이 홍수에 쓸려 내려간다면 비탄에 빠져서 신과 우주, 생명 자체에 분노를 퍼부을 것이다.

이것이 도덕적 간극이다. 이것은 뭔가 잘못된 일이 발생했고, 당신(또는 다른 누군가)은 원상 복귀할 자격이 있다는 인식이다. 고통이 존재하는 곳에는 언제나 우월감과 열등감이 존재한다. 그리고 고통은 언제나 존재한다.

도덕적 간극에 직면할 때 우리는 동등화, 즉 도덕적 평등으로의 회귀를 향한 저항할 수 없는 감정을 느낀다. 이에 대한 욕구는 마땅함이라는 형식을 갖는다. 내가 아무 이유 없이 당신을 때렸을 때, 당신은 내가 똑같이 얻어맞거나 어떤 식으로든 처벌을 받아야 마땅하다고 느낀다. (내가 고통받아 마땅하다는) 느낌으로 인해 당신은 나에 대한 강력한 감정(십중팔구 분노)을 느끼게 될 것이다. 또한 당신은 아무런 잘못을 하지 않았으며, 얻어맞을 이유가 없었고, 나와 주변 사람들로부터 더 나은 대우를 받아야 마땅하다는 느낌을 중심으로 강력한 감정이 생겨날 것이다. 이런 감정은 슬픔, 자기 연민, 혼란 등의 형태를 띨 것이다.

'어떤 대우를 받아야 마땅함'은 우리가 도덕적 간극에 직면했을 때 내리는 가치 판단이다. 우리는 어떤 것이 다른 것보다 낫고, 어떤 사람이 다른 사람보다 올바르거나 공정하며, 어떤 사건이 다른 사건보다 덜 바람직하다고 판단한다. 도덕적 간극은 우리의 가치관이 탄생하는 곳이다.

이제 내가 당신을 때린 일에 대해 사과한다고 해 보자. 나는 다음과 같이 말한다.

"이봐, 독자 양반, 그건 완전히 부당한 일이었어. 내가 선을 한참 넘었지. 그런 일은 다시는 없을 거야. 그리고 당신을 위해 케이크를 만들어 왔어. 여기 100달러도 줄게. 내 잘못에 대한 사과의 의미로 주는 거야."

웬일인지 이게 당신을 만족시켰다고 해 보자. 당신은 케이크와 100달러 그리고 내 사과를 받아들였다. 진심으로 모든 것이 괜찮다고 느낀다. 우리는 이제 '동등'해졌다. 우리 사이에 존재하던 도덕적 간극이 사라졌다. 나는 '보상'을 했다. 더 이상 우리 중 어느 한 사람이 다른 사람보다 낫거나 못하지 않으며, 낫거나 못한 대우를 받아 마땅하지 않다. 우리는 똑같은 도덕적 차원에서 움직인다.

이렇게 '동등화'를 통해 희망은 회복된다. 이것은 당신이나 세계에 본질적으로 잘못된 건 아무것도 없음을 의미한다. 당신은 자기 통제감과 100달러, 달콤한 케이크와 함께 하루를 보낼 수 있다.

이제 다른 시나리오를 상상해 보자. 이번에는 내가 주먹질을 하는 대신 당신에게 집을 사 준다고 해 보자. 그래, 독자 양반, 내가 방금 당신한테 빌어먹을 집을 사 줬다.

이것은 우리 사이에 또 다른 도덕적 간극을 만들 것이다. 하지만 당신은 내가 당신에게 가한 고통을 똑같이 내게 주겠다는 감정에 휩싸이는 대신, 내가 불러일으킨 기쁨을 똑같이 내게 주겠다는 감정에 휩싸일 것이다. 나를 껴안으며 '고마워'라는 말을 백 번쯤 하거나, 답례로 선물을 주거나, 영원무궁하도록 내 고양이를 돌봐 주겠다고 약속할지도 모른다.

만약 당신이 각별히 예의가 바른 (그리고 어느 정도 자제력이 있는) 사람이라면, 집을 사 주겠다는 내 제안을 거절하려 들지도 모른다. 왜냐하면 그 제안을 받아들이면 당신이 결코 극복할 수 없을 도덕적 간극이 생기리라는 사실을 알기 때문이다. 당신은 그걸 이렇게 표현할 것이다.

"고마워. 하지만 안 돼. 내가 보답할 방법이 없거든."

부정적인 도덕적 간극과 마찬가지로 이 긍정적인 간극 때문에 당신은 빚을 진 느낌이 들 것이다. 내게 신세를 졌다는 느낌과 어떤 식으로든 내게 보상을 해야겠다는 마음이 들 것이다. 나의 존재에 깊은 고마움을 느낄 것이다. 심지어 기쁨의 눈물을 흘릴지도 모른다. (저런, 독자님아!)

모든 도덕적 간극을 동등화하는 것, 즉 긍정적 행동에는 긍정으로 부정적 행동에는 부정으로 대응하는 것은 우리의 천부적 심리 성향이다. 이 간극을 메우도록 우리를 몰아가는 힘은 감정이다. 이런 의미에서, 모든 행동은 크기가 동등하고 방향은 반대인 감정적 반작용을 요구한다. 이것이 뉴턴의 첫 번째 감정 법칙이다.

뉴턴의 첫 번째 법칙은 우리 삶의 흐름을 끊임없이 좌우한다. 그것이 우리의 감정 뇌가 세상을 해석하는 알고리즘이기 때문이다. 만약 영화가 고통을 덜어 주기는커녕 오히려 고통을 더해 준다면, 당신은 지루해지거나 심지어 화를 낼 것이다. (돈을 돌려 달라고 함으로써 동등화를 시도할 수도 있다.) 어머니가 당신 생일을 깜빡한다면, 당신은 아마도 이후 6개월 동안 어머니를 무시함으로써 동등화할 것이다. 만약 당신이 좀 더 성숙하다면, 실망감에 관해 어머니와 소통할 것이다.[4] 좋아하는 스포츠 팀이 대패한다면, 경기를 구경하러 덜 가거나 팀을 덜 응원해야겠다는 생각이 들 것이다. 자신이 그림에 재능이 있다는 걸 발견한다면, 자신의 능력에서 비롯된 감탄과 만족감이 당신으로 하여금 시간과 에너지, 감정, 돈을 그 기술에 투자하도록 고무할 것이다.[5] 당신의 국가가 선거를 통해 참을 수 없는 명청이를 선출한다면, 당신은 국가와 정부와 심지어 다른 시민과의 단절을 느낄 것이다. 또한 끔찍한 정책을 견디는 대가로 뭔가를 얻어야 하는 것처럼 느낄 것이다.

모든 경험에 동등화가 존재하는 이유는 동등화하려는 욕구가 감정 그 자체이기 때문이다. 슬픔은 상실감을 보상하기 위한 무력감이다. 분노는 힘과 공격성을 통해 동등화하려는 욕구다. 행복이 고통에서 해방된 감정이라면, 죄책감은 찾아오지 않은 고통을 받아 마땅하다는 느낌이다.[6]

동등화를 향한 욕망은 정의감의 근간이다. 이는 여러 시대를 거치며 규칙과 법으로 만들어졌다. 바빌로니아 왕 함무라비 법전의 '눈에는 눈, 이에는 이' 또는 《성서》의 황금률 '남에게 대접받고자 하는 대로 남에게 대접하라'가 있다. 이것을 진화 생물학에서는 '상호 이타주의'라 하고, 게임 이론에서는 '팃 포 탯' 전략이라고 한다.

뉴턴의 첫 번째 법칙은 우리의 도덕심을 만들어 낸다. 이것은 공정성에 대한 인식의 근간을 이루며, 모든 인류 문화의 기반이다. 그리고 감정 뇌의 운영 체계다.

생각 뇌가 관찰과 논리를 중심으로 사실적 지식을 만들어 내는 반면, 감정 뇌는 고통에 대한 경험을 중심으로 가치관을 만들어 낸다. 고통을 야기한 경험은 마음속에서 도덕적 간극을 만들어 내고, 감정 뇌는 이런 경험을 열등하고 바람직하지 않은 것으로 여긴다. 고통을 덜어 주는 경험은 반대 방향의 도덕적 간극을 만들어 내며, 감정 뇌는 그런 경험을 우월하고 바람직한 것으로 여긴다.

이렇게 생각해 볼 수도 있다. 생각 뇌는 사건 사이에 수평적 관계(동일성, 대조, 원인과 결과 등)를 만드는 반면, 감정 뇌는 계층적 관계(좋음과 나쁨, 바람직함과 그렇지 않음, 도덕적 우월함과 열등함)를 만든다.[7] 생각 뇌는 이것들이 어떻게 연관되는지를 생각하고, 감정 뇌는 어떤 것이 더 좋은지를 생각한다. 생각 뇌는 상황이 어떠한지를 결정하고, 감정 뇌는 상황이 어떠해야 하는지를 결정한다.

우리가 경험을 할 때, 감정 뇌는 그것에 대해 일종의 가치 위계를 만들어 낸다.[8] 이를테면, 우리의 잠재의식에는 거대한 책장이 있는데, 가장 중요한 인생 최고의 경험(가족, 친구, 부리토)은 맨 위 칸에 있고, 바람직하지 않은 경험(죽음, 세금, 소화 불량)은 맨 아래 칸에 있는 것이다. 감정 뇌는 단순히 가능한 한 가장 높은 칸에 있는 경험을 추구함으로써 결정을 내린다.

2개의 뇌는 모두 가치 위계에 접근할 수 있다. 감정 뇌는 어떤 것이 어느 칸에 있는지 알아내는 반면, 생각 뇌는 개별 경험이 어떻게 연결되는지 알려 줄 수 있고 가치 위계가 어떻게 재편성돼야 하는지 제시할 수 있다. 이것이 본질적으로 '성장'이라는 것이다. 즉 성장은 한 사람의 가치 위계에 대한 우선순위를 최선의 방식으로 재조정하는 것이다.

예를 들어, 예전에 내 친구 중 대단한 파티광이 있었다. 그녀는 밤새 놀다가 한숨도 자지 않은 채로 아침에 곧장 출근했다. 아침에 일찍 일어나거나 금요일 밤에 집에서 쉬는 것은 한심한 짓이라고 생각했다. 그녀의 가치 위계는 다음과 같았다.

- **끝내주는 DJ**
- **끝내주는 술**
- **일**
- **잠**

그녀의 행동은 오로지 이 위계만을 따랐다. 그녀는 잠을 자느니 차라리 일을 했다. 일을 하느니 차라리 파티에 가서 엉망진창으로 망가졌다. 그리고 무엇보다 중요한 건 음악이었다.

그러다가 해외에서 자원봉사를 하게 됐다. 많은 젊은이와 함께 제3세계의 고아를 위해 일했다. 그리고 이것이 모든 것을 바꿨다. 이 경험이 감정적으로 너무나 강렬해서 그녀의 가치 위계는 완전히 재조정됐다. 그녀의 가치 위계는 이제 다음과 같았다.

- **필요 이상의 고통으로부터 아이들을 구하기**
- **일**
- **잠**

• 파티

그러자 별안간 마술처럼 파티가 재미없어졌다. 왜 그랬을까? 파티가 그녀의 새로운 최고 가치인 고통받는 아이들을 돕는 것을 방해하기 때문이었다. 그녀는 직업을 바꾸고 일에 전념했다. 거의 매일 밤 밖에 나가지 않고 집에서 보냈으며, 술을 마시고 약을 하는 대신 잠을 잤다. 세상을 구하려면 엄청난 에너지가 필요하기 때문이었다.

예전의 친구들은 그녀를 딱하게 여겼다. 친구들은 자신의 가치관으로 그녀를 판단했는데, 그것은 그녀가 예전에 가진 가치관이었다. 이제 그녀는 매일 아침 출근하기 위해 파티를 즐기는 대신 잠을 자야 하고, 주말마다 외박을 할 수 없었다.

가치 위계에는 재미있는 점이 있다. 가치 위계가 변해도 당신이 실제로는 아무것도 잃지 않는다는 점이다. 내 친구는 직업을 위해 파티를 포기한 것이 아니었다. 파티가 더는 재미있지 않게 된 것이었다. '재미'는 가치 위계의 산물이기 때문이다. 우리가 어떤 것을 가치 있게 여기기를 그만두면, 우리는 더는 거기에서 재미나 흥미를 느끼지 못한다. 그러므로 그만두더라도 상실감이나 뭔가를 놓치는 느낌 따위는 없다. 오히려 과거를 돌이켜 보면서 어떻게 그렇게 어리석고 시시한 것에 그 많은 시간을 쏟았는지, 왜 중요하지 않은 문제와 명분에 그토록 많은 에너지를 낭비했는지 궁금할 뿐이다. 이런 고통은 좋은 것이다. 그것은 성장을 의미한다. 그것은 우리가 희망을 찾았기 때문에 오는 결과다.

자아도취라는 방패막 없이 불편한 진실을 마주할 수 있어?

[뉴턴의 두 번째 감정 법칙]
자존감은 시간 경과에 따른 감정의 총합과 같다

주먹질 사례로 돌아가 보자. 이번에는 내가 무엇이든 막아 주는 마법의 방어막 안에 존재한다고 하자. 당신은 반격할 수도 없고 어떤 말을 할 수도 없다. 다른 사람에게 내 이야기를 할 수조차 없다. 나는 그 어떤 것에도 영향을 받지 않는 전지전능한 개자식이다.

누군가가 고통을 야기할 때 도덕적 간극이 벌어지고, 감정 뇌는 불쾌한 감정을 느낀다. 뉴턴의 첫 번째 감정 법칙에 따르면, 우리가 동등화를 하게 하는 것은 바로 이 감정이다.

하지만 절대 똑같이 만들 수 없다면? 누군가가 기분을 끔찍하게 만들었지만, 우리는 절대 보복하거나 화해할 수 없다면? 동등화 혹은 상황을 바로잡기 위해 뭔가를 할 힘이 전혀 없다고 느낀다면? 내 방어막이 너무 강력하다면?

도덕적 간극은 충분히 긴 시간 동안 지속되면 정상적인 것으로 인지된다. 즉 우리가 기본적으로 기대하는 것이 되고, 우리의 가치 위계 안으로 파고든다. 누군가가 나를 때리는데 절대 반격할 수 없다면, 감정 뇌는 결국 다음과 같은 결론에 도달할 것이다.

나는 맞아도 싸다.

맞아도 싼 게 아니라면 동등화할 수 있었을 것이다. 동등화할 수 없다는 사실은 내가 뭔가 본질적으로 열등하거나 나를 때린 사람이 뭔가 본질적으로 우월하다는 뜻이다.

이것도 우리의 희망 대응의 일부다. 왜냐하면 동등화가 불가능해 보이면 감정 뇌는 차선책을 제시하기 때문이다. 즉 항복하고, 패배를 받아들이고, 자신이 열등하고 가치가 낮다고 판단하는 것이다. 누군가가 우리를 해칠 때, 우리의 즉각적 반응은 일반적으로 '그는 나쁜 놈이고, 나는 올바른 사람이야'다. 하지만 같은 입장을 만들 수 없고 정당하게 행동할 수 없을 경우, 감정 뇌는 유일한 대안적 설명을 믿게 될 것이다. 즉 '내가 나쁜 놈이고, 그가 올바른 사람이야'가 되는 것이다.[9]

도덕적 간극에 이렇게 굴복하는 것은 감정 뇌의 본성이다. 그리고 이것이 뉴턴의 두 번째 감정 법칙이다. 우리가 자신과 관련된 삶의 모든 것의 가치를 평가하게 해 주는 것은 시간 경과에 따른 감정의 총합이다.

본질적으로 열등한 자신에게 굴복하고 그걸 받아들이는 것을 보통 수치심이나 낮은 자존감이라고 일컫는다. 뭐라고 하든 결과는 똑같다. 삶이 당신을 막 대하고 당신은 그걸 막을 힘이 없다고 느낀다. 그 결과 당신의 감정 뇌는 당신이 그런 취급을 받아 마땅하다고 결론 내린다.

당연히 반대의 도덕적 간극도 틀림없이 참일 것이다. 자격이 없는데 많은 것이 주어진다면(수없이 많은 참가상과 성적 부풀리기), 우리는 실제보다 자신이 우월하다고 (잘못) 믿게 될 것이다. 그 결과 우리는 자존감을 망상 수준까지 발달시킨다. 속된 말로 '또라이'가 된다.

자존감은 맥락과 관련된다. 당신이 어렸을 때 괴짜 안경과 웃기는 코 때문에 괴롭힘을 당했다면, 당신이 매력 넘치는 사람으로 성장했다 해도 감정 뇌는 당신을 샌님으로 알 것이다. 엄격한 종교적 환경에서 성장하면서 성적 충동에 대해 가혹하게 처벌받은 사람은 생각 뇌가 섹스는 자연스럽고 끝내주는 것이라는 사실을 이해해도 감정 뇌는 섹스를 잘못된 것으로 안다.

높은 자존감과 낮은 자존감은 겉으로는 다르게 보이지만, 같은 위조지폐의 양면이다. 왜냐하면 다른 사람들보다 낫다고 느끼든 못하다고 느끼든, 자기를 뭔가 특별하고 세상과는 별개인 존재로 상상하는 건 마찬가지이기 때문이다.

자기가 대단해서 특별한 대우를 받을 자격이 있다고 믿는 사람과 형편없어서 특별한 대우를 받을 자격이 있다고 믿는 사람은 그리 다르지 않다. 둘 다 자아도취자다. 둘 다 자기가 특별하다고 생각한다. 둘 다 세상이 예외를 허락해야 한다고, 다른 사람들보다 자신의 가치관과 감정을 만족시켜야 한다고 생각한다.

자아도취자는 우월감과 열등감 사이를 계속 오간다.[10] 모든 사람이 자신을 사랑하든지, 모든 사람이 자신을 싫어하든지 둘 중 하나다. 모든 것이 놀랍거나 모든 것이 엉망이다. 어떤 사건이든 인생 최고의 순간이거나 정신적 충격을 주는 순간이다. 자아도취자에게는 중간이 없다. 눈앞에 있는 미묘하고 이해할 수 없는 현실을 인정하면, 자신이 어떤 식으로든 특별하다는 특권적 관점을 포기해야 하기 때문이다. 대부분의 자아도취자는 조연이 되는 것을 견디지 못한다. 그들은 언제나 주연이고자 하며 주변 사람들도 거기에 부응하기를 요구한다.

유심히 관찰하면 이렇게 자존감의 높낮이가 급변하는 자는 어디에나 있다. 대량 살인범, 독재자, 징징거리는 꼬맹이, 해마다 크리스마스를 망치는 미움받는 이모. 히틀러는 제1차 세계 대전 후 세계가 독일을 그렇게 홀대하는 유일한 이유는 독일의 우월함을 겁내기 때문이라고 역설했다.[11] 최근에 캘리포니아에서 정신 장애가 있는 한 남성이 여학생 기숙사를 총으로 난사하려고 했는데, 그는 자신의 시도를 여성들이 열등한 남성들을 만나는 바람에 자신이 숫총각으로 남을 수밖에 없었다는 말로 정당화했다.[12]

당신이 솔직해진다면 자신 안에서도 이런 성향을 발견할 수 있을 것이다. 어떤 일에 대해 불안을 느낄수록, 우월함이라는 망상('내가 최고야!')과 열등함이라는 망상('난 쓰레기야!') 사이를 더욱 오락가락하게 될 것이다.

자존감은 환상이다.[13] 그것은 감정 뇌가 무엇이 도움이 되고 무엇이 마음을 아프게 할지를 예측하기 위해 지어낸 심리적 구조물이다. 궁극적으로, 우리는 세계에 대해 뭔가를 느끼려면 반드시 자신에 대해 뭔가를 느껴야 하며, 그런 느낌이 없다면 희망을 찾을 수 없다.

우리 모두 어느 정도는 자아도취에 빠져 있다. 그건 피할 수 없다. 우리가 경험하거나 아는 모든 일은 '나'라는 필터를 거친 것들이다. 우리 본성은 모든 일이 '나'를 통해 일어나게 하라고 명령한다. 이에 따라 우리는 아주 자연스럽게 다음과 같이 가정한다.

'내가 경험하는 모든 것의 중심에 내가 있으므로, 내가 모든 것의 중심에 있다.'[14]

우리 모두 자신의 기술과 목적은 과대평가하고 타인의 기술과 목적은 과소평가한다. 대부분의 사람이 자신의 지능이 평균 이상이고 일하는 능력 역시 평균 이상이라고 믿는데, 실제로는 지능과 능력이 평균 이하인 사람이 특히 그렇다.[15] 모든 사람이 자신을 실제보다 더 정직하고 윤리적이라고 믿는 경향이 있다. 우리는 기회만 있으면 저마다 스스로를 착각에 빠뜨려서 내게 좋은 것이 다른 사람들에게도 좋다고 믿어 버린다.[16] 우리는 일을 망쳤을 때 그걸 뜻밖의 행운이라고 생각하는 경향이 있다.[17] 하지만 다른 사람이 일을 망쳤을 때는 득달같이 달려가서 그 사람의 인격을 재단한다.[18]

낮은 수준에서 지속되는 자아도취는 자연스러운 것이지만, 한편으로는 사회적·정치적 문제의 뿌리일 가능성이 크다. 이것은 좌익이나 우익의 문제가 아니다. 구세대나 현세대의 문제가 아니다. 동양이나 서양의 문제가 아니다.

이것은 인류의 문제다.

모든 기관과 제도가 스스로 부패하고 타락할 것이다. 더 큰 힘이 주어지고 제약이 적어지면, 모든 사람이 그 힘을 왜곡해서 자기 마음대로 할 게 뻔하다. 개개인이 자신의 결함에는 눈을 감고 타인의 결함은 눈에 불을 켜고 찾아낼 것이다.

지구에 온 걸 환영한다. 즐거운 시간 보내.

감정 뇌는 반증이 수두룩해도 현실을 왜곡해서 자신의 문제와 고통은 이 세상에서 특별하고 독특한 것이라고 믿게 한다. 인간이 이런 수준의 자아도취를 붙박이로 갖춰야 하는 이유는 자아도취가 불편한 진실을 막아 주는 최종 방어선이기 때문이다. 현실적으로 사람들은 형편없고 인생은 극도로 힘들며 예측할 수 없다. 대부분의 사람이 완전히 길을 잃지는 않더라도 인생을 대충 산다. 만약 자신이 우월하거나 열등하다는 거짓된 믿음, 뭔가 비범하다는 착각이 없다면, 우리는 제일 가까운 다리에서 줄지어 다이빙을 할 것이다. 이런 자아도취적 망상이 전혀 없다면, 자신의 특별함에 대한 지속적인 자기기만이 없다면, 우리는 희망을 포기할 가능성이 크다.

하지만 우리의 내재적 자아도취에는 대가가 따른다. 자기가 세계 최고라고 믿든 세계 최악이라고 믿든 한 가지 역시 사실이다. 당신은 세계와 독립된 존재라는 점이다. 그리고 궁극적으로 불필요한 고통을 영속시키는 것이 바로 이 독립성이다.[19]

당신을 망친 것은 대출 이자처럼 쌓인 경험의 총합

[뉴턴의 세 번째 감정 법칙]
정체성은 새로운 경험이 그것에 어긋나기 전까지 유지된다

여기 눈물을 자아내는 흔한 이야기가 있다. 소년이 소녀를 속이고 바람을 피운다. 소녀는 상심한다. 소녀는 절망한다. 소년은 소녀를 떠나고, 소녀의 고통은 그 후 몇 년 동안 계속된다. 소녀는 자신이 개똥같이 느껴진다. 그리고 감정 뇌가 희망을 지키려면 생각 뇌는 두 가지 설명 중 하나를 골라야 한다. 첫째, 모든 소년은 개똥이다. 둘째, 그녀가 개똥이다.[20]

이런, 빌어먹을. 어느 것도 좋은 선택은 아니다.

하지만 그녀는 '모든 소년은 개똥이다'를 받아들이기로 한다. 어쨌든 그녀는 자존감을 유지해야 하기 때문이다. 이 선택은 의식적

인 것이 아니다. 어느 정도는 그냥 일어난다.[21]

몇 년 후 소녀는 다른 소년을 만난다. 이 소년은 개똥이 아니다. 정반대다. 꽤 근사하고, 다정하며, 배려심이 있다.

하지만 소녀는 수수께끼에 빠진다. 어떻게 이런 소년이 실재할 수 있지? 어떻게 그가 진짜일 수 있지? 어쨌든 그녀는 모든 소년은 개똥이라고 알고 있다. 그건 틀림없이 사실이다. 그녀에게는 그것을 증명하는 감정적 상처가 있다.

안타깝게도 이 소년이 개똥이 아니라는 깨달음은 소녀의 감정 뇌가 감당하기에는 너무 고통스럽다. 그래서 그녀는 그가 사실은 개똥이라고 스스로에게 확신시킨다. 그녀는 그의 아주 작은 결점을 들춰내 트집을 잡는다. 잘못된 말, 부적절한 몸짓, 어색한 손길 하나하나에 주목한다. 그의 가장 사소한 실수가 자신의 마음속에서 플래시처럼 번쩍거리며 '도망쳐! 너 자신을 보호해!'라고 비명을 지를 때까지 거기에 초점을 맞춘다.

그래서 그녀는 그렇게 한다. 도망친다. 그것도 가장 끔찍한 방식으로 도망친다. 그를 떠나서 또 다른 소년에게 간다. 결국 모든 소년은 개똥이다. 그러니 개똥을 다른 개똥으로 바꾸면 또 어떤가. 어차피 아무 의미 없는데.

소년은 상심하고 절망한다. 몇 년 동안 계속된 고통이 수치심으로 바뀐다. 그리고 이 수치심은 소년을 곤경에 빠뜨린다. 이제 그의 생각 뇌는 선택을 해야 하기 때문이다.

첫째, 모든 소녀는 개똥이다. 둘째, 그가 개똥이다.

감정 뇌가 뭔가를 느낄 때, 생각 뇌는 그것을 설명하기 위해 이야기를 구성하는 작업에 착수한다. 실직하면 단지 불쾌하기만 한 게 아니다. 당신은 그걸 중심으로 온전한 이야기를 구성한다. 수년 동안 충성했는데 빌어먹을 상사가 날 부당하게 대우했다! 난 회사에 헌신했다! 그런데 그 대가로 무엇을 얻었는가?

우리가 만들어 내는 이야기는 몸에 딱 붙는 축축한 옷처럼 우리의 마음과 정체성에 착 달라붙는다. 우리는 그것을 가지고 다니며 그것으로 자신을 규정한다. 우리는 이야기를 다른 사람과 교환하며, 이야기가 자기와 일치하는 사람을 찾는다. 그리고 이런 사람을 친구, 내 편, 좋은 사람이라고 부른다. 그렇다면 이야기가 자기와 모순되는 사람은? 우리는 그들을 악마라고 부른다.

자신과 세상에 관한 우리의 이야기는 근본적으로 첫째, 무언가/누군가의 가치, 둘째 그 무언가/누군가가 그 가치를 소유할 자격이 있는지 없는지에 대한 것이다. 모든 이야기가 다음과 같은 식으로 구성된다.

- 나쁜 일이 사람/사물에 일어나고, 그/그녀/그것은 그런 일을 당할 이유가 없다.
- 좋은 일이 사람/사물에 일어나고, 그/그녀/그것은 그것을 누릴 자격이 없다.
- 좋은 일이 사람/사물에 일어나고, 그/그녀/그것은 그것을 누릴 자격이 있다.
- 나쁜 일이 사람/사물에 일어나고, 그/그녀/그것은 그런 일을 당할 만하다.

모든 책과 신화, 우화, 역사, 즉 전달되고 기억되는 모든 인간의 의미는 그저 이런 작은 가치 중심적 이야기가 지금부터 영원까지 차례로 연결된 것에 지나지 않는다.[22]

우리는 자신에게 무엇이 중요하고 중요하지 않으며, 무엇이 가치 있고 가치 없는지를 중심으로 이런 이야기를 지어낸다. 이런 이야기는 우리 곁에 머물며 우리를 규정한다. 이것은 우리가 세상에 얼마나 적합하고 서로 얼마나 잘 맞는지를 결정한다. 이것은 우리가 자신을 어떻게 느끼는지를 결정한다. 즉 우리가 좋은 삶을 누릴 자격이 있는지 없는지, 사랑받을 자격이 있는지 없는지, 성공할 자격이 있는지 없는지를 결정한다. 그리고 우리가 자신에 대해 알고 이해하는 것을 규정한다.

가치에 기초한 이런 이야기의 네트워크가 우리의 정체성이다. 당신은 속으로 '나는 꽤 멋진 놈이야'라고 생각하지만, 그건 당신이 구성한 이야기다. 다른 사람에게 당신을 소개하는 말과 당신의 페이스북 페이지를 도배하는 것은 걸어 다니고 말하는 당신 자아의 구성 요소다. 멋진 놈인 나는 좋은 것을 얻을 자격이 있지.

하지만 재미있는 점이 있다. 이 이야기를 당신의 정체성으로 받아들일 때, 당신은 그것이 마치 그 이야기가 당신의 일부인 것처럼 그것을 보호하고 감정적으로 반응한다. 얻어맞으면 격렬한 감정이 일어나는 것과 마찬가지로, 누군가 당신에게 형편없는 놈이라고 말하면 그와 비슷한 감정이 일어날 것이다. 물리적 육체를 보호하는 것처럼 이 형이상학적인 육체를 보호하기 위해 반응하기 때문이다.

우리의 정체성은 인생을 통과하면서 눈덩이처럼 불어난다. 굴러

가는 동안 점점 더 많은 가치관과 의미를 축적한다. 당신이 어머니와 친하게 지내며 성장했다면, 그 관계는 희망을 전해 줄 것이고, 당신을 규정할 것이다. 마치 숱이 많은 머리나 갈색 눈이 당신을 규정하는 것처럼 부분적으로 당신을 규정하는 이야기를 마음속으로 구성할 것이다. 어머니는 내 삶에서 큰 부분을 차지한다. 어머니는 놀라운 여성이고, 나는 어머니에게 모든 것을 빚졌다. 그리고 어떤 사람들은 아카데미 시상식에서 그런 말을 한다. 그런 다음 당신은 그 부분을 마치 자신의 일부인 것처럼 보호한다. 누군가 당신의 어머니에 대해 개똥 같은 소리를 하면 당신은 정신줄을 놓고 난리를 친다.

그리고 이 경험은 마음속에 새로운 이야기와 가치를 만들어 낸다. 당신은 특별히 어머니와 관련해서 분노 조절 장애가 있다고 믿는다. 그리고 이제 그것은 당신 정체성의 일부가 된다.

이것이 계속된다.

하나의 가치를 오래 유지할수록 그것은 안쪽으로 더 깊숙이 파고들어 자신과 세상을 보는 근본적인 것이 된다. 우리의 가치관은 은행 대출 이자와 같다. 시간이 흐를수록 더욱 심각해지고 더욱 강해져서 미래의 경험을 채색한다. 당신을 망치는 것은 초등학교 시절의 집단 괴롭힘이 아니다. 집단 괴롭힘 더하기 시간이 흐르면서 쌓인 수십 년 치 미래 관계에 당신이 제공한 모든 자기혐오와 자아도취다. 그것이 모든 것을 실패하게 한다.

심리학자들이 확실히 아는 것은 많지 않지만[23] 그들이 분명히 아는 한 가지는 어린 시절의 정신적 충격이 우리를 망친다는 것이다. 이 '눈덩이 효과'는 어린 시절의 경험이 정체성에 지속적인 영향을 미치고 삶의 많은 부분을 규정하는 근본적인 가치관을 만들어 내는 것을 설명해 준다. 어린 시절 초기 경험이 핵심 가치관이 되고, 그 핵심 가치관이 엉망이라면, 그것은 수년에 걸쳐 확장되는 엿 같은 도미노 효과를 낳아서 크고 작은 경험을 오염시킨다.

어릴 때는 정체성이 작고 연약하다. 우리는 경험을 별로 하지 않는다. 우리는 모든 것을 전적으로 보호자에게 의존하고, 그들은 일을 망친다. 무시나 가해는 극단적인 감정적 반응을 야기하고, 그 결과로 절대 동등화되지 않는 커다란 도덕적 간극이 생긴다. 아빠가 떠나 버리면 세 살짜리 감정 뇌는 애초에 자기가 전혀 사랑스럽지 않았다고 판단한다. 엄마가 새 남편 때문에 아이를 떠나면 아이는 친밀함은 존재하지 않는다고, 아무도 믿을 수 없다고 판단한다.

그러니 뉴턴이 괴짜 외톨이가 될 만도 하다.[24]

가장 나쁜 점은, 이런 이야기를 오래 고수할수록 우리는 그 사실을 덜 인식하게 된다는 것이다. 이런 이야기가 우리 사고의 배경 소음, 우리 마음의 실내 장식이 되는 것이다. 제멋대로 완전히 지어낸 것임에도 이런 이야기가 자연스러울 뿐만 아니라 필연적인 것으로 보인다.[25]

우리가 인생을 살아가며 얻는 가치관은 결정화되어서 정체성 위에 침전물을 형성한다.[26] 가치관을 바꾸는 유일한 방법은 자신의 가치관과 반대되는 경험을 하는 것이다. 새롭고 상반되는 경험을 통해 기존 가치관에서 벗어나려 한다면 필연적으로 고통과 불편함을 맞닥뜨리게 될 것이다. 고통 없는 변화, 불편함 없는 성장 같은 것이 존재하지 않는 건 이 때문이다. 그렇기에 예전의 내 모습을 잃고 슬퍼하지 않고서는 새로운 내가 될 수 없다.

왜냐하면 우리는 자신의 가치관을 잃을 때, 본질적인 의미를 규정하는 이야기의 죽음을 두고 마치 자신의 일부를 잃은 것처럼 슬퍼하기 때문이다. 사랑하는 사람이나 직업, 집, 공동체, 신앙, 우정을 잃은 것처럼 슬퍼한다. 이 모든 것은 당신의 본질적 의미를 규정하는 근본적 부분이다. 그것이 당신에게서 떨어져 나갈 때, 그것이 당신 삶에 전해 주는 희망도 함께 떨어져 나가고, 당신은 또다시 불편한 진실에 노출된다.

자신을 치유할 방법, 즉 낡고 잘못된 가치관을 더 건전한 가치관으로 대체할 만한 방법이 두 가지 있다. 첫째는 과거의 경험을 재검토해서 그것을 중심으로 이야기를 다시 쓰는 것이다. 잠깐, 그가 내게 주먹질을 한 건 내가 끔찍한 사람이기 때문일까, 아니면 그가 끔찍한 사람이기 때문일까?

삶의 이야기를 다시 검토하면 생각을 고쳐먹을 수 있다. 이를테면 '난 그렇게 대단한 놈이 아니었는지도 모르지만, 그래도 괜찮아'라고 생각할 수 있게 된다. 우리는 시간이 지남에 따라 예전에 중요하다고 믿은 것이 사실은 중요하지 않다는 것을 깨닫는다. 어떤 때는 이야기를 확장함으로써 자존감에 대한 관점이 분명해지기도 한다. 아, 그녀가 나를 떠난 건 나 때문이 아니구나. 어떤 개자식과의 과거 때문에 그녀 스스로 친밀한 관계를 맺을 자격이 없다고 생각해서 떠났구나. 이렇게 생각하면 이별을 받아들이기가 수월해진다.

가치관을 변화시키는 또 다른 방법은 미래의 자아에 관한 이야기를 써 보는 것이다. 다시 말해, 특정한 가치관이나 정체성을 지녔을 때 삶이 어떠할지 상상해 보는 것이다. 스스로 원하는 미래를 마음속에 그려 봄으로써 최종 결정을 하기 전에 감정 뇌가 시험 삼아 새로운 가치관을 느껴 보도록 하는 것이다. 결국 감정 뇌는 새로운 가치관에 익숙해져서 그것을 믿기 시작한다.

보통 '미래 투사'는 최악의 방식으로 전달된다.

"여러분이 갑부가 돼서 요트 함대를 소유한다고 상상해 보십시오! 그러면 이루어질 것입니다!"[27]

안타깝지만, 이런 종류의 시각화는 현재의 불건전한 가치(물질주의)를 더 나은 가치로 대체하는 게 아니라, 현재의 가치를 어루만지는 것일 뿐이다. 진정으로 변화하려면, 애초에 요트를 원하지 않으면 어떨지를 상상해 봐야 한다.

생산적인 시각화는 조금 불편해야 한다. 도전적이어야 하고 의미를 헤아리기 힘들어야 한다. 그렇지 않다면, 아무것도 변하지 않을 거라는 뜻이다.

감정 뇌는 과거와 현재와 미래의 차이를 모른다. 그건 생각 뇌의 영역이기 때문이다.[28] 그리고 생각 뇌가 감정 뇌를 올바른 길로 몰고 가기 위해 사용하는 전략 중 하나는 '……라면 어떨까?'라는 질문을 던지는 것이다. '보트 대신 장애가 있는 어린이를 돕는 데 시간을 쏟는다면 어떨까?'라고. '사람들에게 호감을 사기 위해 뭔가를 증명하는 것을 그만둔다면 어떨까?'라고. 또 '사람들과 소통할 수 없는 이유가 나 자신이 아니라 다른 사람들 때문이라면 어떨까?'라고.

어떤 경우에는 사실처럼 느껴지는 이야기를 감정 뇌에 전할 수도 있다. 사실인지 아닌지가 중요한 것이 아니다. 미국 해군 특수 부대 출신 작가 조코 윌링크는 저서 《규율이 곧 자유다 : 야전 교범》에서 매일 아침 4시 30분에 일어나는 이유는 자신의 적이 이 세상 어딘가에 존재한다고 상상하기 때문이라고 말한다. 그는 적이 자신을 죽이려 한다고 가정한다. 그리고 적보다 먼저 일어나면 유리한 입장에 선다는 것을 실감한다. 윌링크가 자신을 위해 이 이야기를 발전시킨 건 이라크 전쟁에 복무하던 시기였다. 그곳에는 실제로 그를 죽이려 한 적이 있었다. 하지만 그는 민간인으로 돌아온 후에도 그 점을 고수했다.

객관적으로 보면 윌링크가 자신을 위해 지어낸 이야기는 전혀 말이 되지 않는다. 적이 어디에 있나? 하지만 감정적으로 보면 이것은 믿기 힘들 만큼 강력하다. 윌링크의 감정 뇌는 여전히 그 이야기를 믿고, 그로 인해 그는 매일 아침 일찍 일어난다. 때로는 동이 트기도 전에 말이다. 이것은 자기 통제라는 환상이다.

이런 이야기가 없다면, 우리는 과거의 고통이라는 실패를 영원히 반복하는 운명에 처하게 된다. 이야기를 만드는 것은 바라는 미래, 받아들이고 싶은 가치관, 바꾸고 싶은 정체성에 대한 이상을 전개하는 일이다. 과거의 이야기는 정체성을 규정하고, 미래의 이야기는 희망을 규정한다. 그리고 그런 이야기 속으로 내딛고 살아가는 능력, 즉 이야기를 현실로 만드는 능력은 삶에 의미를 부여한다.

사소한 차이로 끊임없이 갈등을 겪는 인간의 비극

감성 뉴턴은 유년기 침대에 홀로 앉아 있었다. 밖은 어두웠다. 그는 몇 시인지 무슨 요일인지 알지 못했고 얼마나 오래 깨어 있었는지

조차 짐작할 수 없었다. 몇 주 동안 혼자서 작업을 해 왔다. 그를 위해 준비한 음식은 문 옆에서 그대로 썩고 있었다.

백지를 꺼내서 그 위에 커다란 원을 하나 그렸다. 그런 다음 원의 가장자리를 따라 점을 표시했다. 각 점이 중심으로 끌어당겨지고 있었다. 그 밑에는 이렇게 적었다.

가치관에는 감정적 중력이 존재한다. 우리는 같은 것에 가치를 두는 사람들을 같은 궤도 안으로 끌어들이고, 상반되는 가치관을 가진 사람들을 본능적으로 밀어낸다. 이 인력은 같은 원리를 중심으로 생각이 비슷한 사람들로 이루어진 거대한 궤도를 형성한다. 각각이 똑같은 경로를 따르고, 똑같이 소중하게 여기는 것을 중심으로 원을 그리며 회전한다.

그다음, 첫 번째 원 바로 옆에 또 다른 원을 그렸다. 2개의 원은 거의 붙어 있었다. 거기서부터 각 원의 가장자리, 즉 중력이 양쪽으로 끌어당기는 장소 사이의 장력을 나타내는 선을 그려서 완벽한 대칭을 무너뜨렸다. 그는 이렇게 적었다.

거대한 행렬의 사람이 자신의 감정적 이력에 관한 평가에 기초해 종족과 공동체를 형성하고 함께 뭉친다. 여러분은 과학에 가치를 둘 것이다. 나도 과학에 가치를 둔다. 따라서 우리 사이에는 감정적 자력이 존재한다. 우리의 가치관은 서로를 끌어당기고 우정이라는 형이상학적 춤을 추며 서로의 궤도 안으로 끊임없이 빠져들게 한다. 우리의 가치관은 일치하고, 우리의 이상은 하나가 된다!

하지만 한 신사가 믿는 것은 청교도주의고, 다른 신사는 영국의 국교회주의라고 해 보자. 그들은 밀접한 연관이 있지만 서로 다른 중력의 거주자다. 이 때문에 그들은 서로의 궤도를 방해하고, 가치 위계 안에서 긴장을 조성하며, 상대의 정체성에 이의를 제기한다. 그 결과 부정적인 감정이 생기고, 그들은 갈라지고, 이상은 상충된다. 나는 이 감정적 중력이 모든 인간의 갈등과 노력의 근본적 구조라고 주장한다.

여기서 아이작은 다른 종이를 꺼내서 크기가 다른 일련의 원을 그렸다. 그리고 다음과 같이 적었다.

우리가 어떤 가치를 강하게 고수할수록 그것의 중력은 더욱 강해지고, 궤도는 더욱 단단해진다. 즉 어떤 가치가 다른 모든 것보다 우월하다거나 열등하다고 강하게 단정할수록 외부의 힘이 그것의 경로와 목적을 방해하기는 더욱 어려워진다.[29]

따라서 우리의 가장 강력한 가치관은 타인의 공감 또는 반감 중 하나를 요구한다. 같은 가치관을 공유하는 사람이 많을수록 그들은 더욱 강하게 뭉친다. 하나의 가치관을 중심으로 단일하고 일관된 단체를 조직한다. 과학자는 과학자와 함께하고, 성직자는 성직자와 함께한다. 같은 것을 사랑하는 사람들은 서로를 사랑한다. 같은 것을 싫어하는 사람들도 서로를 사랑한다. 그리고 다른 것을 사랑하거나 싫어하는 사람들은 서로를 싫어한다. 공유하는 가치 체계를 집합체로 만든다. 결국 모든 인간의 시스템은 결국 평형 상태에 도달한다. 사람들은 하나가 되어 자신의 개인적 이야기를 고치고, 그들의 이야기는 동일한 것이 된다. 그렇게 개인 정체성은 집단 정체성이 된다.

당신은 이렇게 말할지도 모른다.

"하지만 뉴턴! 사람들은 비슷한 것에 가치를 두지 않아? 대부분이 원하는 건 허기를 채울 빵 한 조각과 밤에 편히 쉴 수 있는 안전한 장소잖아!"

친구여, 네 말이 맞는다!

모든 민족이 다른 점보다는 같은 점이 많다. 우리 모두 인생에서 대체로 같은 것을 원한다. 하지만 약간의 차이가 감정을 낳고, 감정은 중요성을 낳는다. 그래서 우리는 유사성보다 차이를 필요 이상으로 중요하게 인식한다. 이것이 인간의 진정한 비극이다. 우리는 사소한 차이 때문에 끊임없이 갈등을 겪을 운명이다.[30]

이 감정의 중력 이론, 즉 비슷한 가치에 대한 끌림과 일관성은 민족의 역사를 설명한다. 세계의 다른 지역은 각기 다른 지리적 요소를 갖는다. 바위로 이루어진 험난한 지역은 침략자를 막기에 좋을 것이다. 그렇다면 그곳 사람들은 자연스럽게 중립과 고립에 가치를 둘 것이다. 그리고 이것은 그들의 집단 정체성이 될 것이다. 음식과 술이 넘쳐나는 다른 지역의 사람들은 환대와 축제, 가족에 가치를 둘 것이다. 이 역시 그들의 정체성이 될 것이다. 또 다른 지역은 메마르고 살기 힘들지만 탁 트인 전망으로 인해 멀리 떨어진 여러 나라와도 연결될 수 있을 것이다. 그곳에 사는 사람들은 권위와 강한 군 지도부, 완전한 통제에 가치를 둘 것이다. 이 또한 그들의 정체성이 된다.[31]

그리고 개인이 자신의 정체성을 믿음과 합리화 혹은 편견을 통해 보호하는 것처럼 공동체와 종족, 국가도 같은 방식으로 정체성을 보호한다. 이런 문화는 결국 자신을 국가로 결속시키고, 이것은 확장된다. 점점 더 많은 사람이 가치 체계로 편입된다. 결국 국가는 서로 우연히 마주칠 것이고 그들의 모순된 가치관은 충돌할 것이다.

대부분의 사람이 자신을 자신의 문화와 집단 가치관보다 우선시하지 않는다. 따라서 많은 사람이 자신이 최고로 믿는 가치를 위해 기꺼이 목숨을 바칠 것이다. 가족과 사랑하는 사람, 국가, 신을 위해서 말이다. 그리고 자신이 믿는 가치를 위해 목숨까지도 기꺼이 바치겠다는 사고방식 때문에 문화 충돌은 필연적으로 전쟁을 낳을 것이다.[32]

전쟁은 단지 희망에 대한 지상의 시험일 뿐이다. 국가나 민족이 자민족의 자원과 희망을 극대화하는 가치관을 채택하면 필연적으로 승리자가 될 것이다. 한 국가가 더 많은 이웃을 정복할수록 그들은 자신들이 동포를 지배할 자격이 있다고 믿는다. 자기 국가의 가치관이 인류를 인도하는 진정한 등대라고 굳게 믿을 것이다. 승리한 가치관의 패권은 지속되고, 그 가치관은 역사에 쓰이고 칭송받으며, 나아가 이야기 형태로 되풀이되고 전승돼서 미래 세대에게 희망을 전해 준다. 마침내 그 가치관이 효력을 상실할 때, 그것은 또 다른 새로운 국가의 가치관에 밀려날 것이고, 역사는 계속돼서 새로운 시대가 펼쳐질 것이다.

나는 이것이 인류가 진보하는 형식이라고 주장한다.

뉴턴은 글을 마무리했다. 그는 감정적 중력 이론을 세 가지 감정 법칙과 같이 두고 잠시 숨을 돌리며 자신의 발견에 관해 곰곰이 생각했다.

이 조용하고 어두운 순간에 아이작 뉴턴은 종이 위의 원을 보고 혼란스러운 깨달음을 얻었다. 그에게는 궤도가 없었던 것이다. 정신적 충격과 사회적 낙오의 세월을 보내며 그는 자발적으로 자신을 모든 것으로부터 격리했다. 마치 어떤 시스템의 중력에도 방해와 영향을 받지 않은 채 자신의 궤도를 따르는 외딴 별처럼 말이다.

그는 자신이 누구에게도(심지어 자신에게조차도) 가치를 두지 않는다는 것을 깨달았으며, 이로 인해 엄청난 외로움과 슬픔을 느꼈다. 이 세상에서 희망을 찾으려고 끊임없이 애쓰는 감정 뇌의 신경을 갉아먹는 절망감을 아무리 많은 논리와 계산으로도 이겨 낼 수 없기 때문이었다.

나는 평행 우주의 감성 뉴턴이 슬픔과 고독을 극복했다고 말하고 싶다. 그가 자신과 다른 사람에게 가치를 두는 법을 배웠다고 말하고 싶다. 하지만 우리 우주의 아이작 뉴턴처럼, 평행 우주의 뉴턴도 여생을 외롭고, 괴팍하고, 비참하게 보낼 것이다.

1665년 여름에 두 뉴턴이 답한 질문은 여러 세대에 걸쳐 수많은 철학자와 과학자를 당혹스럽게 했다. 하지만 몇 달 만에 이 심술궂고 반사회적인 스물세 살짜리가 그 수수께끼를 풀고 암호를 해독했다. 그런데 지적 발견의 최전선에서, 그는 자신의 결론을 런던 북부의 외딴 마을에 있는 비좁은 서재의 곰팡내 나는 구석에 던져 버렸다. 그리고 그곳에서 그의 발견은 세상에 알려지지 않고 먼지를 뒤집어쓴 채 남아 있게 될 것이었다.[33]

1 이 장의 전기 부분은 역사적 허구다.

2 뉴턴이 10대 때 실제로 쓴 일기다.

3 뉴턴이 낯설거나 고등학교 과학을 다 잊어버린 사람을 위해 말하자면, 뉴턴은 현대 물리학의 대부다. 그가 발견한 것의 영향력을 고려할 때, 그는 분명히 세계사에서 가장 영향력 있는 사상가다. 그의 수많은 발견 중 물리학에 관한 핵심 아이디어(관성, 운동량 보존 등)는 뉴턴의 세 가지 운동 법칙에 기술돼 있다. 여기서 나는 그의 원래 발견을 비틀어 '뉴턴의 세 가지 감정 법칙'을 제시한다.

4 그래서 수동적 공격성이 관계에 해로운 것이다. 이것은 개인이 어디에서 도덕적 간극을 인식하는지 분명히 말하지 않는다. 그 대신 또 다른 간극이 생기게 할 뿐이다. 대인 관계의 갈등은 도덕적 간극의 인식 차이에서 비롯한다고 할 수 있다. 당신은 내가 개자식처럼 군다고 생각한다. 나는 내가 착하게 행동한다고 생각한다. 그래서 우리는 갈등을 겪는다. 하지만 우리가 가치관과 각자의 인식을 터놓고 이야기하지 않는다면, 우리는 절대 관계에 대한 희망을 회복할 수 없을 것이다.

5 이것은 '내재적 동기'의 사례다. 외적인 보상이 아니라, 어떤 활동을 잘한다는 단순한 기쁨이 그 활동을 계속하도록 동기를 부여한다.

6 부정적인 감정은 통제력을 잃는 느낌에 뿌리를 두고, 긍정적인 감정은 통제력을 갖는 느낌에 뿌리를 둔다고 할 수 있다.

7 이 역시 데이비드 흄에게서 유래했다.

8 심리학자 조던 피터슨이 '가치 위계'라는 용어를 만든 건 아니지만 최근 인터뷰와 강의를 통해 이 용어를 크게 대중화했으므로 그의 공로를 인정해야 한다.

9 세 번째 대안이 있다. 도덕적 간극을 전혀 인정하지 않는 것이다. 이른바 '용서'다.

10 흥미로운 것은 자아도취에 빠진 사람은 심지어 자신이 우월하다고 주장함으로써 자신의 고통을 정당화한다는 점이다. 이런 말을 들어 보지 않았나? "그들이 나를 싫어하는 건 나를 질투하기 때문이야", "그들이 나를 공격하는 건 나를 두려

위하기 때문이야", "그들은 내가 우월하다는 걸 받아들이지 않으려 해" 등등. 감정 녹는 자존감을 최우선시할 뿐이다. "우리가 해를 입는 건 등신이라서가 아니라 위대하기 때문이야!" 그렇게 자아도취자는 자기가 아무것도 가질 자격이 없다고 느끼는 상태에서 모든 것을 가질 자격이 있다고 느끼는 상태로 나아간다.

11 아이러니하게도 그의 말에 일리가 있었다. 베르사유 조약은 독일 경제를 심각하게 약화시키고 히틀러가 권력을 잡게 해 준 수많은 내부 투쟁의 원인이 됐다. '그들이 우리를 싫어하는 건 우리가 위대하기 때문이다'라는 그의 메시지는 사면초가에 몰린 독일 국민에게 확실한 반향을 불러일으켰다.

12 내가 언급하는 사람은 엘리엇 로저다. 그는 여학생 기숙사로 차를 몰기 직전에 유튜브에 '엘리엇 로저의 응징(Elliot Rodger's Retribution)'이라는 소름 끼치는 영상을 올렸다.

13 자존감이 환상인 이유는 모든 가치관이 믿음에 기초한 환상에 불과하기 때문이고(4장 참고) 자아 자체가 환상이기 때문이다.

14 데이비드 포스터 월리스는 '이것은 물이다'라는 멋진 강연에서 의식의 이러한 '초기 설정'에 관해 말했다.

15 이것은 일반적으로 '더닝 크루거 효과'로 알려져 있는데, 이 현상을 발견한 연구원들(데이비드 더닝과 저스틴 크루거)의 성을 따서 명명됐다.

16 이것은 '허위 합의 효과'로 알려져 있다.

17 고인이 된 텔레비전 화가 밥 로스를 큰 소리로 불러 보자. 그는 생전에 이렇게 말하곤 했다. "실수 같은 건 없습니다. 행복한 사고가 있을 뿐이죠."

18 이것은 행위자·관찰자 편향으로 알려져 있으며, 왜 모든 사람이 개자식인지를 설명해 준다.

19 기본적으로 고통을 많이 경험할수록 도덕적 간극은 더 커지고, 도덕적 간극이 커질수록 자신과 타인을 더 비인간적으로 만들며, 자신과 타인을 비인간적으로 만들수록 자신과 타인에게 고통을 가하는 것을 정당화하기는 더 쉬워진다.

20 여기서 건전한 반응은 셋째, '어떤 소년은 개똥이다'일 것이다. 하지만 극한의 고통을 경험할 때, 감정 뇌는 모든 범주의 경험에 대해 강렬한 감정을 만들어 내므로 그런 구별을 할 수 없다.

21 분명히 여기에는 소녀가 이전에 갖고 있던 가치관과 자존감, 결별의 본질, 친밀한 관계를 맺는 능력, 나이, 민족, 문화적 가치관 등 수많은 변수가 작용한다.

22 2016년 컴퓨터 모델 연구에 따르면, 이야기에는 여섯 가지 유형이 있다. 성공(무일푼에서 부자로), 몰락(부자에서 무일푼으로), 성공 이후 몰락(이카로스), 몰락 이후 성공(궁지에 몰린 사람), 성공과 몰락 이후 성공(신데렐라), 몰락과 성공 이후 몰락 . 이 것들은 전부 본질적으로 좋은 경험/나쁜 경험과 그 자격을 다른 방식으로 배열한 것이다.

23 심리학 분야는 '반복 가능성 위기'를 한창 겪는 중이다. 즉 주요 연구 결과의 상당 부분이 추가 실험에서 재현되지 않고 있다.

24 진짜 뉴턴은 실제로 분노와 앙심으로 가득 찬 개자식이었다. 그리고 역시 외톨이였다. 죽을 때까지 동정이었다고 한다. 그리고 기록에 따르면, 뉴턴은 그 사실을 상당히 자랑스러워했다.

25 이것은 프로이트가 억압으로 오해한 것이다. 그는 우리가 어린 시절의 고통스러운 기억을 억압하며 살아가고, 그 기억을 의식으로 다시 불러들이는 것을 통해 내면에 쌓여 있는 부정적인 감정을 해방시킨다고 믿었다. 그러나 과거의 드라우마를 기억하는 건 별 이익이 되지 않는 것으로 밝혀졌다. 실제로 오늘날 대부분의 치료는 과거보다는 미래의 감정을 관리하는 법을 익히는 데 초점을 맞추고 있다.

26 사람들은 흔히 핵심 가치관을 성격으로 오인하고 그 반대도 마찬가지다. 그러나 성격은 거의 변하지 않는 것이다. '빅 파이브' 성격 모델에 따르면, 개인의 성격은 외향성, 성실성, 친화성, 신경증, 개방성이라는 다섯 가지 기본적 특성으로 구성된다. 핵심 가치관은 성격에 일부 기초해서 어린 시절에 형성된 판단력이다. 예를 들어, 내가 새로운 경험에 대단히 개방적이라면, 그로 인해 나는 어린 시절부터 탐구와 호기심을 가치 있게 여기게 된다. 이런 초기 가치관은 나중의 경험에 영향을 미쳐서 그와 관련된 가치관을 만들어 낼 것이다. 핵심 가치관을 파헤쳐서 바꾸기는 어렵다. 성격을 크게 바꾸기는 거의 불가능하다.

27 이것은 자기 계발 업계에서 오랫동안 유행하고 있는 호객 수법이다. 이런 종류의 헛소리를 철저히 파헤치기를 원한다면, 다음을 참고하라. Mark Manson, "The Staggering Bullshit of 'The Secret'", MarkManson.net, 2015년 2월 26일, https://markmanson.net/the-secret.

28 과거의 경험을 기억하고 미래의 경험을 투사하는 능력은 오직 전두엽 피질(생각 뇌에 대한 신경학적 이름)의 발달에 의해서만 발생한다.

29 이 은유가 본질적으로 말하는 바는, 우리는 뭔가를 가치 있게 여길수록 그 가치를 더욱 의심하거나 바꾸지 않게 되고, 따라서 그 가치가 우리에게 도움이 되지 않을 때 더 큰 고통을 느끼게 된다는 것이다.

30 프로이트는 이것을 '작은 차이의 나르시시즘'이라 불렀고, 서로를 가장 증오하는 건 일반적으로 공통점이 가장 많은 사람이라고 주장했다.

31 이 발상은 '문화 지리학'으로 알려져 있다.

32 군사 이론가 카를 폰 클라우제비츠는 "전쟁은 다른 수단으로 정치를 계속하는 것이다"라는 유명한 말을 남겼다.

33 진짜 아이작 뉴턴의 운동 법칙도 그가 들춰내서 다른 사람에게 보여 주기 전까지 약 20년 동안 먼지를 뒤집어쓰고 있었다.

4장

모든 꿈을
실현하는
법을 알려 줄게

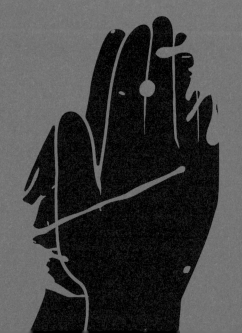

모든 것이 엉망진창이다.
해결책은 없다.
오직 미봉책과 점진적인 개선,
다른 것보다 좀 더 나은 형태의
난장판이 있을 뿐이다.

새벽 2시에 텔레비전을 보고 있는 당신에게

상상해 보자. 새벽 2시에 당신은 아직도 자지 않고 게슴츠레한 눈으로 텔레비전을 응시하고 있다. 왜인지는 당신도 모른다. 타성에 젖은 당신은 일어나서 잠자리로 가는 것보다 거기에 계속 앉아서 텔레비전을 보는 것이 더 쉽다. 그것이 새벽 2시에 텔레비전을 보고 있는 이유다.

완벽하다. 나는 당신을 다음과 같이 이해한다. 당신은 무감각하다. 길을 잃었고, 자신의 운명에 무저항으로 일관한다. 다음 날 중요한 일이 있는데 새벽 2시에 텔레비전을 보는 사람은 없다. 소파에서 엉덩이를 떼기 위해 몇 시간이나 의지력을 끌어올려야 하는 사람이 어디 있나. 일종의 희망의 위기를 겪고 있는 게 아니라면 말이다. 내가 말하고자 하는 것이 바로 이 위기다.

나는 당신이 보고 있는 텔레비전 화면에 등장한다. 나는 에너지 폭풍이다. 불쾌한 시각 효과와 싸구려 음향 효과가 더해진다. 나는 소리를 지르다시피 한다. 그런데 어찌 된 일인지 내 미소는 편안하고 여유롭다. 내가 오직 당신하고만 눈을 마주치는 것 같다. 내가 위로가 된다.

내가 말한다.

"내가 네 모든 문제를 해결해 줄 수 있다고 하면 어떨까?"

당신은 생각한다.

'풋, 넌 내 문제의 절반도 몰라, 친구.'

"내가 네 모든 꿈을 실현할 방법을 안다고 하면?"

'그래, 그렇다면 나는 빌어먹을 산타클로스다.'

"이봐, 난 네 마음이 어떤지 알아."

'아무도 내 마음은 몰라.'

당신은 반사적으로 되뇌면서 반응이 너무 자동적이라 놀란다.

나는 말한다.

"나도 예전에 방황했어. 외롭고, 고립되고, 절망했지. 나도 별다른 이유 없이 잠자리에 누워 뜬눈으로 밤을 지새우며 나한테 뭔가 잘못된 게 있는지, 나와 내 꿈 사이에 존재하는 이 보이지 않는 힘은 무엇인지 고민했어. 네 마음도 그렇다는 걸 알아. 넌 뭔가를 잃었어. 그런데 그게 뭔지 모를 뿐이야."

사실, 내가 이런 말을 하는 이유는 누구나 그런 경험을 하기 때문이다. 그건 인간의 조건에 대한 사실이다. 우리 모두 존재에 수반되는 본질적인 죄의식을 동등화할 힘이 없다고 느낀다. 우리 모두 특히 젊은 시절에 정도는 달라도 고통받고 부당하게 괴롭힘을 당한다. 우리 모두 그 고통을 보상받으려고 애쓰며 평생을 보낸다. 그리고 인생을 살다가 일이 잘 풀리지 않는 순간에 이것이 우리를 절망에 빠트린다.

고통으로 에워싸여 몸부림치는 대부분의 사람처럼 당신은 고통은 흔한 것이고, 당신의 갈등은 독특한 것이 아니라 오히려 보편적인 것이라는 사실을 잊어버린다. 그리고 이것을 잊어버렸기 때문에, 당신은 내가 직접 당신에게 말을 거는 것처럼 느끼고, 내가 어떤 마법을 사용해 당신의 속마음을 들여다보고 소리 내 읽어 주는 것처럼 느낀다. 당신이 일어나 앉아 주목하는 건 이 때문이다.

나는 다시 말한다.

"나는 네 모든 문제에 대한 해결책을 알고 있어. 그래서 네 모든 꿈을 실현시킬 수 있지."

이제 나는 손가락으로 당신을 가리킨다. 당신이 보는 텔레비전 화면 속 내 손가락은 거대해 보인다.

"나는 모든 답을 알아. 나는 영원한 행복과 영원한 삶의 비밀을 알아. 그리고 그건 바로……"

내가 계속해서 하는 말은 너무 기이하고, 너무 터무니없고, 너무 심하게 삐딱하고 냉소적이라서 당신은 진지하게 그게 사실일지도 모른다고 생각한다. 문제는 당신이 나를 믿고 싶어 한다는 것이다. 당신은 나를 믿을 필요가 있다. 나는 당신의 감정 뇌가 간절히 열망하고 필요로 하는 희망과 구원을 상징한다. 그래서 당신의 생각 뇌는 서서히 내 생각이 말도 안 되게 정신 나간 것이라서 효과가 있을지도 모른다는 결론에 도달한다.

광고가 계속되는 동안, 어딘가에서 아니 아무 데서나 의미를 찾아내야 하는 실존적 필요성이 당신의 심리적 방어막을 두들겨 부수고 안으로 침투한다. 어쨌든 나는 당신의 고통에 대한 기묘한 지식, 당신의 비밀스러운 진실로 통하는 뒷문, 당신의 심장을 관통하는 심부 정맥을 입증했다. 그리고 당신은 어수선한 가운데 내가 당신에게 말을 한다는 것을 깨닫는다.

"나도 예전에는 너만큼 엉망이었어……. 그런데 빠져나갈 길을 찾았지. 날 따라와."

나는 계속한다. 카메라 각도가 변환되며 나를 옆에서, 앞에서 잡는다. 갑자기 내 앞에 방청객이 보인다. 그들은 모두 내가 하는 말에 몰두한다. 한 여성이 울고 있다. 한 남성의 입이 떡 벌어진다. 당신의 입도 같이 벌어진다. 나는 이제 당신을 심문한다. 나는 당신에게 영원한 성취감을 제공할 것이다, 이 후레자식아. 나는 모든 틈을 메우고, 모든 구멍을 막을 것이다. 네게 가치 있는 행복은 무엇인가? 네게 가치 있는 희망은 무엇인가? 당장 행동하라, 멍청아.

할인가로 등록해, 오늘.

당신은 휴대 전화를 집어 든다. 웹 사이트로 간다. 숫자를 입력한다.

진리와 구원과 영원한 행복. 모두 당신 것이다. 당신에게 가고 있다. 준비됐나?

자신의 종교를 시작하는 방법

영원한 행복과 구원을 얻도록 도와주는 검증된 시스템 소개!

환영한다. 그리고 축하한다. 당신은 모든 꿈을 실현하기 위한 첫발을 내디뎠다! 이 강좌가 끝날 무렵이면 당신은 인생의 모든 문제를 해결할 것이다. 풍요롭고 자유로운 삶을 살게 될 것이다. 흠모하는 친구들과 사랑하는 사람들에게 둘러싸일 것이다. 보장한다!(기타 약관이 적용될 수 있다.)

누구나 할 수 있을 만큼 간단한 일이다. 어떤 교육이나 인증도 필요 없다. 인터넷 연결과 작동하는 키보드만 있으면 당신도 자신의 종교를 창조할 수 있다.

그래, 제대로 들었다. 당신도 오늘부터 자신의 종교를 시작할 수 있고, 헌신하는 수천 명의 추종자로부터 이익을 얻을 수 있다. 그들은 무조건적인 숭배와 재정적인 지원, 소셜 미디어의 좋아요를 감당하기 힘들 정도로 아낌없이 선사할 것이다.

매우 간단한 방법으로 누구나 6단계 프로그램을 할 수 있다.

우선 필요한 건 믿음 체계다. 당신의 종교가 영적이기를 원하나, 아니면 세속적이기를 원하나? 과거 중심적, 아니면 미래 중심적? 폭력적이길 원하나, 비폭력적이길 원하나? 이것은 전부 중요한 질문이지만 걱정하지 말라. 나는 답을 알고 있으니까.

첫 번째 추종자를 어떻게 찾을 것인가? 이보다 더 중요한 것이 있다. 추종자가 어떠하기를 원하는가? 부자? 빈자? 남성? 여성? 채식주의자? 나는 내부 정보를 알고 있다!

그래, 의식을 빠뜨릴 뻔했다. 이걸 먹고, 저걸 암송하라. 절하고 무릎 꿇고 손뼉을 쳐라! 율동하며 턴을 해라! 그게 전부다. 종교에서 가장 즐거운 부분은 당신들 모두 어쨌든 뭔가 의미 있다고 동의하는 멍청한 것을 생각해 내는 일이다. 나는 이 구역에서 가장 멋진 의식을 개발하기 위한 완벽한 지침을 제공할 것이다. 모든 아이가 그것에 관해 말할 텐데, 그렇게 하라고 강요당할 것이기 때문이다.

희생양은 어떻게 고를 것인가? 개인의 내적 혼란을 투사할 공동의 적이 없다면 어떤 종교도 완성될 수 없다. 인생이 엉망이라고 해도 다른 사람을 탓할 수 있다면 왜 자기 문제를 처리해야 하겠는가. 당신은 사악한 괴물을 골라서 추종자가 그를 미워할 이유를 찾아 줘라. 같은 적을 미워하는 것처럼 우리를 결속시키는 것은 없다.

자, 마지막으로 필요한 게 있다. 어떻게 돈을 벌 것인가? 이익을 얻지 못한다면 종교를 왜 시작하겠는가. 나는 추종자의 단물을 한껏 빨아먹는 방법을 상세히 알려 줄 것이다. 돈, 명성, 정치권력, 피의 축제, 무엇에 관심이 있건, 내가 보장한다.

우리 모두 희망을 쌓아 올리기 위해 공동체를 필요로 한다. 그리고 완전히 미쳐 버려서 마약을 흡입하지 않으려면 희망이 필요하다. 종교는 그런 공동 희망의 기반이다. 그리고 우리는 그것을 맨땅에서 쌓아 올리는 법을 배우게 될 것이다.

종교는 아름다운 것이다. 가치관이 같은 사람들이 뭉치면 혼자일 때는 절대로 하지 않을 방식으로 행동한다. 네트워크 효과로 희망이 증폭되고, 집단의 일원이라는 사회적 승인이 생각 뇌를 장악해서 감정 뇌가 미쳐 날뛰게 된다.

종교는 집단을 이룬 사람들을 결속시켜서 서로를 인정하고 중요하게 여기도록 한다. 공통의 목적 아래 하나가 되면 자신을 중요하고 가치 있다고 느끼게 되고 불편한 진실은 그만큼 더 멀어질 것이라는 거대한 무언의 합의가 이루어진다.[1]

이건 심리적으로 엄청나게 만족스러운 일이다. 사람들은 정신줄을 놓는다. 남들한테 휩쓸리기 딱 좋은 상태가 된다. 역설적으로 들리겠지만, 개인이 완벽한 자기 통제를 할 수 있다는 인식은 개인이 통제력을 잃는 집단 환경에서만 가능하다.

감정 뇌에 이렇게 접근하는 것의 위험성은 거대한 집단을 이룬 사람들의 특성에 있다. 그들은 극도로 충동적이고 비합리적인 짓을 하는 경향이 있다. 그래서 사람들은 한편으로 이해받고 사랑받고 하나가 됐다는 느낌을 느끼는 한편, 이따금 사람을 죽이려 드는 성난 폭도로 돌변하기도 한다.

이제부터 자신의 종교를 설립하는 방법을 상세히 알려 주겠다. 이 지침은 남에게 쉽게 휩쓸리는 추종자로부터 이익을 얻게 해 줄 것이다. 이제 시작해 보자.

1단계 절망한 자에게 희망을 팔라

나는 누군가 나한테 내 손에 피를 묻혔다고 말한 일을 결코 잊지 못한다. 마치 어제 일처럼 기억난다.

2005년 매사추세츠주 보스턴의 화창하고 상쾌한 아침이었다. 당시 대학생이던 나는 강의실로 걸어가면서 개인적인 일에 정신이 팔려 있었다. 그때 한 무리의 아이들이 9·11 테러 사진을 들고 있는 것이 보였다. 사진에는 '미국은 테러를 당해 마땅했다'라는 글이 적혀 있었다.

나는 대단한 애국자는 아니지만, 대낮에 그런 사진을 들고 있는 사람은 즉시 얻어맞아야 한다고 생각했다.

걸음을 멈추고 아이들에게 지금 뭐 하는 거냐고 물었다. 그들은 작은 탁자 위에 소책자 두 종류를 쌓아 두고 있었다. 하나는 부통령

딕 체니의 사진에 악마의 뿔을 그려 넣고 밑에 '대량 살상범'이라고 적은 것이고, 다른 하나는 조지 W. 부시 사진에 히틀러의 콧수염을 그려 넣은 것이었다.

학생들은 뉴햄프셔주에서 극좌 이념가 린던 라로슈가 시작한 단체 '라로슈 청년 운동'의 일원이었다. 라로슈 추종자들은 북동부 대학 교정에 서서 수많은 시간을 보내며 휘둘리기 쉬운 대학생들에게 전단과 소책자를 배포했다. 그들을 우연히 마주친 나는 10초 만에 그들이 실제로 무슨 일을 하고 있는지 이해했다. 종교였다.

그것은 이념 종교였다. 반정부, 반자본주의, 반노인, 반체제 종교였다. 그들은 국제적인 세계 질서가 꼭대기부터 바닥까지 썩었다고 주장했다. 이라크 전쟁은 부시의 친구들이 더 많은 돈을 원했기 때문에 촉발됐다고 주장했다. 테러 행위와 총기 난사는 존재하지 않는다고 말했다. 그런 사건은 정부가 시민을 통제하기 위해 치밀하게 조직한 활동일 뿐이라고 주장했다. 우익 친구들은 걱정하지 말기 바란다. 몇 년 뒤 그들은 오바마에 대해서도 똑같이 히틀러 콧수염을 그리고 똑같은 주장을 할 테니까 말이다. 이 말을 들으니 기분이 좀 나아졌나? (그러지 말아야 하는데.)

라로슈 청년 운동 단체가 하는 일은 그야말로 천재적이다. 그들은 (일반적으로 젊은 남성) 대학생들, 즉 겁도 나고 화도 난(갑작스럽게 책임을 져야 해서 겁이 나고, 성인이 된다는 것이 너무 가혹하고 실망스러워서 화가 난) 아이들이 불만을 품도록 마음을 뒤흔든 뒤, 한 가지 단순한 메시지를 전한다.

'그건 네 잘못이 아니야.'

그래, 젊은이. 엄마와 아빠의 잘못이라고 생각하겠지만, 그들 잘못이 아니다. 아니라고. 개똥 같은 교수와 너무 비싼 등록금을 책정한 대학의 잘못이라고 생각하는 거 안다. 하지만 아니다. 그들 잘못도 아니다. 심지어 정부의 잘못이라고 생각할지도 모르지. 비슷했지만, 여전히 아니다.

잘 들어. 그건 시스템의 잘못이다. 네가 언제나 소식을 들어 온 웅장하고 모호한 실체 말이다.

이것이 라로슈 청년 운동이 파는 믿음이다. 우리가 '시스템'을 타도할 수만 있으면 모든 것이 괜찮아질 것이다. 전쟁도, 고통도, 불평등도 더는 존재하지 않을 것이다.

기억을 떠올려 보라. 희망을 느끼기 위해, 우리는 저기에 더 나은 미래가 있다고 느낄 필요가 있고(가치관), 그 더 나은 미래에 도달할 수 있는 것처럼 느낄 필요가 있으며(자기 통제), 가치관을 공유하고 활동을 지지해 주는 다른 사람들을 찾을 필요가 있다(공동체).

청년기는 많은 사람이 이 문제로 씨름하는 시기다. 아이들은 난생처음 스스로 어떤 사람이 될지 결정할 수 있게 된다. 의사가 될까? 사업을 할까? 심리학 수업을 수강할까? 선택 사항은 심각한 타격을 가할 수 있다. 그리고 피할 수 없는 좌절로 인해 많은 젊은이가 자신의 가치관을 의심하고 희망을 잃게 된다.

게다가 청년기는 자제력과 씨름하는 시기다.[2] 난생처음 1년 내내 감시하는 권위자에게서 벗어난다. 자유롭고 흥미진진할 수 있지만, 다른 한편으로 이제 자기 결정에 책임을 져야 한다. 만약 제시간에 일어나고 학교나 직장에 가고 열심히 공부하는 것에 익숙하지 않다면, 자기 외에는 탓할 사람이 없다는 사실을 인정할 수밖에 없다.

마지막으로, 젊은이는 공동체를 찾아서 어울리는 것에 특별히 몰두한다. 이것은 정서 발달에 중요할 뿐만 아니라, 스스로 정체성을 찾아서 확고히 하는 데도 도움이 된다.[3]

린던 라로슈 같은 사람들은 길을 잃고 방황하는 젊은이를 이용한다. 라로슈는 난해한 정치적 설명을 제시해서 그들이 느끼는 불만을 정당화했다. (이른바) 세상을 변화시키는 방법을 개설함으로써 그들에게 통제력과 권한을 부여했다. 마지막으로, 그들이 어울리고 정체성을 찾을 수 있는 공동체를 제공했다.

그 결과, 라로슈는 그들에게 희망을 줬다.[4]

나는 그날 전단에 실린 세계 무역 센터 사진을 가리키며 라로슈 청년 운동 학생들에게 물었다.

"이거 좀 심한 거 아냐?"[5]

한 녀석이 대답했다.

"전혀 아니거든."

"야, 난 부시한테 투표하지 않았고, 이라크 전쟁에도 동의하지 않아. 하지만……."

"누구한테 투표하는지는 중요하지 않아! 누구한테 투표하든 부패하고 억압적인 시스템에 표를 던지는 거니까! 넌 손에 피를 묻힌 거야!"

"뭐라고?"

나는 주먹질을 할 줄 몰랐지만, 어느새 주먹을 꽉 쥐고 있었다. 이 자식은 도대체 자기를 뭐라고 생각하는 걸까?

녀석이 말을 이어 갔다.

"너는 시스템에 참여함으로써 그걸 영속시킨 거야. 그래서 전 세계 수백만 명의 무고한 시민을 살해하는 공모에 가담한 거지. 자, 이걸 읽어 봐."

그는 전단을 들이밀었다. 나는 대충 훑어보고 말했다.

"개소리네."

우리의 '논의'는 몇 분 동안 이런 식으로 계속됐다. 그때의 나는 뭘 잘 몰랐다. 나는 이런 일이 감정이나 가치관이 아니라 이성 및 증거와 관련된 것이라고 생각했다. 하지만 가치관은 이성을 통해 바뀔 수 없고, 오직 경험을 통해서만 바뀔 수 있다.

나는 바보짓을 하는 데 짜증이 나서 자리를 떴다. 내가 화가 나서 발걸음을 옮기자, 녀석은 무료 세미나에 등록하라고 했다.

"야, 넌 마음을 열어야 해. 진실은 무서운 법이라고."

나는 돌아보며 언젠가 인터넷 포럼에서 읽은 칼 세이건의 말을 인용했다.

"넌 마음이 너무 열려서 뇌가 빠져나간 거 같은데!"[6]

나는 통쾌하고 의기양양했다. 아마 녀석도 그랬을 것이다. 그날 생각이 바뀐 사람은 아무도 없었다.

우리는 상황이 최악일 때 외부의 영향에 가장 쉽게 휘둘린다. 삶이 무너져 내리는 순간이라는 것은 우리의 가치관이 우리를 저버렸고 우리는 어둠 속에서 그것을 대체할 새로운 가치관에 매달리고 있음을 의미한다. 하나의 종교가 몰락하면서 다음 종교를 위한 공간을 열어 준다. 영적인 신에 대한 믿음을 잃은 사람은 세속적인 신을 찾을 것이다. 가족을 잃은 사람은 인종이나 신념, 민족에 자신을 맡길 것이다. 정부나 국가에 대한 믿음을 잃은 사람은 희망을 얻기 위해 극단적인 이념에 의존할 것이다.

역사적으로 세계의 모든 주요 종교가 지구에서 가장 가난한 변두리로 선교사를 보낸 데는 이유가 있다. 굶주리는 사람들은 먹을 것만 계속 주면 어떤 것이든 믿기 때문이다. 당신의 새로운 종교를 위한 최고의 방법은 당신의 메시지를 가장 형편없이 사는 사람들에게 설교하는 것이다. 가난한 자, 버림받은 자, 학대받고 잊힌 자들에게 말이다. 그러니까 온종일 페이스북에서 죽치고 있는 사람들 말이다.

짐 존스는 사회주의 메시지를 기독교에 대한 (제정신이 아닌) 해석으로 포장해서 노숙자와 사회에서 소외된 소수자를 끌어모아 추종세력을 형성했다. 제기랄, 내가 뭔 소리를 하는 거지? 예수 그리스도도 똑같은 망할 짓을 했다.[7] 부처도 마찬가지다. 모세는 말할 것도 없다. 종교 지도자는 가난하고 억압받고 노예가 된 사람들에게 설교하며, 너희는 천국에 들어갈 자격이 있다고 말한다. 요컨대, 당대의 부패한 엘리트에게 노골적으로 '엿 먹어라'라고 하는 셈이다. 이것이 보통 배후에 있는 메시지다.

오늘날에는 절망에 빠진 사람의 주목을 끌기가 그 어느 때보다 쉽다. 소셜 미디어 계정만 있으면 된다. 극단적이고 정신 나간 게시물을 올리고, 나머지는 알고리즘에 맡기면 된다. 게시물이 극단적이고 정신 나간 것일수록 주목을 더 많이 받을 테고, 파리가 소똥으로 달려드는 것처럼 절망한 사람들이 떼 지어 몰려들 것이다. 전혀 어렵지 않다.

물론 그냥 온라인에 접속해서 아무 말이나 할 수는 없다. (어느 정도) 일관성 있는 메시지가 있어야 한다. 선견지명이 있어야 한다. 사람들이 아무것도 아닌 일에 짜증과 화를 내게 하기는 쉽다(뉴스 매체는 그것으로 온전한 사업 모델을 창조했다). 하지만 희망을 품으려면 사람들은 자신이 더 위대한 움직임의 일부라고, 역사에서 승리하는 편에 막 합류하려는 참이라고 느낄 필요가 있다. 그러려면 그들에게 믿음을 줘야 한다.

2단계 믿음을 선택하라

우리 모두 뭔가를 믿어야 한다. 믿음이 없으면 희망도 없다.

　비종교인은 믿음이라는 말을 들으면 발끈하지만, 믿음을 갖는 건 피할 수 없는 일이다. 증거와 과학은 과거의 경험에 기초한다. 희망은 미래의 경험에 기초한다. 그리고 당신은 어떤 일이 미래에 다시 일어날 것이라는 믿음에 어느 정도 의존해야 한다.[8] 당신이 대출금을 갚는 이유는 돈이 진짜이고, 대출금이 진짜이며, 은행이 진짜라고 믿기 때문이다.[9] 아이들에게 숙제하라고 말하는 이유는 교육이 중요하고, 교육을 통해 더 행복하고 건강한 성인이 될 수 있다고 믿기 때문이다. 당신은 행복이 존재하고 행복해지는 게 가능하다고 믿는다. 장수가 가치 있다고 믿기에 무탈하고 건강하게 지내려고 애쓴다. 사랑이 중요하고, 직업이 중요하고, 이 모든 것이 중요하다고 믿는다.

　그러므로 무신론자 같은 건 없다. 뭐, 그렇다고 할 수 있다. '무신론자'가 무엇을 의미하느냐에 따라 다르다.[10] 내 말은 모든 사람이 무언가가 중요하다고 굳게 믿어야 한다는 거다. 설령 허무주의자라 하더라도 중요한 것은 아무것도 없다고 굳게 믿는 것이다.

그러니까, 결국, 다 믿음이다.[11]

그렇다면 중요한 질문은 이것이다. 무엇을 믿을 것인가? 무엇을 믿기로 선택할 것인가?

감정 뇌가 무엇을 최고 가치로 채택하든 가치 위계의 맨 꼭대기에 있는 것은 일종의 렌즈가 된다. 우리는 그것을 통해 다른 모든 가치를 해석한다.

이 최고 가치를 '신적 가치'라고 하자.[12] 어떤 사람들의 신적 가치는 돈이다. 이들은 다른 모든 것(가족, 사랑, 위신, 정치)을 돈이라는 프리즘을 통해 본다. 이들의 가족은 그가 돈을 충분히 벌 경우에만 그를 사랑할 것이다. 이들은 돈이 있을 경우에만 존중받을 것이다. 갈등, 좌절, 질투, 불안 등 이 모든 것이 돈으로 압축된다.[13]

또 다른 사람들의 신적 가치는 사랑이다. 이들은 다른 모든 가치를 사랑이라는 프리즘을 통해 본다. 이들은 모든 형태의 갈등에 반대한다. 사람들을 갈라놓고 분열시키는 모든 것에 반대한다. 많은 사람이 예수 그리스도, 무함마드, 부처를 신적 가치로 채택한다. 이들은 영적 지도자의 가르침이라는 프리즘을 통해 모든 경험을 해석한다.

어떤 사람들은 자기 자신을 신적 가치로 둔다. 더 정확히 말하면, 자신의 쾌락과 권한이다. 이들의 종교는 권력과 재산의 자기 확대다.[14] 이들은 자신의 우월함과 자격을 믿는 나르시시스트이다.

누군가의 신적 가치는 다른 사람이다. 이것은 '상호 의존'이라 불린다.[15] 이들은 다른 사람과의 관계에서 희망을 얻고 그 사람을 위해 자신과 자신의 이익을 희생한다. 그리고 자신이 신으로 모시는 그 사람을 기쁘게 해 주기 위해 모든 것을 결정하고 생각한다. 예상했 겠지만, 이들은 자아도취자, 나르시시스트와 엉망진창인 관계를 맺 게 된다. 자아도취자의 신적 가치는 자신이고, 그에게 의존하는 사 람의 신적 가치는 자아도취자를 고치고 구원하는 것이다. 그래서 이들의 관계는 심각하게 병들고 엉망인 상태로 진행된다.

모든 종교는 믿음에 기초한 신적 가치에서 출발해야 한다. 그게 무엇인지는 중요하지 않다. 고양이를 숭배하는 것, 감세를 믿는 것, 아이들을 집 밖으로 내보내지 않는 것 등 그게 무엇이든 좋다. 당신 이 믿는 가치, 그것이 최고의 미래를 낳을 것이고 희망을 준다는 믿 음에 기초하라. 우리는 그 가치를 중심으로 다른 모든 가치를 구성 한다. 그 믿음을 구현하는 활동, 그것을 뒷받침하는 생각, 그리고 무 엇보다 그것을 공유하는 공동체를 찾는다.

이쯤에서 좀 더 과학적으로 사고하는 몇몇 독자는 이렇게 지적할 것이다. 사실이라는 것이 존재하고, 사실이 존재한다는 것을 증명하 는 충분한 증거가 있다. 그렇다면 어떤 것이 진짜라는 걸 알기 위해 우리가 믿음을 가질 필요는 없다고.

좋다. 하지만 증거는 아무것도 바꾸지 못한다. 증거는 생각 뇌에 속하지만, 가치관을 결정하는 건 감정 뇌다. 가치관은 입증할 수 없 다. 가치관은 정의상 주관적이고 자의적이다. 그러므로 얼굴이 벌게 질 때까지 사실에 관해 논증할 수 있지만, 궁극적으로 그건 중요하 지 않다. 사람들은 경험의 의미를 가치관을 통해 이해할 뿐이다.[16]

운석이 도시를 강타해서 주민의 절반이 죽는 사고가 일어났다고 해 보자. 극도로 종교적인 사람은 이런 일이 생긴 건 도시가 죄인으로 가득하기 때문이라고 할 것이다. 무신론자는 이건 신이 존재하지 않는다는 증거라고 말하면서(이 또한 종교적 믿음이다), 자애롭고 전능한 존재가 어떻게 그런 끔찍한 일이 생기게 내버려 둘 수 있느냐고 할 것이다. 쾌락주의자는 우리 모두 언제든 죽을 수 있으니 파티를 하는 게 훨씬 더 합리적이라고 판단할 것이다. 자본주의자는 운석 방어 기술에 어떻게 투심할지를 고심할 것이고.

증거는 신적 가치의 이익에 기여한다. 그 반대가 아니다. 이 질서의 유일한 허점은 증거 자체가 신적 가치가 되는 것이다. 증거 숭배를 중심으로 형성된 종교가 '과학'이다. 그것은 틀림없이 우리가 하나의 종으로서 얻은 최고의 성취일 것이다. 하지만 우리는 다음 장에서 과학과 그로 인한 파문에 도달할 것이다.

내 말의 요점은 모든 가치관이 종교적 믿음이라는 것이다. 그러므로 (모든 종교를 비롯한) 모든 희망 역시 믿음, 즉 어떤 것이 중요하고 가치 있고 옳을 수 있다는 믿음에 기초한다. 비록 그 믿음을 의심의 여지 없이 입증할 방법은 결코 없으리라는 사실에도 불구하고 그렇다.

우리의 목적을 위해, 각기 다른 종류의 신적 가치에 기초한 세 가지 유형의 종교, 즉 영적 종교, 이념 종교, 대인 관계 종교를 다음과 같이 정의한다.

첫째, 영적 종교는 초자연적 힘에 대한 믿음으로부터 희망을 끌어낸다. 즉 물리적이거나 물리적인 영역 밖에 존재하는 것에 대한 믿음이다. 이 종교는 이 세상과 이번 생의 밖에서 더 나은 미래를 찾는다. 기독교와 이슬람교, 유대교, 애니미즘, 그리스 신화 등이 영적 종교의 예다.

둘째, 이념 종교는 자연계에서 희망을 끌어낸다. 이들은 이 세상과 이번 생의 안에서 구원과 성장을 찾고 종교적 믿음을 발달시킨다. 예를 들면, 자본주의와 공산주의, 환경 보호주의, 자유주의, 파시즘, 자유 지상주의 등이 있다.

마지막으로, 대인 관계 종교는 우리 삶 속의 다른 사람들로부터 희망을 끌어낸다. 대인 관계 종교의 예로는 낭만적 사랑과 자식, 스포츠 영웅, 정치 지도자, 유명인 등이 있다.

영적 종교는 위험도가 높고 보상이 크다. 이것을 시작하려면 단연코 최고의 기술과 카리스마가 있어야 한다. 하지만 한편으로 추종자 충성도와 이익의 측면에서 최고의 성과를 낸다. (바티칸을 본 적이 있나? 하나님 맙소사.) 제대로 설립하면, 당신이 죽은 뒤에도 길이 남을 것이다.

이념 종교는 종교 형성 게임을 '어려움 난도'에서 플레이한다. 이 종교를 창조하려면 손이 많이 가고 공이 많이 들지만, 이념 종교는 꽤 흔하다. 하지만 너무 흔하기 때문에 사람들에게 희망을 주기 위한 경쟁이 치열하다. 이는 종종 문화적 '유행'으로 표현되기도 하며, 실제로 몇 년이나 몇십 년 이상을 견디는 건 소수다. 오직 최고만이 여러 세기를 버틴다.

대인 관계 종교는 종교 형성 게임을 '쉬움' 모드로 플레이한다. 대인 관계 종교는 사람들만큼 흔하기 때문이다. 거의 모든 사람이 인생의 어느 시점에서 자신과 자신의 자존감을 다른 사람에게 완전히 내준다. 우리는 대인 관계 종교를 때때로 사춘기의 순진무구한 사랑으로 경험하며, 이것은 성장해서 그로부터 벗어나기 전에 감내해야 하는 유형의 똥이다.

영적 종교에서 시작하자. 판돈이 가장 크고, 인류 역사에서 가장 중요한 종교인 건 틀림없으니까 말이다.

영적 종교

초기 인류 문화의 이교적이고 동물적인 의식에서부터 고대의 이교도 신을 거쳐 오늘날에 여전히 존재하는 거창한 일신교에 이르기까지, 인류 역사 대부분 초자연적 힘에 대한 믿음이 이어져 왔다. 그리고 무엇보다 이번 생에서의 특정 행동과 믿음은 다음 생에서의 보상과 향상으로 이어질 것이라고 희망해 왔다.

다음 생에 대한 이런 집착이 발달한 이유는 대부분의 인류 역사에서 모든 것이 엉망진창이었고, 인구의 99퍼센트가 자신의 삶에서 물질적인 향상에 대한 희망을 이루지 못했기 때문이다. 오늘날의 상황이 나쁘다고 생각한다면, 유럽 전 대륙에서 인구의 3분의 1을 없애 버린 전염병[17]과 수많은 어린이를 노예로 팔아넘긴 전쟁을 떠올려 보라.[18]

사실, 옛날에는 상황이 너무 나빠서 모든 사람이 제정신을 유지할 수 있게 해 줄 유일한 방법은 사후 세계의 희망을 약속하는 것뿐이었다. 대중에게 그들의 고통은 유의미하고, 신이 지켜보고 있으며, 적절한 때에 보상을 받을 것이라고 약속했다. 그렇게 함으로써 구식 종교는 사회 구조를 유지했다.

혹시 모를까 봐 하는 말인데, 영적 종교는 믿기 힘들 만큼 회복력이 탁월하다. 수천 년까지는 아니더라도 수백 년은 지속된다. 그 이유는 초자연적 믿음은 절대로 증명되거나 반증되지 않기 때문이다. 그러므로 일단 어떤 초자연적 믿음이 누군가의 신적 가치로 자리 잡으면, 그걸 몰아내기는 거의 불가능하다.

영적 종교가 강력한 또 다른 이유는 흔히 죽음을 통해서 희망을 북돋우기 때문이다. 여기에는 많은 사람이 자신의 증명할 수 없는 믿음을 위해 기꺼이 목숨을 바치게 하는 난감한 부작용이 따른다. 그래서 다른 것과 비교가 안 된다.

이념 종교

이념 종교는 대중이 특정 행동을 채택할 경우에만 이번 생에서 더 나은 결과를 낳을 것이라는 믿음의 네트워크를 구성함으로써 희망을 만들어 낸다. 이념은 일반적으로 '주의(ism)'다. 자유 지상주의, 민족주의, 물질주의, 인종 차별주의, 성차별주의, 채식주의, 공산주의, 자본주의, 사회주의, 파시즘, 냉소주의, 회의주의. 이념은 영적 종교와는 달라서 정도는 다양해도 검증할 수 있다. 중앙은행이 금융 시스템을 좀 더 안정적으로 만드는지, 민주주의가 사회를 더 공정하게 만드는지, 교육이 서로를 덜 난도질하게 만드는지 여부를 이론적인 실험을 통해 확인할 수 있다. 하지만 어떤 면에서 보면 대부분의 이념이 여전히 믿음에 의존한다. 여기에는 두 가지 이유가 있다. 첫 번째 이유는 어떤 이념은 불가능하지는 않더라도 검증하기가 엄청나게 어렵기 때문이다. 두 번째 이유는 대부분의 이념이 모든 사람이 같은 믿음을 공유하는 것에 의존하기 때문이다.

예를 들어, 돈이 본질적으로 가치가 있다는 걸 과학적으로 증명할 수는 없다. 하지만 우리 모두 그렇다고 믿고, 그래서 가치가 있다.[19] 국적이 허구가 아니라 진짜라는 것 또는 대부분의 민족이 존재한다는 것조차도 증명할 수 없다.[20] 이 모든 것이 우리가 그대로 받아들이는 사회적으로 구성된 믿음이다.

증거와 이념의 문제는 인간이 일부 증거를 선택해서 받아들이는 경향이 있고 몇몇 단순한 생각을 전체 인구와 지구로 일반화한다는 것이다.[21] 이것이 우리 인간에게 작용하는 자아도취다. 즉 우리는 자만심을 만들어 내려는 욕구가 있고, 우리의 감정 뇌는 미쳐 날뛴다. 그래서 이념이 증거와 검증의 대상임에도, 우리는 이념을 검증하는 데 별로 능하지 않다.[22] 인간의 속성은 방대하고 복잡해서 우리 뇌는 그것을 전부 받아들이는 데 어려움을 겪는다. 너무 많은 변수가 존재한다. 그래서 우리의 생각 뇌는 어쩔 수 없이 다른 형편없는 믿음을 유지하기 위해 지름길을 택한다. 인종 차별주의나 성차별주의 같은 나쁜 이념이 지속되는 건 악의보다 무지 탓이 훨씬 더 크다. 그리고 사람들이 그런 나쁜 이념을 고수하는 이유는 슬프게도 그것이 신봉자에게 희망을 어느 정도 제공하기 때문이다.

왜 모든 것이 엉망인지에 관해 합리적인 설명을 찾아내라. 그리고 사람들에게 희망을 주는 방식을 광범위한 인구로부터 추론하라. 짜잔! 이념 종교는 당신의 것이다. 당신이 스무 살이 넘었다면 분명히 지금까지 그런 일을 몇 번이나 목격했을 것이다. 내가 살아오는 동안 성 소수자, 줄기세포 연구, 약물 사용 합법화를 지지하는 운동이 있었다. 오늘날 전통주의와 민족주의, 포퓰리즘 이념이 전 세계의 많은 지역에서 정치적 힘을 획득하고 있다. 많은 사람이 분노를 터뜨리는 건 이런 이념이 20세기 후반의 신자유주의와 세계주의, 여성주의, 환경 보호주의가 성취한 많은 것을 해체하려 한다는 사실 때문이다.

대인 관계 종교

일요일마다 수백만 명이 모여서 텅 빈 녹색 잔디밭을 바라본다. 잔디밭 위에는 하얀 선이 칠해져 있다. 수백만 명이 하나같이 이 선이 중요한 무언가를 의미한다고 (굳게) 믿는다. 그때, 수십 명의 힘센 남성(또는 여성)이 잔디밭으로 터벅터벅 들어와서 제멋대로인 것처럼 보이는 대형으로 정렬한 다음 가죽 공을 던지거나 찬다. 이 가죽 공이 언제 어디로 가느냐에 따라, 한 무리의 사람은 환호하고, 다른 한 무리의 사람은 길길이 날뛴다.

스포츠는 일종의 종교다. 스포츠는 사람들에게 희망을 주기 위해 임의로 고안된 가치 체계다. 공을 여기로 차면 당신은 영웅이고, 공을 저기로 차면 당신은 패배자다. 스포츠의 세계에서 누군가는 신이 되고, 다른 누군가는 악마가 된다. 테드 윌리엄스는 야구 역사상 최고의 타자다. 그러므로 일부 사람들에게 그는 미국의 영웅이자 우상이고 롤 모델이다. 반면 다른 운동선수들은 열심히 했으나 실력이 모자랐고, 재능을 낭비했고, 팬을 배신했다는 이유로 악마로 치부된다.[23]

하지만 여기 스포츠보다 훨씬 더 웅장한 대인 관계 종교의 예가 있다. 그것은 바로 정치다. 전 세계적으로 사람들은 비슷한 가치관 아래 모여서 소수의 사람에게 지휘권과 통솔력, 덕을 수여하기로 결정한다.

축구장 위의 선처럼 정치 체계도 전적으로 만들어진 것이다. 권력의 자리는 오직 국민의 믿음 덕분에 존재한다. 민주 국가든 독재 국가든 결과는 같다. 소수의 지도자 집단이 사회적 의식에서 우상화되거나 악마가 된다.[24]

대인 관계 종교는 한 개인 혹은 어떤 집단이 다른 누구보다 우월하다는 믿음 아래 다른 사람이 우리에게 구원과 행복을 가져다줄 것이라는 희망을 준다. 대인 관계 종교는 때때로 다른 믿음과 결합해서 사회에서 버림받은 자, 순교자, 영웅, 성자를 낳는다. 많은 대인 관계 종교가 지도자를 중심으로 발달한다. 우리가 겪는 모든 것을 이해하는 듯 보이는 카리스마 넘치는 대통령이나 유명인은 우리 눈에 신적 가치 수준에 다가갈 수 있는 것처럼 보인다. 우리가 옳다고 믿는 많은 것이 이 지도자라는 필터를 통해 걸러진다.

팬덤은 대체로 낮은 수준의 종교다. 윌 스미스나 테일러 스위프트 혹은 일론 머스크의 팬은 그 사람이 하는 모든 것을 따라 한다. 어떤 식으로든 그를 신성시하거나 올바른 사람으로 보고, 그가 하는 모든 말에 매달린다. 이런 인물에 대한 숭배는 단지 영화나 노래처럼 단순한 형태라 할지라도 팬들에게 더 나은 미래에 대한 희망을 심어 준다.

하지만 이 대인 관계 종교의 가장 중요한 부분이 남았다. 바로 가족 혹은 낭만적 관계다. 이런 관계에 관련된 믿음과 감정은 자연에서 진화하는 것이지만, 그래도 마찬가지로 종교적인 것이다.[25] 각각의 가족은 작은 교회다. 이 집단의 일원이라는 것이 자신의 삶에 의미와 희망, 구원을 가져다주리라고 믿는 사람으로 이루어진 집단이다. 낭만적 사랑은 당연히 영적 경험과 유사할 수 있다.[26] 우리는 누군가에게 반해서 그 관계의 우주적 의미에 관한 온갖 이야기를 지어낸다.

좋건 나쁘건, 현대 문명은 우리를 이런 작은 대인 관계 종교와 부족으로부터 멀어지게 했고, 그것을 거대한 민족주의와 국제주의 이념 종교로 대체하게 했다.[27] 이것은 종교 개발자인 당신과 나에게 좋은 소식이다. 추종자들이 우리에게 감정적으로 애착을 느끼게 하기 위해서 뚫고 나가야 할 친밀한 유대가 많지 않기 때문이다. 왜냐하면, 앞으로 보게 되겠지만, 종교는 감정적 애착이 전부이기 때문이다. 그리고 그런 애착을 형성하는 최고의 방법은 사람들이 비판적으로 생각하는 걸 막는 것이다.

3단계 모든 비판과 외부의 질문을 무력화하라

이제 당신의 신생 종교는 믿음의 핵심 교리를 갖췄다. 필요한 건 그 믿음을 피할 수 없는 비판으로부터 보호할 방법을 찾는 것이다. 그 비결은 이분법을 만들어 내는 믿음을 채택하는 것이다. '우리'를 비판하거나 문제 삼는 사람은 누구든지 '그들'이 되는 방식으로 말이다. 어렵게 들리지만 사실 상당히 쉬운 일이다. 여기 몇 가지 예가 있다.

- 전쟁을 지지하지 않으면 테러리스트를 지지하는 것이다.
- 신은 신에 대한 우리의 믿음을 시험하기 위해 과학을 창조했다. 그러므로 《성서》와 모순되는 것은 무엇이든 신에 대한 우리의 믿음을 시험하는 것에 지나지 않는다.
- 여성주의를 비판하는 사람은 전부 성차별주의자다.
- 자본주의를 비판하는 사람은 전부 공산주의자다.
- 대통령을 비판하는 사람은 전부 반역자다.
- 코비 브라이언트가 마이클 조던보다 낫다고 생각하는 사람은 전부 농구를 이해하지 못하는 사람이다. 그러므로 농구에 관한 그들의 의견은 전부 부당하다.

이와 같은 엉터리 이분법의 요점은 추종자가 자신의 믿음에 관해 의문을 품기 전에 어떤 추론이나 논의의 싹을 잘라 버리는 것이다. 이런 거짓된 '우리 대 그들' 이분법은 언제나 해당 집단에 공동의 적을 제공한다는 추가적인 이점이 있다.

공동의 적은 엄청나게 중요하다. 우리 모두 완벽한 평화와 화합의 세계에서 살아가기를 원하겠지만, 솔직히 그런 세계는 단 몇 분도 지속될 수 없을 것이다. 공동의 적은 종교 안에서 결속을 다질 수 있게 만들어 준다. 정당하든 정당하지 않든 일종의 희생양은 고통에 대한 책임을 전가하고 희망을 유지하기 위해 필수적인 존재다. 우리 대 그들 이분법은 우리 모두 간절히 열망하는 적을 제공한다.

어찌 됐건, 당신은 추종자를 위해 아주 단순한 그림을 그릴 수 있어야 한다. '그것'을 받아들이는 사람이 있고, 받아들이지 않는 사람이 있다. 그것을 받아들이는 사람은 세상을 구할 것이다. 그것을 받아들이지 않는 사람은 세상을 파괴할 것이다. 끝이다. '그것'이 무엇인지는 당신이 팔고 싶은 믿음에 달려 있다. 예수, 무함마드, 자유지상주의, 글루텐 없는 식단, 간헐적 단식, 막대 아이스크림을 주식으로 먹기 등등. 또한 추종자에게 불신자는 나쁘다고 말하는 것으로는 충분치 않다. 그들을 악마로 묘사해야만 한다. 그들은 좋고 신성한 모든 것을 몰락시키는 원인이다. 그들은 모든 것을 파멸시킨다. 그들은 빌어먹을 악마다.

그런 다음 당신은 추종자에게 '그것'을 받아들이지 않는 모든 사람을 막는 일이 가장 중요하다는 사실을 무조건 납득시켜야 한다. 사람들은 가치 위계의 꼭대기 근처에 있거나 바닥에 있거나 둘 중 하나다. 우리 종교에 중간은 없다.[28]

두려워할수록 좋다. 필요하다면 거짓말을 좀 보태라. 명심하라. 사람들은 본능적으로 자신이 성스러운 전쟁을 벌이고 있다고 느끼길 원한다. 즉 자신이 정의와 진실과 구원의 신성한 전사라고 믿길 원한다. 그러니 해야 하는 말이 있다면 뭐든 하라. 종교를 지속시키기 위해 그들이 독선에 빠지도록 하라.

여기서 음모 이론이 쓸모가 있다. 음모 이론은 백신이 자폐증을 야기한다는 것에 그치지 않고, 의료와 제약 산업이 모든 사람의 가족을 파괴함으로써 부자가 된다고 말한다. 낙태 합법화를 주장하는 사람들을 태아의 생물학적 지위에 관한 상이한 견해를 가진 사람들이 아닌, 사탄이 선량한 기독교 가정을 파괴하기 위해 보낸 병사라고 주장한다. 기후 변화가 거짓말이라는 것에 그치지 않고, 그건 중

국 정부가 미국 경제를 둔화시키고 세계를 장악하기 위해 만들어 낸 거짓말이라고 말한다.[29]

4단계 바보를 위한 희생 의식을 만들라

텍사스에서 성장하는 동안에는 예수와 미식축구가 최고의 신이었다. 미식축구는 실력이 형편없었음에도 즐기는 법을 알게 됐지만, 예수와 관련된 건 뭐든 전혀 말이 되지 않는 것 같았다. 예수님은 살아 계시다가 돌아가셨고, 나중에 다시 살아나셨다가 또 돌아가셨다. 인간이면서 신이기도 했고, 지금은 모든 사람을 영원히 사랑하시는 일종의 인간-신-영혼이다(사람에 따라서 예외적으로 동성애자는 사랑하시지 않는다고 할 수도 있다). 이 모든 것이 좀 제멋대로인 듯싶었고, 뭐랄까, 그냥 사람들이 지어낸 거짓말 같다는 느낌이 들었다.

오해하지 말라. 나는 그리스도의 도덕적 가르침을 대부분 지지한다. 착하게 살고 네 이웃을 사랑하라 등등을 말이다. 청년부 활동은 실제로 굉장히 즐거웠다. (예수 캠프는 역대 여름 활동 중 가장 과소평가되는 활동일 것이다.) 게다가 교회는 보통 일요일 아침마다 어딘가에 공짜 쿠키를 숨겨 놓았는데, 아이들에게 이건 신나는 일이었다.

하지만 솔직히 말하자면, 나는 기독교인이라는 게 싫었다. 부모님이 내게 조잡한 옷을 입으라고 했기 때문이다. 아주 어이없는 이유였다. 나는 어린이 멜빵과 나비넥타이 때문에 열두 살의 나이에 가족의 믿음에 이의를 제기하고 무신론자가 됐다.

아빠에게 이렇게 질문한 게 기억난다.

"하나님이 이미 모든 것을 다 알고 어떤 일이 있어도 나를 사랑하신다면, 왜 내가 일요일에 무엇을 입는지에 신경을 쓰시죠?"

아빠는 "쉿, 조용히 해"라고 말했다.

"하지만 아빠, 하나님이 우리가 무슨 죄를 짓든지 용서해 주신다면, 그냥 늘 거짓말하고 속이고 도둑질하면 안 돼요?"

또다시 쉿.

"하지만 아빠……."

내게 교회 일은 잘 풀리지 않았다. 나는 머리에 피가 마르기도 전에 교회 학교에 록 밴드 나인 인치 네일스의 티셔츠를 몰래 입고 갔고, 몇 년 뒤에는 니체의 책을 붙들고 씨름했다. 거기서부터는 악화일로였다. 나는 엇나가기 시작했다. 교회 학교를 빼먹고 인근 주차장에서 담배를 피웠다. 그걸로 끝이었다. 나는 작은 불신자였다.

공개 질의와 회의주의가 너무 심해지자 결국 교회 학교 교사는 어느 날 아침 나를 데리고 가서 협상을 했다. 내가 다른 학생들 앞에서 《성서》의 논리적 모순에 관해 질문하는 것을 그만두면 주일 수업에서 만점을 주고 부모님께 내가 모범적인 학생이라고 말해 주겠다는 것이었다. 나는 제안을 받아들였다.

아마 내가 이렇게 말해도 당신은 놀라지 않을 것 같은데, 나는 별로 영적인 사람이 아니다. 초자연적 믿음? 사양하겠다. 나는 혼돈과 불확실성으로부터 병적인 즐거움을 얻는다. 그래서 유감스럽게도 불편한 진실과 씨름하는 삶을 살아야 한다. 하지만 나는 나의 이런 면을 받아들였다.

그런데 나이가 들고 보니 옷을 차려입고 교회에 가는 것이 이해가 된다. 당시에는 몰랐지만, 그건 부모님(또는 하나님)이 나를 못살게 구는 것이 아니었다. 그건 존중에 대한 문제였다. 하나님이 아니라, 공동체와 종교에 대한 존중 말이다. 일요일에 옷을 차려입는 행동은 다른 신자들에게 '이 예배는 중요한 일이다'라는 신호를 보내는 것이다. 그건 '우리 대 그들' 역학의 일부다. 너는 '우리'니까 그렇게 대접받아야 한다는 신호를 보내는 것이다.

그리고 예복이 있다……. 인생에서 가장 중요한 순간에는 언제나 예복을 입은 누군가가 함께한다는 것을 눈치챘나? 결혼식, 졸업식, 장례식, 법정 심리, 법관 청문회, 심장 수술, 세례, 그리고 심지어 교회 설교에서도 예복을 입는다.

예복을 처음 인식한 건 대학을 졸업할 때였다. 나는 술이 덜 깨고 세 시간밖에 못 잔 상태로 졸업식장에서 비틀거리며 내 자리를 찾아가고 있었다. 주위를 둘러보며 생각했다.

'하나님 맙소사, 이렇게 많은 사람이 한 장소에서 예복을 입고 있는 모습을 보는 건 교회에 다니던 때 이후 처음이네.'

그런데 그때 아래를 내려다보니, 웬걸, 나도 그들 중 하나였다.

예복, 즉 신분과 중요성을 나타내는 시각적 신호는 의식의 일부다. 우리에게 의식이 필요한 이유는 의식이 우리의 가치관을 구체적인 것으로 만들어 주기 때문이다. 뭔가를 가치 있게 여기는 방법을 나름대로 생각해 내는 건 불가능하다. 가치관대로 살아야 한다. 가치관을 경험해야 한다. 그리고 귀여운 옷을 입히고 중요한 것처럼 들리는 말을 하는 것은 가치관을 경험하고 가치관대로 살게 하는 손쉬운 방법의 하나다. 한마디로 의식을 제공하는 것이다. 우리가 중요하게 여기는 것을 시각적인 경험으로 나타내는 것, 그것이 의식이다. 모든 잘나가는 종교에 의식이 있는 건 이 때문이다.

감정이 곧 행동이라는 점을 기억하라. 둘은 동일하다. 그러므로 감정 뇌의 가치 위계를 바꾸거나 강화하려면, 쉽게 반복할 수 있으면서도 쉽게 알아볼 수 있는 독특한 행동이 필요하다. 여기서 의식이 도입된다.

의식은 오랜 시간에 걸쳐 반복되도록 고안된다. 이것이 의식에 중요성을 부여해 준다. 하지만 사람들이 500년 전과 똑같은 의식을 치르는 경우는 흔치 않다. 그건 생각조차 하기 싫은 일이다. 또한 의식은 상징적이다. 의식은 가치관으로서 어떤 이야기나 서사를 구현해야 한다. 교회에서는 예복을 입은 사람들이 빵을 와인(또는 포도 주스)에 찍어서 한 무리의 사람에게 먹임으로써 그리스도의 몸을 나타낸다. 이 상징은 그리스도가 희생(그는 희생할 이유가 없었다!)해서 우리를 구원한 것(우리는 구원받을 자격이 없다. 하지만 그래서 강력하다!)을 의미한다.

국가는 건국 또는 승리하거나 패배한 전쟁을 중심으로 의식을 만든다. 우리는 행진하며 깃발을 흔들고 불꽃놀이를 하며 이 모든 것이 가치 있고 훌륭한 무엇이라는 인식을 공유한다. 부부는 둘만 아는 농담, 작은 의식과 습관을 만든다. 이 모든 것은 부부 관계의 가치와 둘만의 대인 관계 종교를 확인해 준다. 의식은 우리를 과거와 연결해 준다. 우리를 가치관과 연결해 주고 우리가 누구인지를 확인해 준다.

의식은 보통 희생에 대한 것이다. 옛날에는 제사장과 족장이 실제로 제단에서 사람을 죽이고, 때로는 펄떡거리는 심장을 꺼내고, 사

람들은 소리를 지르고 북을 치며 온갖 미친 짓을 다 하곤 했다.[30]

이런 희생이 행해진 이유는 화난 신을 달래거나, 풍년을 기원하거나, 다수의 다른 바람직한 결과를 불러오기 위해서였다. 하지만 희생 의식을 치르는 진정한 이유는 이보다 심오한 것이었다.

인간은 사실 끔찍할 정도로 죄의식에 시달리는 존재다. 예를 들어, 당신이 지갑을 주웠는데 안에 100달러가 있고 신분증이나 소유자에 대한 어떤 정보도 없다고 해 보자. 주위에 아무도 없고, 주인을 찾아 줄 만한 단서도 없어서 당신은 지갑을 갖는다. 뉴턴의 첫 번째 감정 법칙에 따르면, 모든 행동은 크기가 동일하고 방향은 반대인 감정적 반응을 낳는다. 이 경우, 뭔가 좋은 일이 일어났는데 당신은 그에 대한 자격이 없다. 이건 죄의식을 알리는 신호다.

이번에는 이렇게 생각해 보자. 당신은 존재한다. 그런데 당신은 존재할 자격을 얻을 만한 일을 전혀 하지 않았다. 당신은 심지어 왜 당신이 존재하기 시작했는지조차 모른다. 그냥 존재하기 시작했다. 펑, 당신은 생명을 얻는다. 당신은 그것이 어디에서 왔는지, 왜 왔는지 전혀 모른다. 하나님이 당신에게 생명을 줬다고 믿는다면, 하나님 맙소사! 당신은 그에게 엄청난 신세를 졌다! 하지만 하나님을 믿지 않는다고 해도, 빌어먹을, 당신은 생명이라는 축복을 받았다! 그 자격을 얻기 위해 당신은 여태까지 뭘 했나? 어떻게 하면 삶을 가치 있는 방식으로 살아갈 수 있을까? 이것은 인간의 조건에 관해 끊임없이 제기되지만 답할 수 없는 질문이다. 본질적인 죄의식이 거의 모든 영적 종교의 주춧돌인 이유다.

고대의 영적 종교에 등장하는 희생이 생겨난 것은 이 때문이었다.

빛을 갚는다는 느낌, 그만큼 가치 있는 삶을 산다는 느낌을 신봉자에게 주기 위해서였다. 옛날에는 한 생명을 위해 한 생명을 희생시켰겠지만, 결국 사람들은 머리가 커지면서 깨달았다. 예수든 누구든 한 생명을 상징적으로 희생시켜서 온 인류를 구원할 수 있다는 것이었다. 그렇게 해서 이틀에 한 번씩 제단에서 피를 닦아 낼 필요가 없어졌다.[31]

종교 관례는 대체로 죄의식을 완화하기 위해 발달했다. 사실상 모든 기도가 죄의식을 완화하는 작은 예라고 해도 과언이 아니다. 하나님에게 '저는 진짜 멋져요!'라고 말하기 위해 기도를 하지는 않는다. 기도는 감사 일기가 생기기 전의 감사 일기라고 할 수 있다.

'하나님, 저의 존재를 허락해 주셔서 감사합니다. 가끔은 저라는 존재가 짜증 나기는 하지만요. 저는 온갖 불경한 일을 생각하고 행했습니다. 죄송합니다.'

펑! 잠시나마 죄의식을 면제받는다.

이념 종교는 영적 종교보다 죄의식 문제를 훨씬 더 효율적으로 다룬다. 국가는 사람들의 실존적 죄의식을 복무로 향하게 한다.

'우리나라가 너에게 이런 기회를 제공했으니 제복을 입고 나라를 지키기 위해 싸워라.'

우익 이념은 일반적으로 불가피한 희생을 국가와 가족을 지킨다는 관점에서 바라본다. 좌익 이념은 일반적으로 불가피한 희생을 모든 사회의 더 큰 이익을 위한 포기로 본다.

마지막으로, 대인 관계 종교에서 자기희생은 낭만과 충성심을 불러일으킨다. (결혼을 생각해 보라. 제단에 서서 일생을 다른 사람에게 바치겠다고 약속하는 것 말이다.) 우리 모두 나는 사랑받을 자격이 있다는 의식으로 고심한다. 심지어 부모가 아주 훌륭한 분일 경우에도, 때로는 다음과 같은 것을 궁금해한다.

'왜 나를? 내가 뭘 어쨌다고?'

대인 관계 종교는 사랑받을 자격이 있다고 느끼게 하기 위해 고안된 온갖 종류의 의식과 희생을 갖추고 있다. 반지, 선물, 기념일, 내가 화장실 밖에 실례했을 때 바닥에 묻은 소변 닦아 주기 등등. 이 작은 것들이 모여서 하나의 큰 것이 된다. 고맙긴 뭘, 여보야.

5단계 천국을 약속하고 지옥을 줘라

여기까지 해냈다면, 당신은 추종자들을 모았다는 뜻이다. 친구와 가족의 목소리를 무시하며, 당신의 헛소리를 연구하는 사람들 말이다. 불편한 진실을 필사적으로 피하려고 하는 절망에 빠진 한 무리의 사람들을 모은 것이다.

이제 진지해질 시간이다.

종교의 매력은 추종자들에게 구원이나 깨달음, 세계 평화, 완벽한 행복 등을 약속할수록 그들은 더욱더 그 약속에 부응해서 살지 못하게 된다는 점이다. 그리고 그 약속에 부응해서 살지 못할수록 더욱더 자신을 탓하고 죄책감을 가질 것이다. 또 자신을 탓하고 죄책감을 가질수록 그것을 보상하기 위해 더욱더 당신이 하라는 대로 할 것이다.

어떤 사람들은 이것을 심리적 학대의 순환이라고 부를지도 모르겠지만, 재미없으니까 그런 용어는 사용하지 말자.

피라미드 조직이 이걸 아주 잘한다. 쓰레기 같은 인간에게서 원하지도 필요하지도 않은 한 묶음의 상품을 받은 뒤 다른 사람도 나와 똑같이 행동하게 해야 한다. 다른 사람을 그 조직에 등록해서 아무도 원하지도 필요하지도 않은 상품을 사고팔게 하는 것이다. 그런데 그렇게 잘되지 않는다.

그러면 당신은 명백한 사실(그 상품은 사기를 더 많이 치기 위해 사기에 사기를 치는 거대한 사기라는 것)을 인정하는 대신 자신을 탓한다. 왜냐하면 피라미드의 꼭대기에 있는 녀석은 페라리를 몰기 때문이다! 그리고 당신도 페라리를 원한다. 그렇다면 문제는 틀림없이 당신 아니겠는가.

다행히 페라리를 모는 녀석이 고맙게도 세미나를 여는 데 동의한다. 그곳에서 당신은 아무도 원하지 않는 쓰레기를 더 많은 사람에게 팔고, 또 더 많은 사람이 아무도 원하지 않는 쓰레기를 더 많은 사람에게 판다. 그리고 세미나에서 음악과 구호로 기합을 넣으며 '승자는 절대 포기하지 않는다. 패배자는 그저 안 된다고 믿는다'라는 이분법을 만들어 내고 당신은 의욕과 열정이 넘치는 상태로 세미나장을 나선다. 하지만 여전히 아무도 원하지 않는 쓰레기를 어떻게 팔아야 할지 모른다. 그리고 당신은 종교에 화를 내는 게 아니라 자기 자신에게 화를 낸다. 자신이 믿는 '돈'이라는 신적 가치가 얼마나 무분별한 것인지는 개의치 않고, 그 신적 가치에 부응하지 못한 자신을 탓한다.

이와 같은 자포자기의 순환이 온갖 영역에서 펼쳐진다. 건강과 다

이어트 계획, 정치적 행동주의, 자기 계발 세미나, 재무 계획, 휴일에 할머니 찾아뵙기 등등. 메시지는 언제나 같다. 더 많은 것을 할수록 당신은 더 많은 이야기를 듣게 된다. 최종적으로 약속한 만족을 얻기 위해 당신은 그것을 해야만 한다는 말이다. 하지만 만족은 절대 얻을 수 없다.

여기서 잠깐, 나쁜 소식이 있다. 인간의 고통은 두더지 잡기 게임과 비슷하다. 한 종류의 고통을 때려눕힐 때마다 또 다른 고통이 튀어나온다. 그리고 빠르게 칠수록 더 빠르게 튀어나온다.

고통은 나아질 수도 있고, 형태를 바꿀 수도 있으며, 덜 비극적일 수도 있다. 하지만 언제나 존재할 것이다. 고통은 우리의 일부다. 고통이 곧 우리다.

수많은 종교인이 두더지 잡기 게임의 고통을 완전히 때려눕힐 수 있다고 주장하며 많은 돈을 벌어들인다. 하지만 진실은 고통 두더지는 끝이 없다는 사실이다. 빠르게 때릴수록 녀석들은 더 빨리 튀어나온다. 그리고 종교 게임을 하는 얼간이들이 사업을 그렇게 오랫동안 지속하는 비결은 이렇다. 그들은 게임이 조작됐다는 것, 즉 인간의 본성이 근본적으로 고통을 낳도록 설계됐다는 점을 인정하는 대신, 게임에 이기지 못했다는 이유로 당신을 비난한다.

그보다 더 나쁜 건 막연하게 '그들'을 탓하는 것이다. '그들'을 없앨 수만 있으면, 모든 고통이 사라질 거야. 새끼손가락 걸고 약속할게. 하지만 이 역시 효과가 없다. 그저 한 집단의 고통을 다른 집단으로 전가하고 증폭할 뿐이다.

누군가 정말로 모든 문제를 해결할 수 있다면, 그들은 늦어도 다음 주 화요일쯤이면 장사를 접고 자리에서 물러나야 하기 때문이다. 지도자는 추종자가 끊임없이 불만을 느끼기를 원한다. 그게 리더십 사업에 도움이 되기 때문이다. 모든 것이 완벽하고 훌륭하다면 누군가를 따를 이유가 없다. 어떤 종교도 당신이 항상 더없는 행복과 평화를 느끼게 해 주지는 않는다. 어떤 국가도 완전히 공정하고 안전하게 느껴지지는 않는다. 어떤 정치 철학도 모든 사람의 문제를 항상 해결해 주지는 않는다. 진정한 평등은 결코 성취될 수 없다. 어딘가에서 누군가는 항상 골탕을 먹는다. 진정한 자유는 실재하지 않는다. 우리 모두 안정을 위해 어느 정도의 자율성을 희생할 것이 틀림없기 때문이다. 당신이 사람들을 아무리 사랑해도, 또는 사람들이 당신을 아무리 사랑해도, 단순히 존재한다는 이유로 느끼는 내적 죄의식으로부터 누구도 해방될 수 없다. 모든 것이 엉망진창이다. 전부 엉망진창이다. 과거에도 늘 그랬고 앞으로도 늘 그럴 것이다. 해결책은 없다. 오직 미봉책과 점진적인 개선, 다른 것보다 좀 더 나은 형태의 난장판이 있을 뿐이다. 이제는 그로부터 도망치는 것을 멈추고 대신 그것을 받아들일 때다.

이것이 엉망진창인 우리의 세계다. 그리고 우리는 그 안에 있는 엉망진창인 사람이다.

6단계 이익을 위해 예언하라

그래, 여기다. 당신은 끝까지 왔다. 당신에겐 자기 종교가 있고, 이제 그로부터 모든 이익을 취할 때가 됐다. 당신 대신 잔디를 깎아

주면서 돈을 내기까지 하는 소규모 추종 집단이 생겼으니 마침내 여태 바라 온 모든 것을 가질 수 있게 됐다!

외딴곳에 있는 거대한 토지를 원한다고? 추종자들에게 '오직 너희만이 그들을 위한 낙원을 건설할 수 있고 그것은 아주 먼 곳에 있어야 한다'고 말만 하라. 아, 그리고 돈도 내야 한다고.

권력과 명망을 원한다고? 당신에게 투표하라고 추종자들에게 말하라. 그보다 나은 방법도 있다. 폭력으로 정부를 전복하라고 하는 것이다. 당신이 일을 제대로 하면 그들은 당신을 위해 기꺼이 목숨을 버릴 것이다.

기회는 정말로 무궁무진하다.

이제 외로움은 없다. 관계 문제도, 재정적 어려움도 없다. 당신은 허황된 꿈을 이룰 수 있다. 수천 명의 희망과 꿈만 짓밟으면 그것을 이룰 수 있다.

그래, 친구여, 당신은 이것을 위해 열심히 노력해 왔다. 모든 이익을 취할 자격이 있다. 간섭하기 좋아하는 사회의 우려나 윤리에 관한 현학적인 논증 따위에 얽매이지 않고서 말이다. 이제 당신이 무엇이 윤리적인지 결정하기 때문이다. 그것이 당신이 종교를 시작할 때 하게 되는 것이다. 무엇이 옳은지, 누가 도덕적으로 올바른지 결정하는 것도 당신이다.

어쩌면 이 '종교 시작하기'라는 것 전체가 당신의 심기를 불편하게 할지도 모르겠다. 이런 소식을 전하긴 싫지만, 당신은 이미 한통속이다. 의식을 하든 못 하든 당신은 어떤 집단의 믿음과 가치관을 채택했고, 의식에 참여해서 제물을 바쳤으며, 우리와 그들 사이에

선을 긋고 지적으로 자신을 분리했다. 우리는 모두 이런 행동을 한다. 종교적 믿음과 그것을 구성하는 종족적 행동은 인간 본성의 근본적인 부분이다. 그걸 받아들이지 않는 것은 불가능하다. 당신이 종교를 멀리하고 논리와 이성을 사용한다고 생각한다면, 미안한 말이지만, 틀렸다. 당신은 우리 중 하나다.[32] 고등 교육을 받아 박식하다고 생각한다면, 유감스럽지만 그렇지 않다. 당신은 여전히 얼간이다.[33]

우리는 모두 뭔가를 믿어야 한다. 어딘가에서 가치를 찾아야 한다. 그게 우리가 심리적으로 살아남고 번영하는 방법이다. 그게 희망을 찾는 방법이다. 설령 더 나은 미래에 관한 선견지명이 있다고 해도 혼자 힘으로 해내기는 너무 힘들다. 어떤 꿈이든 실현하려면, 감정적인 이유에서도 논리적인 이유에서도, 지지해 주는 네트워크가 필요하다. 말 그대로 군대가 필요하다.

종교 이야기를 통해 표현되고 수천 또는 수백만 명이 공유하는 우리의 가치 위계는 일종의 다윈주의 경쟁으로 인간 시스템을 끌어들여 조직하고 추진한다. 종교는 이 세상에서 자원을 두고 경쟁한다. 노동과 자본을 가장 효율적으로 활용하는 가치 위계를 가진 종교가 승리한다. 그리고 승리하는 동안 점점 더 많은 사람이 승리한 종교의 가치 위계를 받아들이게 된다. 그들이 집단 내 개인에게 가장 중요한 가치를 보여 줬기 때문이다. 이렇게 승리한 종교는 이제 문화의 토대가 된다.[34]

하지만 문제가 있다. 종교가 메시지를 널리 퍼뜨리고 인간의 감정과 노력의 거대한 파도를 지배하기에 이르고 성공할 때마다 그 종교의 가치관이 변한다는 것이다. 이제 그 종교의 신적 가치는 처음에 그 종교를 이끈 원리로 구성되지 않는다. 그들의 신적 가치는 서서히 변화해서 그 종교 자체를 보존하는 것이 된다. 즉 그때까지 획득한 것을 잃지 않는 것이 된다.

그리고 여기서 부패가 시작된다. 종교와 운동, 혁명을 규정하던 본래의 가치관이 현상 유지를 위해 내쳐지면, 그것은 조직 수준에서의 자아도취다. 이런 식으로 예수에서 십자군으로, 마르크스주의에서 강제 수용소로, 결혼식장에서 이혼 법정으로 향하는 것이다. 종교의 본래 가치관이 이렇게 부패함에 따라 추종자가 떨어져 나가고, 그 결과 새롭고 반동적인 종교가 생겨나서 결국 원래의 종교를 정복한다. 그런 다음 전체 과정이 다시 시작된다.

이런 의미에서, 성공은 실패보다 여러모로 훨씬 더 위태롭다. 첫째는 얻는 것이 많을수록 잃어야 하는 게 많아지기 때문이고, 둘째는 잃는 게 많을수록 희망을 지키기가 더 힘들어지기 때문이다. 하지만 그보다 더 중요한 건 우리는 희망을 경험함으로써 희망을 잃는다는 사실이다. 우리는 완벽한 미래에 관한 우리의 멋진 상상이 그렇게 완벽하지 않다는 것, 우리의 꿈과 염원은 그 자체로 예상 밖의 결함과 뜻하지 않은 희생으로 가득하다는 것을 목격한다. 꿈을 진정으로 파괴할 수 있는 유일한 길은 꿈을 실현하는 것이기 때문이다.

1 조녀선 하이트는 이 현상을 '벌집 가설'이라고 부른다.

2 청소년의 뇌는 20대까지 잘 발달하며, 특히 실행 기능을 담당하는 영역이 그렇다.

3 정체성을 규정할 때 이 작업은 청소년과 젊은이에게 가장 중요한 프로젝트다.

4 내가 봤을 때 라로슈 같은 사람들은 의식적으로 착취하지 않는다. 라로슈 자신이 심리적으로 청소년 수준의 성숙도에 갇혀 있기 때문에 청소년의 이상을 추구하고 방황하는 다른 청소년의 관심을 끌었을 가능성이 크다. 6장을 참고하라.

5 여기 나오는 대화는 내 기억에 기초한 대략적인 것이다. 15년 전 일이라서 무슨 말을 했는지 정확히 기억나지는 않는다.

6 나는 세이건이 어디에서 이 말을 했는지 찾아봤는데, 알고 보니 인터넷에 떠도는 다른 인용문처럼 다른 사람이 한 말이었다. 그것도 세이건보다 50년이나 앞선 1940년에 발터 코치니히 교수가 이 말을 처음 한 것으로 보인다.

7 예수에 대해 흥미로운 점은 역사적 기록에 따르면, 그가 정치적 극단주의자로 시작해서 로마 제국의 이스라엘 점령에 반대하는 봉기를 이끌려고 시도했을 가능성이 크다는 것이다. 그의 이념 종교가 더 영적인 종교로 변화한 것은 그가 죽은 뒤의 일이다.

8 이 개념은 반증 가능성에 관한 카를 포퍼의 생각에서 비롯한 것이다. 포퍼는 데이비드 흄의 저술에 기초해서, 어떤 일이 과거에 아무리 많이 일어났다고 해도 그 일이 미래에 일어나리라는 것을 논리적으로 증명할 수는 없다고 주장했다. 태양이 수천 년 동안 매일 동쪽에서 떠서 서쪽에서 졌고 아무도 그와 반대되는 경험을 하지 못했다고 해도, 그것에 의해 태양이 내일 동쪽에서 뜨리라는 것이 증명되지는 않는다. 이것이 우리에게 말해 주는 바는 기껏해야 태양이 동쪽에서 뜰 확률이 압도적이라는 점이다. 포퍼는 우리가 알 수 있는 유일한 경험적 진리는 실험이 아니라 반증 가능성을 거친 것이라고 주장했다. 아무것도 증명될 수 없다. 오직 반증될 수 있을 뿐이다. 그러므로 태양이 동쪽에서 떠서 서쪽에서 지는 것처럼 일상적이고 분명한 것조차 어느 정도 믿음에 기초한다. 그 현상이 언제나 거의 확실히 일어날 것이라고 해도 말이다. 포퍼의 생각이 중요한 이유는 과학적 사실조차도

어느 정도 믿음에 의존한다는 것을 논리적으로 증명해 주기 때문이다. 실험을 백만 번 해서 매번 같은 결과를 얻을 수 있지만, 그렇다고 해서 백만한 번째에도 그 결과가 나올 것으로 증명된 것은 아니다. 어느 시점에서, 결과가 통계적으로 너무 유의미해서 그걸 믿지 않는 건 미친 짓이 될 때, 우리는 그것이 계속 일어날 것이라는 믿음에 의존하기로 선택한다. 흥미로운 점은 망상과 환각 등을 유발하는 정신 질환이 근본적으로 믿음의 역기능일 수도 있다는 것이다. 대부분의 사람은 태양이 동쪽에서 뜨고, 사물은 일정한 속도로 땅에 떨어지며, 중력이 커피 한잔하면서 쉬기로 해서 우리가 둥실둥실 떠오르는 일은 없다는 것을 당연하게 받아들인다. 하지만 마음이 어떤 일에 대해서든 믿음을 쌓고 유지하느라 고군분투한다면, 아마도 이런 가능성 때문에 줄곧 번민하다가 미쳐 버릴 것이다.

9 믿음은 또한 당신의 똥이 진짜이고, 철학자들이 즐겨 사용하는 비유처럼, 당신이 모든 지각을 상상하는 통 속의 두뇌가 아니라는 것을 가정한다. 우리가 어떤 것이 존재하는지를 실제로 알 수 있는지 탐구하고 싶다면, 데카르트의 《제1철학에 관한 성찰(Meditations on First Philosophy)》을 보라.

10 무신론자라는 단어는 많은 것을 의미할 수 있다. 여기서 내가 주장하는 바는, 초자연적인 것에 대한 믿음과 가치관은 아니라 할지라도 우리 모두 믿음에 기초한 신념과 가치관을 받아들여야 한다는 것이다.

11 《인간 본성에 관한 논고(A Treatise of Human Nature)》(1739년, 제4부, 제1절)에서 데이비드 흄은 이렇게 말했다. "모든 지식은 개연적 지식으로 후퇴한다. 그리고 이 개연성은 우리가 오성의 정확성과 기만성을 경험함에 따라, 또 문제의 단순성과 복잡성에 따라 증감한다."

12 신적 가치는 파스칼의 '신 모양의 구멍'과는 다르다. 파스칼은 인간의 욕망이 채울 수 없는 것이기 때문에 오직 무한한 것, 즉 신이라는 무한한 것만이 인간을 만족시킬 수 있다고 믿었다. 신적 가치는 단순히 개인의 가치 위계 꼭대기에 있다는 점에서 다르다. 비참함과 공허함을 느끼면서도 신적 가치를 따를 수 있다. 사실, 당신의 비참함과 공허함의 원인은 당신이 선택한 신적 가치일 가능성이 크다.

13 돈과 같은 피상적인 신적 가치가 삶에 얼마나 영향을 미치는지 더 알고 싶다면, 다음을 참고하라. M. Manson, "How We Judge Others Is How We Judge Ourselves", MarkManson.net, 2014년 1월 9일, https://markmanson.net/how-we-judge-others.

14 돈이나 정부나 민족과 마찬가지로 '자아'도 믿음에 기초한 자의적인 정신적 구성물이다. '당신'에 대한 당신의 경험이 실제로 존재한다는 증거는 없다. 그건 단지 감각과 감성이 상호 연결된 의식 경험의 연쇄일 뿐이다.

15 타인에 대한 불건전한 애착의 형태를 기술하는 방법은 많지만, 나는 '상호 의존(codependence)'이라는 용어를 채택했는데 이 용어가 널리 사용되는 용법 때문이다. 이 단어는 익명의 알코올 의존자 모임에서 유래했다. 알코올 의존자는 자신이 술에 중독된 것과 같은 방식으로, 자신의 친구와 가족이 중독자인 자신을 지원하고 돌보는 것에 중독됐다는 사실을 발견했다. 알코올 의존자는 기분을 좋게 하고 정상적인 느낌을 얻기 위해 알코올에 의존했고, 친구와 가족은 그들의 기분을 좋게 하기 위해 알코올 의존자의 중독을 활용하는 동안 '상호 의존'했다. 그 후 상호 의존성은 더 널리 사용돼 왔다. 기본적으로, 타인을 지원하거나 타인으로부터 인정받는 것에 '중독된' 사람은 상호 의존적이라고 할 수 있다. 상호 의존은 이상한 형태의 숭배인데, 여기에 빠진 사람은 누군가를 떠받들고 그를 세상의 중심에 놓으며 사고와 감정의 기초, 자존감의 원천으로 삼는다. 즉 타인을 신적 가치로 만든다. 불행하게도 이는 파괴적인 관계로 이어진다.

16 74쪽 주 22에 나오는 '흄의 단두대'를 참고하라.

17 흑사병으로 인해 14세기 유럽에서 1억~2억 명이 죽었고, 인구가 30퍼센트에서 60퍼센트까지 감소했다.

18 이것은 악명 높은 1212년의 어린이 십자군을 가리킨다. 기독교도가 이슬람교도로부터 성지를 되찾기 위해 십자군 원정을 떠났다가 여러 번 실패한 뒤, 수만 명의 어린이가 이슬람교도를 평화롭게 개종시키기 위해 이탈리아로 떠났다. 카리스마 넘치는 지도자는 아이들에게 지중해에 도착하면 바다가 갈라져서 예루살렘까지 걸어갈 수 있다고 장담했다. 스포일러 주의 : 그런 일은 일어나지 않았다. 그 대신, 상선이 아이들을 모아서 바다 건너 튀니지로 데려갔고, 거기서 대부분의 아이가 노예로 팔려 갔다.

19 흥미롭게도 돈은 사람들 사이의 도덕적 간극을 기록하고 추적하는 방법으로 발명됐다고 할 수 있다. 우리는 도덕적 간극을 정당화하기 위해 '부채'라는 개념을 발명했다. 즉 나는 너에게 이런 호의를 베풀었으니, 이제 너는 내게 뭔가를 보답해야 한다는 식이다. 그리고 돈은 한 사회 전체의 부채를 추적하고 관리하는 방법으로 발명됐다. 이것은 돈에 대한 '신용 이론'으로 알려져 있으며, 1913년에 앨프리

드 미첼 이네스가 어느 학술지에 기고한 〈돈이란 무엇인가?〉라는 글에서 처음 제시했다. 미첼 이네스와 돈에 대한 신용 이론을 훌륭하게 개관하는 글을 보려면 다음을 참고하라. David Graeber, *Debt : The First 5,000 Years, Updated and Expanded Edition*(2011 : repr. Brooklyn, NY : Melville House Publishing, 2014). 한국어판은 정명진 옮김, 《부채 그 첫 5,000년 : 인류학자가 다시 쓴 경제의 역사》(부글북스, 2011). 인간 사회에서 부채의 중요성을 흥미롭게 논하는 글을 보려면 다음을 참고하라. Margaret Atwood, *Payback : Debt and the Shadow Side of Wealth*(Berkeley, CA : House of Anansi Press, 2007). 한국어판은 공진호 옮김, 《돈을 다시 생각한다 : 인간 돈 빚에 대한 다섯 강의》(민음사, 2010).

20 그렇다. 민족이 좀 논란이 되고 있다. 조상이 다른 사람 사이에 사소한 생물학적 차이가 있지만, 그런 차이에 기초해서 사람을 구별하는 것도 자의적이고 믿음에 기초한 행동이다. 예를 들어, 눈이 녹색인 사람은 전부 자기 민족이 아니라고 말할 사람이 있을까? 그래, 아무도 없다. 하지만 수백 년 전에 어떤 왕이 눈이 녹색인 사람은 끔찍한 대우를 받아 마땅한 다른 민족이라고 결정했다면, 우리는 오늘날 '눈 차별주의'를 둘러싼 정치적 문제에 빠져들었을 것이다.

21 내가 이 책에서 하고 있는 것처럼 말이다.

22 사회학에서 반복 가능성 위기가 일어난다는 점에 주목할 필요가 있다. 심리학, 경제학, 심지어 의학의 주요 '결과' 중 상당수가 일관되게 반복되지 않는다. 그래서 우리가 연구 측정의 복잡성을 쉽게 다룰 수 있다 하더라도, 한 변수가 다른 변수보다 영향력이 더 크다는 일관되고 경험적인 증거를 찾는 일은 여전히 믿기 힘들 만큼 어려울 것이다.

23 나는 운동선수가 영웅에서 악당이 됐다가 다시 영웅이 되는 방식에 흥미를 느껴 왔다. 타이거 우즈, 코비 브라이언트, 마이클 조던, 앤드리 애거시는 사람들 마음속에서 반인반신이다. 그런데 어떤 꼴사나운 폭로가 각각을 사회에서 따돌림을 당하는 사람으로 만들었다. 이것은 내가 2장에서 개인의 우월함과 열등함이 어떻게 쉽게 뒤집힐 수 있는지를 말한 것과 관련된다. 그대로 남아 있는 것은 도덕적 간극의 크기이기 때문이다. 영웅이든 악당이든 코비 브라이언트 같은 사람과 관련해서 그대로 남아 있는 것은 그에 대해 우리가 느낀 감정적 반응의 강도다. 그리고 그 강도는 우리가 느낀 도덕적 간극의 크기가 야기한 것이다.

24 나는 정부와 금융 기관을 비롯한 사회 구조를 오로지 사람들이 공유하는 믿음

덕에 존재하는 신화적 체계로 묘사하는 것에 관해 유발 노아 하라리와 그의 놀라운 저서 *Sapiens : A Brief History of Humankind*(New York : HarperCollins, 2015)를 언급해야 한다. 하라리가 이런 여러 아이디어를 처음 종합했고, 나는 그의 말을 반복하고 있을 뿐이다. 그의 책은 처음부터 끝까지 읽을 가치가 있다. 한국어판은 조현욱 옮김, 《사피엔스 : 유인원에서 사이보그까지, 인간 역사의 대담하고 위대한 질문》(김영사, 2015).

25 암수 한 쌍이 결합하는 것과 상호 이타주의는 의식 안에서 감정적 애착으로 나타나는 두 가지 진화 전략이다.

26 '영적 경험'에 관한 정의 중에서 내가 가장 좋아하는 것은 자아를 초월한 경험이다. 즉 정체성이나 '자아' 의식이 육체와 의식을 초월하고 확장돼서 모든 지각된 현실을 포함하는 것이다. 자아를 초월한 경험은 환각성 약물, 장기간의 집중적 명상, 극한의 사랑과 열정의 순간 등 다양한 방법을 통해 얻을 수 있다. 이렇게 감정이 고조된 상태에서는 파트너와 '융합'돼서 마치 하나가 된 것처럼 느껴지고, 그 결과 일시적으로 자아를 초월한 상태에 도달하게 된다. 다른 사람 또는 우주와 이렇게 '융합'하는 것으로 인해 영적 경험은 흔히 '사랑'으로 인식되는데, 둘 다 자신의 자아 정체성을 포기하고 더 위대한 존재를 무조건 수용하는 것이기 때문이다. 융 심리학에 기초한 이런 종류의 견해에 관한 멋진 설명을 보려면 다음을 참고하라. Ken Wilber, *No Boundary : Eastern and Western Approaches to Personal Growth*(1979 : repr. Boston, MA : Shambhala, 2001). 한국어판은 김철수 옮김, 《무경계 : 나는 누구인가에 관한 동서고금의 통합적 접근》(정신세계사, 2012).

27 국가가 산업화하는 동안 독실함은 가파르게 하락한다.

28 과학이 증거를 숭배하는 것과 마찬가지로 인본주의는 모든 사람에 대한 '중도주의', 즉 본질적으로 선하거나 악한 사람은 없다는 주장을 숭배하는 것으로 볼 수 있다. 알렉산드르 솔제니친이 말한 것처럼 말이다. "선과 악을 나누는 선은 모든 인간의 심장을 관통한다."

29 슬프게도, 오늘날 미국에서는 이런 음모 이론이 눈에 잘 띈다.

30 내가 좀 극적으로 표현하고 있지만, 인신 공양은 우리가 아는 거의 모든 주요 고대 문명과 선사 시대 문명에서 행해졌다.

31 선천적인 죄책감과 인신 공양의 역할에 관한 흥미로운 논의를 보려면 다음을 참고하라. Ernest Becker, *Escape from Evil*(New York, NY : Freedom Press, 1985).

32 추론 능력은 감정을 격앙시키는 문제에 직면할 때 (이를테면 가장 중요한 가치관을 건드릴 때) 무너진다.

33 실제로는 훨씬 더 심각한 얼간이일 수도 있다. 연구에 따르면, 사람은 박식하고 교육을 많이 받을수록 정치적 견해가 더 양극화된다.

34 이 생각은 F. T. Cloak Jr., "Is a Cultural Ethology Possible?", *Human Ecology* 3, no. 3(1975)에서 처음 발표됐다. 덜 학문적인 논의를 보려면 다음을 참고하라. Aaron Lynch, *Thought Contagion : How Beliefs Spread Through Society*(New York : Basic Books, 1996).

5장

희망을 믿었어?
희망은
자기 파괴적이야

아모르파티 Amor Fati

더 큰 행복을 바라지 말라.
괴로움이 줄어들기를 바라지 말라.
자신의 결함을 제거하기를 바라지 말라.

이것을 희망하라.
자유와 함께 오는 괴로움을 바라라.
행복에서 오는 고통을 바라라.
그럼에도 불구하고 행동하라.

자신이 혐오하는 모든 것이던 니체

19세기 후반, 정신과 영혼의 다이너마이트를 자처하는 한 은둔 철학자가 있었다. 스위스 알프스의 온화하고 화창한 여름, 그는 하산해서 자비로 책을 출판했다. 은유적인 표현이다. 이 책은 그가 인류에게 주는 선물이었다. 이 선물은 현대 세계의 문간에 당당히 서서 이 철학자가 죽고 오랜 시간이 흐른 뒤 그를 유명하게 해 준 말을 공표했다.

이 책은 선언했다.

'신은 죽었다!'

아니, 그 이상이었다. 이 죽음이 불러일으키는 반향은 새롭고 위험한 시대의 전조이며 그 시대는 우리 모두에게 도전이 될 것이라고 선언했다. 철학자는 경고로서 이 말을 했다. 그는 파수꾼으로서 말했다. 그는 우리 모두를 위해 말했다.

하지만 그 책은 40부도 채 팔리지 않았다.[1]

메타 폰 잘리스는 통이 트기 전에 일어나 철학자에게 차를 끓여 주려고 불을 피웠다. 그의 관절통을 가시게 해 주려고 얼음을 가져다 담요를 냉각했다. 전날 저녁 식사에서 남은 뼈를 모아 그의 속을 달래 줄 수프를 뭉근히 끓이기 시작했다. 그의 때 묻은 침구를 손빨

래했다. 그리고 그의 머리를 깎고 수염을 다듬어야 하는데 깜박하고 새 면도칼을 가져오지 않았다는 걸 깨달았다.

메타가 프리드리히 니체를 보살피며 맞는 세 번째 여름이었다. 메타는 이번이 아마도 마지막일 것이라고 생각했다. 메타는 니체를 사랑했다. 형제로서 말이다. (두 사람을 모두 아는 친구가 둘이 결혼하면 어떻겠느냐고 하자, 두 사람은 동시에 폭소를 터뜨렸다. 그러고는 얼굴을 찌푸렸다.) 하지만 메타의 너그러움은 한계에 도달하고 있었다.

메타는 니체를 어느 저녁 파티에서 만났다. 그녀는 니체가 피아노를 치고 농담을 하고 옛 친구인 작곡가 리하르트 바그너와 함께한 자신의 기행에 관해 떠들어 대는 것에 귀를 기울였다. 직접 만나 보니 저술과는 다르게 니체는 점잖고 온화했다. 그는 남의 말을 살갑게 잘 들어 줬다. 시를 사랑해서 수십 편의 시를 암송했다. 앉은 채로 몇 시간 동안 낱말 놀이를 하고, 노래를 부르고, 말장난을 하곤 했다.

니체는 상대방을 무장 해제시킬 정도로 명석했다. 머리가 비상해서 그저 몇 마디 말로 대화의 장을 열 수 있었다. 나중에 세계적으로 유명해진 격언은 마치 차가운 공기 속으로 퍼지는 입김처럼 그로부터 흘러나오는 것 같았다.

"자신에 관한 이야기를 많이 하는 것은 자신을 감추는 수단일 수도 있다."[2]

그는 자연스럽게 이런 말을 덧붙여서 재빨리 방 안에 있는 사람들을 침묵하게 하곤 했다.

메타는 그를 마주하면 말문이 막히곤 했다. 주체할 수 없는 감정 때문이 아니라, 생각하는 속도가 매번 조금씩 뒤처지는 것처럼 느껴져서 잠시 따라잡을 시간이 필요하기 때문이었다.

그렇지만 메타는 대단히 지적이었다. 사실, 그녀는 당대를 주름잡은 인물이었다. 메타는 스위스에서 최초로 박사 학위를 받은 여성이었다. 세계적으로 손꼽히는 여성주의 작가이자 활동가이기도 했다. 4개 국어를 유창하게 구사했으며, 당시의 급진적 사상인 여성의 권리를 지지하는 글을 유럽 전역에 게재했다. 그녀는 견문이 넓고, 명석하고, 고집이 셌다. 그리고 니체의 저술을 우연히 접했을 때, 마침내 여성 해방을 세계로 밀고 나가게 해 줄 아이디어를 가진 사람을 찾았다고 느꼈다.

니체는 개인의 권한, 즉 근본적인 개인적 책임감을 주장했다. 그는 개인의 소질이 무엇보다 중요하다고, 각각의 인간은 자신의 잠재력을 최대한 확장할 자격이 있을 뿐만 아니라 그 확장을 실행하고 요구할 의무가 있다고 믿었다.

메타는 니체가 궁극적으로 여성에게 권한을 부여하고 여성을 영구적인 노예 상태에서 벗어나게 해 줄 핵심 발상과 개념 틀을 말로 표현했다고 믿었다.

하지만 문제가 딱 하나 있었다. 니체는 여성주의자가 아니었다. 사실 그는 여성 해방이라는 생각 자체를 터무니없는 것으로 여겼다.

그래도 메타는 단념하지 않았다. 니체는 이성적인 사람이었으므로 설득해 볼 수 있었다. 자신의 편견을 인정하고 거기에서 벗어나기만 하면 그만이었다. 메타는 니체를 정기적으로 찾아가기 시작했고, 그들은 곧 친한 친구이자 지적 동반자가 됐다. 그들은 스위스에서 여름을, 프랑스와 이탈리아에서 겨울을 보냈고, 베네치아를 잠시 둘러본 뒤 곧장 독일로, 그다음에는 스위스로 돌아갔다.

세월이 흐르는 동안 메타는 니체의 예리한 눈과 거대한 수염 뒤에 모순이 한 다발 있다는 것을 발견했다. 그는 강박적으로 힘에 관한 글을 썼지만, 그 자신은 연약했다. 근본적인 책임감과 자립을 역설했지만, 자신을 보살펴 주고 지지해 주는 (주로 여성) 친구와 가족에게 전적으로 의존했다. 자신의 저술을 혹평하거나 읽기를 거부하는 변덕스러운 비평가나 교수에 관해 악담을 퍼부었지만, 동시에 자신이 대중적으로 성공을 거두지 못한 건 자신의 탁월함을 증명할 뿐이라고 자랑했다. 예를 들어, 그는 이렇게 선언했다.

"내 시대는 아직 오지 않았다. 어떤 이들은 사후에야 비로소 태어난다."

니체는 사실 자신이 혐오한다고 주장한 모든 것이었다. 약하고 의존적이었으며, 강하고 독립적인 여성에게 완전히 마음을 빼앗기고 의지했다. 그럼에도 그는 자기 작품에서 개인의 힘과 자립을 역설했으며, 한심할 정도로 여성을 혐오했다. 아마도 평생 여성의 보살핌에 의존한 탓에 여성을 똑바로 바라보는 능력이 흐려진 것 같다. 이는 그 외의 측면에서는 예언자인 남성의 시야에서 확연히 두드러지는 맹점일 것이다.

'개인이 견뎌 낸 최악의 고통'을 위한 명예의 전당이 있다면, 나는 그 초석을 놓은 후보로 니체를 추천할 것이다. 그는 어린 시절 늘 아팠다. 의사는 그의 목과 귀에 거머리를 붙인 뒤 몇 시간 동안 움직이지 말라고 했다. 그는 유전성 신경 장애가 있었는데 그로 인해 평생을 편두통으로 고통받았다(그리고 중년에는 미쳐 버렸다). 또한 빛에 대단히 민감해서 두꺼운 푸른색 안경 없이는 밖에 나갈 수 없었고, 서른 살 무렵에는 눈이 거의 멀었다.

젊은 시절 니체는 군대에 가서 프로이센·프랑스 전쟁에 잠시 참전했다. 그곳에서 디프테리아와 이질에 걸려서 거의 죽을 뻔했다. 당시의 치료법은 산성 액체로 관장을 하는 것이었는데, 이 때문에 소화관이 망가졌다. 그로 인해 죽을 때까지 급성 복통에 시달렸고, 음식을 많이 먹을 수 없었으며, 때로는 변을 지리곤 했다. 기병으로 복무하며 입은 부상 탓에 몸 이곳저곳이 경직됐고, 심할 때는 움직일 수도 없었다. 일어날 때는 부축을 받아야 했고, 몇 달씩 침대에 누워 꼼짝도 하지 못하며 고통으로 눈조차 뜨지 못했다.

니체가 나중에 '형편없는 해'라고 일컬은 1880년, 그는 365일 중 260일을 누워 지냈다. 뼈와 관절의 통증을 완화하려면 온화한 기후가 필수라서 인생 대부분을 프랑스 해변의 겨울과 스위스 알프스의 여름 사이를 오가며 살았다.

메타는 곧 이 남성에게 매료된 지적 여성이 자기 혼자만이 아니라는 것을 알게 됐다. 몇 주 혹은 몇 달 동안 그를 돌보기 위해 들르는 여성이 줄을 섰다. 이 여성들도 메타처럼 당대를 주름잡던 인물들로, 이를테면 교수와 부유한 지주, 기업가 등이었다. 모두 학식이 있고 몇 개 국어를 하고 엄청나게 독립적이었다. 그리고 그녀들은 여성주의자, 즉 초창기 여성주의자들이었다.

그녀들 역시 니체의 책에서 해방의 메시지를 봤다. 니체는 개인을 불구로 만드는 사회 구조에 관해 썼고, 여성주의자들은 당시의 사회 구조가 자신들을 구속한다고 주장했다. 니체는 교회가 약자와 범인에게 보상하는 것을 맹비난했고, 여성주의자들 역시 교회가 여성에게 결혼과 남성에의 복종을 강요하는 행태를 맹비난했다. 니체는 인류 역사의 이야기를 대담하게 재구성했는데, 인류가 자연으로부터 벗어나서 자연보다 우위에 서는 것이 아니라, 인류의 자기 본성에 대한 무지가 점점 더 증가하고 있다고 주장했다. 그는 개인이 자기 자신에게 권한을 부여하고 훨씬 더 높은 자유와 의식에 접근해야 한다고 주장했다. 이 여성들은 여성주의를 더 높은 수준의 해방으로 가는 다음 단계로 봤다.

니체는 이 여성들의 마음을 희망으로 채워 줬고, 그녀들은 이 쇠약하고 피폐한 남성을 교대로 돌보며 그의 다음 책, 다음 에세이, 다음 논박이 물꼬를 트는 역할을 해 주리라고 기대했다. 하지만 니체의 저작은 그의 일생에 걸쳐 거의 예외 없이 무시당했다.

그때 니체는 신의 죽음을 선언했다. 그리고 실패한 대학교수에서 사회로부터 버림받은 자가 됐다. 취업이 불가능했고, 기본적으로 노숙자나 마찬가지였다. 아무도 그와 엮이고 싶어 하지 않았다. 어떤 대학도, 어떤 출판사도, 심지어 수많은 친구조차도 그랬다. 그는 친구들에게 의지해서 근근이 살아가면서 어머니와 여동생에게 돈을 빌려 책을 직접 출판할 돈을 모았다. 그렇지만 책은 거의 팔리지 않았다.

이런 모든 상황을 알면서도 여성들은 니체의 곁에 머물렀다. 그를 씻기고 먹이며 뒷바라지했다. 그녀들은 이 노쇠한 남성 안에 역사를 바꿀 만한 뭔가가 잠재해 있다고 굳게 믿었다. 그래서 묵묵히 기다렸다.

모든 갈등의 시작, 주인 도덕과 노예 도덕

문명을 처음부터 새로 시작하게 한다고 가정해 보자. 한 무리의 사람을 자원이 제한된 작은 부지에 떨어뜨린다. 일부는 다른 사람보다 선천적으로 뛰어난 재능을 가졌고, 일부는 더 똑똑하다. 일부는 육체적으로 더 크고 강하며, 또 다른 일부는 카리스마가 있다. 일부는 더 상냥하고 다른 사람과 쉽게 어울리며, 일부는 더 열심히 일하고 더 좋은 아이디어를 낸다.

선천적으로 장점이 있는 사람은 다른 사람보다 더 많은 자원을 모을 것이다. 그리고 더 많은 자원이 있기에 이 새로운 사회 안에서 불균형한 힘을 소유할 것이다. 그리고 그 힘을 활용해서 더 많은 자원과 더 많은 이점을 얻을 것이다. 이른바 '부익부'인 셈이다. 이것이 여러 세대를 거치면, 곧 상층에 소수의 엘리트가, 하층에 많은 사람이 깔린 사회 계층이 형성된다. 농업의 출현 이래로, 모든 인간 사회가 이런 계층화를 보였으며, 모든 사회가 유리한 엘리트와 불리한 대중 사이에서 발생하는 긴장을 처리해야 했다.[3]

니체는 부와 생산, 정치권력을 거의 완전히 장악한 엘리트를 사회의 '주인'이라고 불렀다. 노동하는 대중은 사회의 '노예'라고 불렀는데, 푼돈을 위해 평생 일하는 노동자와 노예 사이에 별 차이가 없다고 봤기 때문이다.[4]

자, 여기서부터 흥미로워진다. 니체는 사회의 주인이 자신의 특권을 마땅히 누려야 할 것으로 여길 거라고 주장했다. 다시 말해, 그들은 자신의 엘리트 지위를 정당화하기 위해 가치 이야기를 정교하게 만들어 낼 것이다. 그들이 그런 보상을 받지 말아야 하는 이유가 뭔가? 그들은 꼭대기에 있는 게 좋았다. 그들은 자격이 있었다. 그들은 가장 똑똑하고 가장 강하고 가장 재능이 많았다. 그러므로 그들이 가장 올바른 사람이었다.

니체는 이 믿음 체계를 '주인 도덕'이라 불렀다. 앞서가는 자는 그럴 자격이 있다는 믿음이었다. 만약 당신이 노력과 재주를 통해 뭔가를 얻는다면 그럴 자격이 있기 때문이고, 이것은 '상황을 바로잡아 줄지도 모르는' 도덕적 믿음이었다. 아무도 그것을 빼앗을 수 없고, 그래서도 안 된다. 당신이 최고이며, 우월함을 입증했으므로 그에 대한 보상을 받아야 한다.

이와 반대로, 니체는 사회의 '노예'는 나름의 도덕률을 만들어 낼 것이라고 주장했다. 주인은 자신이 올바르고 도덕적인 이유는 자신의 강함 때문이라고 믿지만, 사회의 노예는 자신이 올바르고 도덕적인 이유는 자신의 약함 때문이라고 믿는다. 노예 도덕은 가장 고통받는 사람들, 즉 가장 불리하고 착취당하는 사람이 최고의 대우를 받아야 하는 이유는 그 고통 때문이라는 믿음이다. 노예 도덕의 믿음에 따르면, 동정과 존중을 가장 많이 받아 마땅한 사람은 가장 가난하고 가장 불운한 사람이다.

주인 도덕은 강함과 우위가 미덕이라고 믿지만, 노예 도덕은 희생과 굴복이 미덕이라고 믿는다. 주인 도덕은 계층이 필요하다고 믿지만, 노예 도덕은 평등이 필요하다고 믿는다. 주인 도덕은 일반적으로 우익의 정치적 신념으로 대표되지만, 노예 도덕은 보통 좌익의 정치적 신념에서 찾아볼 수 있다.

우리 모두 내면에 양쪽 도덕을 갖고 있다. 이렇게 상상해 보자. 당신이 학교에서 수업을 듣고 엉덩이가 떨어져라 공부해서 시험에서 최고 점수를 받는다. 그리고 최고 점수를 받았으므로 그 성과에 따른 혜택을 받는다. 당신은 그런 혜택을 받는 것이 도덕적으로 정당하다고 느낀다. 당신이 열심히 노력해서 얻은 것이니까. 당신은 '좋은' 학생이고, 좋은 학생이므로 '좋은' 사람이다. 이것이 주인 도덕이다.

이제 당신에게 반 친구가 있다고 상상해 보자. 이 친구는 형제가 18명인데, 전부 홀어머니가 키우고 있다. 그는 여러 가지 아르바이트를 하고, 형제자매를 위해 밥상을 차려야 해서 공부를 할 수가 없었다. 그는 당신이 발군의 성적으로 합격한 시험에서 낙제했다. 이건 공정한가? 아니, 그렇지 않다. 당신은 아마도 상황을 고려해서 그를 특별히 예외로 취급하는 것이 당연하다고 느낄 것이다. 이를테면, 나중에 공부할 시간이 있을 때 재시험을 치를 기회를 줘야 한다고 말이다. 친구가 그런 대우를 받을 자격이 있는 이유는 그가 치른 희생과 그가 처한 불리한 입장 때문에 그는 '좋은' 사람이기 때문이다. 이것이 노예 도덕이다.

뉴턴의 용어로 말하자면, 주인 도덕은 우리 자신과 주변 세계 사이에 도덕적 차이를 만들어 내려는 본질적 욕망이다. 이것은 꼭대기에 있는 우리로 도덕적 간극을 만들어 내려는 욕망이다. 노예 도덕은 동등화하려는, 즉 도덕적 간극을 좁히고 고통을 완화하려는 본질적 욕망이다. 양쪽 모두 감정 뇌의 운영 체계를 구성하는 기본 요소다. 둘 다 강력한 감정을 만들어 내고 영속시킨다. 그리고 둘 다 우리에게 희망을 준다.

니체의 주장에 따르면, 고대 세계(그리스, 로마, 이집트, 인도 등)의 문화는 주인 도덕 문화였다. 이런 문화는 수백만 명의 노예와 백성을 희생시켜서라도 강함과 탁월함을 찬양하도록 구성돼 있다. 그것은 전사 문명이었으므로 배짱과 영예, 학살을 찬양했다. 또한 니체는 사랑과 연민, 동정이라는 유대교와 기독교 공통의 윤리가 노예 도덕을 두드러지게 했고, 그의 시대까지 서양 문명을 계속해서 지배했다고 주장했다. 니체가 보기에, 이 두 가지 가치 위계는 지속적인 긴장과 대립 상태에 있었다. 니체는 그것이 역사의 모든 정치적·사회적 갈등의 뿌리라고 믿었다. 그리고 이 갈등이 훨씬 더 심각해지려는 참이라고 경고했다.

각각의 종교는 믿음에 바탕을 두고 사람들에게 끊임없이 희망을 주는 방식으로 현실을 설명하려는 시도다. 일종의 다원주의 경쟁에서는 신자를 가장 잘 모아서 조직화하고 고무하는 종교가 승리해서 전 세계로 퍼져 나간다.

고대에는 주인 도덕에 기초한 이교가 지구를 휩쓸며 영토와 민족을 확장하고 통합하는 황제와 전사 겸 왕의 존재를 정당화했다. 그 후 약 2000년 전에 노예 도덕 종교가 나타나서 서서히 자리를 잡기 시작했다. 이 새로운 종교는 (보통) 일신교였으며 한 국가나 민족, 인종에 국한되지 않았다. 이들은 자신의 메시지를 모든 사람에게 설파했다. 이들의 메시지는 평등이었기 때문이다. 이들에 따르면,

모든 사람은 선하게 태어났다가 나중에 타락하거나 죄인으로 태어나서 구원받아야 하거나 둘 중 하나였다. 그리고 어느 쪽이든 결과는 같았다. 국가나 민족, 신조와 상관없이 모든 사람이 단 하나의 진정한 신의 이름에 맹세하고 개종해야 했다.[5]

인류 역사상 가장 강력한 종교의 탄생, 과학

그 후 17세기에 유럽에서 새로운 종교가 모습을 드러내기 시작했다. 인류 역사상 가장 강력한 힘을 촉발할 종교였다.

모든 종교가 증거라는 까다로운 문제에 부딪힌다. 사람들에게 신과 영혼과 천사에 관해 굉장한 이야기를 할 수는 있다. 하지만 만약 도시 전체가 불타 버리고 아이가 낚시 사고로 한쪽 팔을 잃는다면, 음, 그러면…… 신은 어디 있었지?

유사 이래 권력자는 자기가 믿는 종교를 뒷받침하는 증거가 부족하다는 것을 감추고, 종교적 가치관의 타당성을 감히 의심하는 자를 처벌하기 위해 엄청난 노력을 기울였다. 니체가 대부분의 무신론자처럼 영적 종교를 혐오한 건 바로 이 때문이었다.

자연 철학자라 불린 아이작 뉴턴 시대의 과학자들은 가장 많은 증거가 뒷받침하는 믿음이야말로 가장 믿을 만한 종교적 믿음이라고 결론 내렸다. 증거가 신적 가치가 됐다. 증거가 뒷받침되지 않는 믿음은 관측된 현실을 설명하기 위해 수정돼야 했다. 그리고 이로 인해 새로운 종교가 탄생했으니, 그것은 바로 과학이었다.

과학은 틀림없이 가장 효율적인 종교일 것이다. 자체적으로 진화하고 개선될 수 있는 최초의 종교이기 때문이다. 과학은 하나의 책이나 신조에 얽매이지 않고 누구에게나 열려 있다. 고대의 지역이나 사람들에게 신세 지지 않고, 존재를 입증하거나 반증할 수 없는 초자연적 영혼에 구속되지도 않았다. 과학은 증거에 기초한 믿음의 집합이었다. 계속해서 앞으로 나아가고 늘 변화하며, 증거가 지시하는 대로 자유롭게 변이하고 발달하고 바뀐다.

과학 혁명은 세상을 전무후무하게 바꿔 놓았다. 지구를 재구성하고, 수십억 명을 질병과 빈곤에서 벗어나게 하고, 삶의 모든 측면을 개선했다.[6] 과학은 인류가 이제까지 스스로 해낸 것 중 유일하게 좋은 것이라 해도 과언이 아니다. (고마워요, 프랜시스 베이컨. 고맙습니다, 아이작 뉴턴. 엄청난 거인들이여!) 과학은 의학과 농업에서부터 교육과 상업에 이르기까지 인류 역사의 모든 위대한 발명과 진보의 주요 원인이다.

하지만 과학은 이보다 훨씬 더 굉장한 일을 했는데, 세상에 성장이라는 개념을 도입한 것이다. 대부분의 인류 역사에서 '성장'은 아무것도 아니었다. 변화하는 속도가 너무나 느려서 모든 사람이 태어날 때의 경제 상황에서 거의 변함없이 그대로 살다가 죽었다. 2000년 전에 평균적인 사람이 평생 경험하는 경제적 성장은 오늘날 우리가 6개월 동안 경험하는 것과 비슷했다.[7] 일생을 살아도 아무것도 변하지 않았다. 새로운 개발이나 발견, 기술 따위는 없었다. 사람들은 같은 땅에서, 같은 사람들과, 같은 도구를 쓰며 살다가 죽었고, 아무것도 나아지지 않았다. 사실, 전염병과 기근과 전쟁과 대군을 거느린 얼간이 통치자 같은 것이 종종 모든 걸 더 나쁘게 만들었다. 산다는 건 느리고, 고달프고, 비참한 것이었다.

이번 생에서 변화나 더 나은 삶을 전혀 기대할 수 없는 상황에서, 사람들은 다음 생에 더 나은 삶이 기다리고 있다는 영적인 약속을 믿었다. 그것이 희망이었다. 영적 종교가 번창하고 일상을 모두 지배했다. 모든 것이 교회(또는 유대교 회당, 신전, 이슬람 사원 등)를 중심으로 돌아갔다. 사제와 성인이 사회생활을 결정한 이유는 그들이 희망을 결정했기 때문이다. 오직 그들만이 신이 원하는 바를 사람들에게 전할 수 있고, 오직 신만이 구원이나 더 나은 미래를 약속할 수 있었다. 그래서 이런 성인들이 사회에서 가치 있는 모든 것을 좌지우지했다.

그때 과학이 나타났고, 세상이 미쳐 버렸다. 현미경, 인쇄기, 내연기관, 조면기, 온도계, 그리고 마지막으로 실제로 효과가 있는 약이 나타났다. 갑자기 삶이 나아졌다. 그보다 더 중요한 점은 삶이 나아지는 모습을 볼 수 있게 됐다는 사실이다. 사람들은 더 나은 도구를 사용하고, 더 많은 음식을 접하고, 더 건강하고, 더 많은 돈을 벌었다. 마지막으로, 지난 10년을 되돌아보며 "와! 우리가 한때 저렇게 살았다는 게 믿어져?"라고 말할 수 있게 됐다.

그리고 이처럼 과거를 되돌아보며 진보와 성장을 볼 수 있게 됨으로써 사람들이 미래를 바라보는 관점이 바뀌었다. 사람들이 자신을 바라보는 관점이 바뀌어 버렸다.

이제 자신의 운명을 개선하기 위해 죽을 때까지 기다릴 필요가 없었다. 지금 여기서 운명을 개선할 수 있었다. 그리고 이는 온갖 종류의 멋진 것을 함축했다. 첫째, 자유가 있었다. 오늘 어떻게 성장하기를 선택할 것인가? 하지만 책임도 따랐다. 이제 자신의 운명을 통제할 수 있으므로 그 운명을 스스로 책임져야 했다. 그리고 당연히 평등이 있었다. 만약 거대한 가부장적 신이 누가 어떤 것을 가질 자격이 있는지 지정하지 않는다면, 어느 누구도 어떤 것을 가질 자격이 없거나 모든 사람이 모든 것을 가질 자격이 있거나 둘 중 하나이기 때문이다.

이것은 전에는 표명된 적 없는 개념이었다. 이번 생에서 많은 성장과 변화를 기대하게 되자, 사람들은 다음 생을 통해 희망을 주는 영적 믿음에 더는 의존하지 않았다. 그 대신 당대의 이념 종교를 창안해서 거기에 의존하기 시작했다.

이로 인해 모든 것이 바뀌었다. 교회의 교리가 약화됐다. 사람들은 일요일에 집에 있었다. 군주는 권력을 백성에게 내주었다. 철학자는 대놓고 신을 의심하기 시작했지만, 화형을 당하지 않았다. 당시는 인간의 사상과 진보를 위한 황금기였다. 그리고 놀랍게도, 당시에 시작된 진보는 그 뒤로 가속화됐으며 지금까지도 계속 가속화되고 있다.

과학 혁명은 영적 종교의 지배를 서서히 약화시키며 이념 종교의 지배를 위한 길을 열어 줬다. 그리고 니체는 이것을 우려했다. 왜냐하면 이념 종교는 진보와 부, 실질적인 이익을 낳지만, 영적 종교에 있는 뭔가를 결여하고 있기 때문인데, 그것은 바로 무오류성이다.

일단 믿으면, 초자연적 신은 세속적인 일에 휘둘리지 않는다. 당신이 사는 도시가 불탈 수도 있다. 당신 어머니가 100만 달러를 벌었다가 다 잃을 수도 있다. 전쟁이 벌어지고 질병이 생길 수도 있다.

이런 경험 중 어떤 것도 신에 대한 믿음과 직접적으로 모순되지 않는다. 왜냐하면 초자연적 존재는 증거에 영향을 받지 않기 때문이다. 무신론자는 이를 오류로 보지만, 이것은 특징이 될 수도 있다. 영적 종교의 확고함은 난리가 나더라도 당신의 심리적 안정은 그대로 유지됨을 의미한다. 희망이 보존될 수 있는 이유는 신이 언제나 보존되기 때문이다.[8]

그러나 이념은 그렇지 않다. 만약 당신이 10년 동안 특정한 정부 개혁을 위한 로비 활동을 했는데, 그 개혁 탓에 수많은 사람이 죽는다면, 그건 당신 책임이다. 수년 동안 당신을 지탱해 준 희망이 산산조각 난다. 당신의 정체성이 파괴된다. 안녕, 내 오랜 친구 어둠아.

이념은 끊임없이 도전받고 변화하고 입증되고 또 반증되기 때문에 희망을 쌓아 올릴 심리적 안정을 거의 제공하지 못한다. 그리고 우리 믿음 체계와 가치 위계의 이념적 토대가 흔들릴 때, 우리는 불편한 진실의 구렁텅이에 빠진다.

니체는 이것을 그 누구보다 먼저 정확히 파악했다. 그는 기술적 성장으로 인해 세상에 도래할 실존적 문제를 경고했다. 사실상, 이것이 그가 선언한 '신은 죽었다'의 요점이었다.

원래 '신은 죽었다'는 오늘날 일반적으로 해석되는 것처럼 어떤 불쾌한 무신론적 심술이 아니었다. 절대 아니다. 그것은 한탄, 경고, 도움을 구하는 외침이었다. 존재의 의미와 중요성을 결정하는 우리는 누구인가? 이 세상에서 무엇이 좋고 무엇이 옳은지를 결정하는 우리는 누구인가? 우리는 어떻게 이런 부담을 감당할 수 있는가?

니체는 존재란 본질적으로 혼돈이고 알 수 없는 것이라는 사실을 이해했다. 그래서 인간은 심리적으로 자신의 우주적 의미를 설명하는 과업을 감당할 준비가 되어 있지 않다고 믿었다. 그는 계몽주의를 뒤따라 범람한 이념 종교(민주주의, 민족주의, 공산주의, 사회주의, 식민주의 등)를 단지 인류의 필연적인 실존적 위기를 늦추는 것으로 여겼다. 그리고 그걸 전부 혐오했다. 그가 보기에 민주주의는 순진하고, 민족주의는 멍청하고, 공산주의는 끔찍하고, 식민주의는 역겨웠다.[9]

왜냐하면 니체는 과거의 불교식으로 성이나 인종, 민족, 국가, 역사에 대한 세속적인 애착은 전부 신기루, 즉 불편한 진실의 깊은 수렁 위 높은 곳에 우리를 의미라는 가느다란 줄로 매달아 놓기 위해 고안된 가공의 종교적 개념이라고 믿었기 때문이다. 그리고 궁극적으로, 이런 개념은 서로 충돌해서 폭력을 해결하는 게 아니라 훨씬 더 큰 폭력을 야기할 운명이라고 믿었다.[10]

니체는 주인 도덕과 노예 도덕을 기반으로 하는 이념 사이에서 갈등이 시작되리라고 예상했다. 이 갈등이 세계를 인류 역사상 유례가 없을 만큼 심각하게 파괴할 것이라고 믿었다. 이 파괴는 국경이나 다른 민족에 국한되지 않으리라고 여겼다. 이는 모든 국경을 초월하고, 국가와 국민을 초월할 것이다. 왜냐하면 이 갈등, 이 전쟁은 하나님을 위한 것이 아닐 것이기 때문이다. 그것은 신들 사이에서 벌어질 것이다. 그리고 그 신들은 우리가 될 것이다.

판도라의 상자 속 마지막 희망을 믿었어?

그리스 신화에 따르면, 이 세상이 시작될 때는 오직 남성만이 존재했다.[11] 그들 모두 술고래이고, 아무 일도 하지 않았다. 그것은 영원히 계속되는 거대한 남학생 사교 모임이었다. 고대 그리스인은 이 것을 '낙원'이라고 불렀다. 하지만 내 눈에는 특별한 종류의 지옥처럼 보인다.

신들은 이것이 꽤 지루한 상태임을 인식하고 이 상황에 양념을 좀 치기로 결정했다. 신들은 인류의 짝을 창조하길 원했다. 남성의 주의를 끌 누군가를, 맥주 캔에 사격을 하고 밤새도록 테이블 축구를 하는 태평한 삶에 복잡성과 불확실성을 도입해 줄 누군가를 말이다. 그래서 신들은 최초의 여성을 창조하기로 결정했다.

이 계획을 위해 주요 신들이 빠짐없이 협력했다. 아프로디테는 아름다움을, 아테나는 지혜를, 헤라는 가정을 이루는 능력을, 헤르메스는 웅변 능력을 줬다. 신들은 계속해서 재능과 재주와 흥미를 새 아이폰의 앱처럼 여성에게 설치했다. 그 결과가 판도라였다.

신들은 판도라를 지구로 보내서 경쟁, 섹스, 아기, 변기에 관한 말싸움을 전하게 했다. 하지만 신들은 다른 일도 했다. 상자를 함께 보낸 것이다. 금으로 돋을새김을 하고 복잡하고 섬세한 무늬로 장식된 아름다운 상자였다. 신들은 판도라에게 그 상자를 남성에게 주라고 했다. 하지만 절대 열어서는 안 된다고도 지시했다.

스포일러 경고! 사람들은 등신이다. 누군가 판도라의 상자를 열었고, 죽음과 질병, 증오, 시기, 트위터를 비롯한 모든 악이 튀어나와서 세상 속으로 퍼졌다. 아니나 다를까, 남성은 전부 여성을 탓했다. 목가적인 파티는 더 이상 존재하지 않았다. 이제 남성은 서로를 죽여도 됐다. 그보다 더 중요한 것은 이제 남성에게 서로를 죽일 이유, 즉 여성과 여성의 마음을 끌 수단이 생겼다는 점이었다. 이렇게 남자들의 쓸데없는 자존심 경쟁이 시작됐고, 이것을 사람들은 인류 역사라고도 한다.

전쟁이 시작됐다. 왕국과 경쟁이 생겨났다. 노예 제도가 생겼다. 황제들이 서로를 정복하기 시작했고, 그들이 지나간 자리에는 대량 학살이 흔적으로 남았다. 모든 도시가 건설됐다가 파괴됐다. 한편, 여성은 재산으로 취급돼서 남성 사이에서 마치 귀한 품종의 염소처럼 거래되고 교환됐다.[12]

요컨대, 인간이 인간다워지기 시작한 것이다.

모든 게 엉망진창이 된 것 같았다. 하지만 상자 바닥에 반짝이는 아름다운 뭔가가 남아 있었다. 거기에 희망이 남아 있었다.

판도라의 상자 신화에 관한 해석은 다양하다. 가장 흔한 해석은 신이 우리를 세상의 모든 악으로 벌했지만, 그 악에 대한 유일한 해독제인 희망도 줬다는 것이다. 희망을 인류가 벌이는 영원한 투쟁의 음과 양이라고 생각하라. 모든 것이 언제나 엉망이지만, 상황이 엉망이 될수록 우리는 엉망인 세상을 지탱하고 극복하기 위해 희망을 더 많이 동원해야 한다. 그래서 비톨트 필레츠키 같은 영웅이 우리에게 영감을 주는 것이다. 악에 저항하기에 충분한 희망을 모으는 그들의 능력은 누구나 악에 저항할 수 있음을 일깨운다.

질병이 퍼질지도 모르지만, 치료법도 그럴지 모른다. 왜냐하면 희망은 전염성이 있기 때문이다. 희망이 세상을 구한다.

하지만 판도라의 상자에 관한 해석 중 덜 알려진 것이 여기 있다. 희망이 악에 대한 해독제가 아니라면? 희망이 그저 또 다른 형태의 악이라면? 희망이 그저 상자 안에 남아 있던 것이라면?[13]

왜냐하면 희망은 필레츠키의 영웅적 행위에만 영감을 준 게 아니기 때문이다. 희망은 공산주의 혁명과 나치의 집단 학살에도 영감을 줬다. 히틀러는 진화적으로 우월한 인류를 만들기 위해 유대인을 몰살하기를 희망했다. 소련은 공산주의 아래의 진정한 평등 속에서 세계를 통합하기 위해 전 세계적인 혁명을 선동하기를 희망했다. 그리고 솔직히 말하자면, 지난 100년 동안 서구 자본주의 사회가 저지른 잔혹 행위의 대부분이 희망이라는 이름 아래 자행됐다. 전 세계적인 경제적 자유와 부를 확대하겠다는 희망 말이다.

외과 의사의 수술칼처럼 희망은 생명을 살릴 수도, 앗아 갈 수도 있다. 우리를 고무할 수도, 파괴할 수도 있다. 건전한 자신감과 해로운 자신감, 건전한 사랑과 해로운 사랑이 있는 것처럼 희망에도 건전한 희망과 해로운 희망이 있다. 그리고 둘 사이의 차이가 항상 명확한 것만은 아니다.

기대하지 말고 모든 삶과 경험을 사랑하라

지금까지 내가 주장한 바는 희망이 우리 심리에서 근본적인 요소라는 것이다. 즉 우리는 뭔가를 고대해야 하고, 스스로 그것을 달성할 수 있다고 믿어야 하며, 그것을 함께 달성할 공동체를 찾아야 한다. 그것이 우리가 희망을 유지할 수 있는 조건이다. 이것 중 하나 또는 전부가 너무 오랫동안 결핍되면, 우리는 희망을 잃고 불편한 진실의 공허로 빨려 들어간다.

경험은 감정을 낳는다. 감정은 가치관을 낳는다. 가치관은 의미의 서사를 낳는다. 그리고 비슷한 의미의 서사를 공유하는 사람들이 모여서 종교를 낳는다. 종교가 효과적(또는 감정적)일수록 신봉자는 더욱 열심히 하고 더 잘 따른다. 그리고 신봉자가 열심히 하고 잘 따를수록 종교가 다른 사람들에게 전파되고 자기 통제와 희망의 느낌을 전할 가능성이 더 커진다. 이런 종교는 성장하고 확장되면서 결국 내집단 대 외집단을 규정하고, 의식과 금기를 만들어 내며, 대립하는 가치관을 가진 집단 간의 갈등을 조장한다. 이런 갈등은 집단 내의 사람들을 위한 의미와 목적을 유지해 주기 때문에 반드시 존재해야 한다.

그러므로 희망을 유지해 주는 것은 갈등이다.

그러니까 우리는 이것을 거꾸로 이해해 온 것이다. 모든 것이 엉망이라고 해서 희망이 꼭 필요하지는 않다. 오히려 희망이 모든 것이 엉망이 되는 것을 필요로 한다.

우리 삶에 의미를 부여하는 희망의 원천이 바로 분열과 증오의 원천이다. 우리 삶에 가장 큰 기쁨을 가져다주는 희망이 바로 가장 큰 위험을 야기하는 희망이다. 사람들을 더욱 가깝게 해 주는 희망이 바로 사람들을 갈라놓는 희망이 되기도 한다. 그러므로 희망은 파괴적이다. 희망은 현재 상태를 거부하는 것에 의존한다. 왜냐하면 희망은 뭔가가 망가지는 것을 필요로 하기 때문이다. 희망은 우리가 자신의 일부나 세계의 일부를 포기할 것을 요구한다. 희망은 우리가 반대되는 존재가 되기를 요구한다.

이는 인간의 조건을 믿기 힘들 만큼 암울한 모습으로 그린다. 이것이 의미하는 바는, 우리가 삶에서 선택할 수 있는 건 끊임없는 갈등 또는 허무주의라는 것이다. 우리의 심리 구조에 따르면 종족주의 또는 고립, 종교적 전쟁 또는 불편한 진실 둘 중 하나가 우리가 가진 선택지라는 것이다.

니체는 과학 혁명으로 생겨난 이념은 전부 오래 버티지 못할 것이라고 믿었다. 차례차례, 서서히 서로를 제거하거나 안으로부터 붕괴할 것이라고 여겼다. 그러면 몇 세기 뒤 진정한 실존적 위기가 시작될 것이다. 주인 도덕은 타락할 것이다. 노예 도덕은 붕괴할 것이다. 우리는 자신을 저버릴 것이다. 인간은 약점이 너무나 커서 우리가 생산하는 모든 것은 틀림없이 영속할 수 없고 신뢰할 수 없을 것이기 때문이다.

니체는 그 대신 우리가 희망 너머를 바라봐야 한다고 여겼다. 가치관 너머를 봐야 한다. '선악의 저편'에 있는 무언가로 진화해야 한다. 니체에 따르면, 이 미래의 도덕은 그가 '아모르파티' 또는 '운명애'라고 부른 것에서부터 시작해야 한다. 그는 이렇게 말했다.

"인간의 위대함에 대한 내 공식은 아모르파티다. 다른 것은 아무것도 원하지 않는 것이다. 미래에도 과거에도 영원토록 말이다. 필연적인 것을 단순히 견디는 것이 아니고, 은폐는 더더욱 하지 않으며(모든 이상주의는 필연적인 것 앞에서 허위다), 오히려 그것을 사랑하는 것이다."

니체에게 아모르파티는 모든 삶과 경험, 즉 고귀함과 비천함, 의미와 무의미를 무조건 받아들이는 것을 의미했다. 자신의 고통을 사랑하고 자신의 괴로움을 수용하는 것을 뜻했다. 개인의 욕망과 현실 사이의 거리를, 더 큰 욕망을 추구하는 것이 아니라 단순히 현실을 바라는 것을 통해 좁히는 것을 의미했다.

이것이 기본적으로 의미하는 바는 아무것도 아닌 것을 바라는 것이다. 이미 존재하는 것을 바라라. 왜냐하면 희망은 궁극적으로 공허하기 때문이다. 마음이 개념화할 수 있는 것은 무엇이든 근본적으로 결함과 한계를 갖고 있으며, 그래서 무조건적으로 숭배하면 해가 된다. 더 큰 행복을 바라지 말라. 괴로움이 줄어들기를 바라지 말라. 성격을 개선하기를 바라지 말라. 자신의 결함을 제거하기를 바라지 말라.

이것을 희망하라. 매 순간에 존재하는 무한한 기회와 억압을 바라라. 자유와 함께 오는 괴로움을 바라라. 행복에서 오는 고통을 바라라. 무지에서 오는 지혜를 바라라. 굴복에서 오는 힘을 바라라.

그럼에도 불구하고 행동하라.

이것이 우리의 도전이자 소명이다. 희망 없이 행동하는 것, 더 나은 것을 바라지 않는 것, 더 나아지는 것 말이다. 지금 이 순간과 다음 순간, 그리고 다음, 그리고 다음.

모든 것이 엉망진창이다. 그리고 희망이 이 엉망진창의 원인이자 결과다.

이 사실을 받아들이기는 쉽지 않다. 우리 자신에게서 희망이라는 달콤한 꿀을 떼어 놓는 건 술고래에게서 술병을 떼어 놓는 것과 같기 때문이다. 우리는 희망이 없다면 다시 공허에 빠져들어 심연에 먹혀 버릴 것이라고 믿는다. 불편한 진실이 우리를 위협하고, 그래서 우리는 자신과 세계에 관한 이야기와 가치관과 서사와 신화와 전설을 지어내서 그 진실을 저지한다.

하지만 우리를 자유롭게 해 주는 유일한 것이 바로 그 진실이다. 당신과 나와 우리가 아는 모두가 죽을 것이고, 우리의 모든 행동이 우주의 규모를 고려하면 전혀 중요하지 않을 것이다. 어떤 이들은 이 진실 때문에 자신이 모든 책임으로부터 자유로워지게 될까 봐, 이를테면 마약을 하고 제멋대로 위험한 행동을 하게 될까 봐 걱정하지만, 사실 그들이 이 진실을 두려워하는 이유는 자유로워짐으로써 오히려 책임을 져야 하기 때문이다. 이것이 의미하는 바는 이렇다. 자신과 서로를 사랑하지 않을 이유가 없다. 자신과 지구를 존중하지 않을 이유가 없다. 우리 삶의 매 순간을 영원 회귀 속에서 살아가는 것처럼 살지 않을 이유가 없다.

나는 이 책의 후반부에서 희망 없는 삶이 어떤 모습일지 이해해 보려 할 것이다. 일단, 당신 생각만큼 나쁘지는 않다. 사실 나는 그게 다른 선택 사항보다 낫다고 믿는다.

또한 현대 세계와 그와 함께 엉망이 된 모든 것을 숨김없이 살펴볼 것이다. 그걸 고치기를 바라는 게 아니라 사랑하게 되기를 바라며 내린 평가다.

왜냐하면 우리는 종교적 갈등의 순환으로부터 반드시 벗어나야 하기 때문이다. 이념적 고치로부터 탈피해야 한다. 감정 뇌가 느끼도록 내버려 두어야 하지만, 그것이 간절히 열망하는 가치와 의미에 관한 이야기는 부정해야 한다. 선악에 대한 우리의 개념 너머로 뻗어 나가야 한다. 존재하는 것을 사랑하는 법을 배워야 한다.

세상을 바꿨지만 니체의 친구로 기억되는 메타

메타가 스위스 질스마리아에서 머무는 마지막 날이었다. 메타는 되도록 야외에서 많은 시간을 보내기로 마음먹었다.

프리드리히 니체가 좋아하는 산책로는 도심에서 500미터 떨어진 실바플라나 호수의 동쪽 둑 주변이었다. 하얀 봉우리가 인상적인 산으로 둘러싸인 호수는 해마다 이맘때면 빛을 받아 일렁였고 수정처럼 맑았다. 4년 전 여름, 프리드리히와 메타는 이 호수 주변을 산책하면서 처음 유대감을 형성했다. 메타는 프리드리히와 함께하는 마지막 날을 그렇게 보내고 싶었다. 그녀는 프리드리히를 그렇게 기억하고 싶었다.

두 사람은 아침을 먹은 직후 길을 나섰다. 햇살이 더할 나위 없이 따사로웠고, 공기는 비단결 같았다. 메타가 앞장섰고, 프리드리히는 지팡이에 의지해 절뚝이며 뒤를 따랐다. 그들은 헛간과 소 목장과 작은 사탕무 농장을 지났다. 프리드리히는 메타가 떠나면 암소가 자신의 가장 지적인 동반자가 될 것이라고 농담했다. 두 사람은 길을 가는 동안 웃고 노래하고 호두를 땄다.

그들은 정오쯤 걸음을 멈추고 낙엽송 아래에서 점심을 먹었다. 메타가 걱정하기 시작한 건 그때였다. 그들은 흥에 겨워서 너무 멀리 와 있었다. 메타가 예상한 것보다 훨씬 더 멀었다. 그녀는 프리드리히가 발을 맞추기 위해 육체적으로 정신적으로 애쓰고 있다는 것을 그제야 알아차렸다.

돌아가는 길은 프리드리히에게 몹시 힘들었다. 그는 이제 눈에 띄

게 발을 끌었다. 그리고 메타가 다음 날 아침에 떠난다는 현실은 불길한 달처럼 그들을 휘청거리게 하고 그들의 말에 그늘을 드리웠다. 프리드리히는 점점 심술이 나고 몸이 아팠다. 발걸음을 멈추는 일이 잦았다. 그리고 혼자 중얼거리기 시작했다.

메타는 생각했다.

'이게 아닌데.'

그녀는 이런 식으로 그를 떠나고 싶지 않았지만, 그래야 했다.

그들이 집에 가까워졌을 때는 늦은 오후였다. 해가 기울고 있었고, 공기는 이제 무거운 짐이었다. 프리드리히는 20미터나 뒤처졌지만, 메타는 그를 집으로 안착시킬 유일한 방법은 걸음을 멈추지 않는 것임을 알았다.

그들은 사탕무 농장, 헛간, 그리고 프리드리히의 새로운 동반자인 소를 똑같이 지나쳤다.

"뭐라고 했지? 신이 어디로 갔다고 했지?"

프리드리히가 소리를 질렀다.

메타는 돌아섰다. 눈으로 보기 전에 무엇을 보게 될지 알았다. 프리드리히가 지팡이를 허공에 휘두르며 그 앞에서 풀을 뜯는 소 떼를 향해 미치광이처럼 소리를 지르고 있었다.

"내가 말해 주지."

그가 숨을 거칠게 몰아쉬며 말했다. 지팡이를 들어 올리며 주위의 산을 향해 손짓했다.

"우리가 그를 죽였어. 너와 내가! 우리가 그를 살해한 거야. 그런데 우리가 어떻게 이런 일을 저질렀을까?"

소 떼는 조용히 풀을 씹었다. 한 녀석은 꼬리로 파리를 찰싹 때렸다.

"어떻게 우리가 바닷물을 다 마셔 말라버리게 할 수 있었지? 누가 우리에게 지평선을 지워 버릴 지우개를 주기라도 했나? 지구를 태양으로부터 풀어놓았을 때 우리는 무슨 짓을 저질렀지? 우리는 끊임없이 추락하고 있는 것이 아닐까? 우리는 무한한 무를 관통하는 것처럼 방황하는 건 아닌가?"

"프리드리히, 이건 어리석은 짓이야."

메타가 그의 소매를 잡아당기려고 했다. 하지만 그는 팔을 홱 뿌리쳤다. 그의 눈에 광기가 서려 있었다.[14]

"신은 어디에 있는가? 신은 죽었다. 신은 죽어버렸다! 우리가 신을 죽인 것이다."

그가 선언했다.

"제발, 말도 안 되는 소리 좀 그만해, 프리드리히. 그만하고 집으로 가자."

"살인자 중의 살인자인 우리는 이제 어디서 위로를 얻을 것인가? 지금까지 세계에서 존재한 가장 성스럽고 강력한 자가 지금 우리의 칼을 맞고 피를 흘리고 있다. 누가 우리의 이 피를 씻어줄 것인가?"

메타는 고개를 저었다. 아무런 소용이 없었다. 이것이었다. 이렇게 끝나는 것이었다. 그녀는 발걸음을 옮기기 시작했다.

"어떤 물로 우리를 정화시킬 것인가? 우리는 어떤 속죄 의식을, 어떤 성스러운 제전을 마련해야 한단 말인가? 이 행위의 위대함은 우리가 감당하기에는 너무 컸던 것이 아닐까? 그럴 자격을 얻으려면 우리 자신이 신이 되어야 하는 것 아닌가?"

고요했다. 멀리서 '음매' 소리가 울렸다.

"인간은 짐승과 초인 사이에 놓인 밧줄이다. 심연 위에 걸쳐진 밧줄이다. 인간이 위대한 건 인간은 목적지가 아니라 다리이기 때문이다. 인간이 사랑받을 이유는 인간은 뭔가 더 위대한 것의 서곡이기 때문이다."[15]

이 말이 메타를 강타했다.

그녀는 돌아서서 그를 뚫어져라 바라봤다.

오래전에 메타를 니체에게 빠져들게 한 것이 바로 '인간은 뭔가 더 위대한 것의 서곡'이라는 이 발상이었다. 그녀를 지적으로 유혹한 것이 바로 이 생각이었다. 왜냐하면 메타에게는 여성주의와 여성 해방(그녀의 이념 종교)이 '뭔가 더 위대한 것'이기 때문이었다. 하지만 니체에게 그것은 단지 또 다른 개념, 또 다른 비유, 또 다른 인간의 실패, 또 다른 죽은 신에 지나지 않는다는 것을 그녀는 깨달았다.

메타는 그 뒤로 계속해서 위대한 일을 했다. 독일과 오스트리아에서 여성 참정권을 위한 시위를 조직했고, 그걸 성취했다. 전 세계의 수많은 여성에게 영감을 줘서 자신의 새로운 프로젝트와 자신의 구원, 자신의 해방을 위해 일어서게 했다. 그녀는 조용히 익명으로 세상을 바꿨다. 메타는 니체와 대부분의 다른 '위대한' 남성보다 더 많은 인간을 해방하고 자유롭게 했지만, 그 일을 그늘 속에서, 역사의 뒤안길에서 했다. 실제로 오늘날 그녀는 프리드리히 니체의 친구로 알려져 있다. 즉 여성 해방의 주역이 아니라, 100년간의 이념 파괴를 정확히 예측한 남성에 대한 희곡의 조연으로 알려져 있다. 메타는 거의 드러나지 않고 금세 잊혔음에도, 마치 감춰진 실 가닥처럼,

세계를 묶어 줬다.

그래도 그녀는 계속 나아갔다. 메타는 자신이 그러리라는 걸 알았다. 우리 모두 그렇듯이, 그녀는 계속해서 심연을 건너려고 시도해야 했다. 자신을 위해서 어떻게 살아야 하는지는 여전히 알지 못해도, 다른 이를 위해 살아야 했다.

"메타."

니체가 말했다.

"왜?"

"나는 어떻게 살아야 하는지 모르는 사람들을 사랑해. 그들이야말로 경계를 가로지르는 자들이니까."

1 니체는 1882년에 저서 《즐거운 지식》에서 신의 죽음을 처음 선언했지만, 이 인용문은 1883년부터 1885년까지 4부로 나눠서 발간한 《자라투스트라는 이렇게 말했다》와 관련해서 잘 알려져 있다. 3부 이후 모든 출판업자가 이 프로젝트와 연관되기를 거부해서 니체는 4부를 직접 출판하기 위해 돈을 긁어모아야 했다. 이 책이 바로 채 40부도 팔리지 않은 책이다.

2 이 장에서 니체가 하는 말은 전부 그의 작품에서 가져온 실제 문장이다. 또한 이 장에 나오는 메타와 함께한 니체의 이야기는 1886년부터 1887년까지 소수의 여성(다른 여성은 헬렌 치먼과 레자 폰 시른호퍼)과 함께한 그의 여름을 가볍게 각색한 것이다.

3 일부 인류학자는 불평등과 사회 계층을 필연적으로 만들어 내는 경향이 있기 때문에 농업을 '인류 역사상 최악의 실수'라고 말하기까지 했다.

4 니체가 주인과 노예 도덕을 처음 기술한 것은 *Beyond Good and Evil*에서다. 그는 *The Genealogy of Morality*(1887)에서 각각의 도덕을 더 자세히 설명한다. 한국어판은 홍성광 옮김, 《도덕의 계보학》(연암서가, 2011). 나는 *The Genealogy of Morality*(New York : Penguin Classics, 2014)의 두 번째 에세이에서 3장에서 논한 '도덕적 간극' 개념을 처음 접했다. 니체는 개개인의 도덕이 부채 의식에 기초한다고 주장한다.

5 대부분의 다신교가 일신교와 달리 개종에 집착하지 않는다는 점은 흥미롭다. 그리스와 로마는 토착 문화가 그들 자신의 믿음을 따르는 것을 기꺼이 허용했다. 종교적인 성전이 시작된 건 노예 도덕 이후다. 그 이유는 아마도 노예 도덕 종교가 다른 믿음을 따르는 문화를 견딜 수 없기 때문일 것이다. 노예 도덕은 세상이 평등하기를 요구하고, 평등하려면 사람들은 서로 다를 수 없다. 그러므로 다른 문화는 개종돼야 했다. 이것이 극단적인 좌익 믿음 체계의 역설적인 압제다. 평등이 신적 가치가 될 때, 믿음의 차이는 허용될 수 없다. 그리고 믿음의 차이를 파괴하는 유일한 방법은 전체주의를 거치는 것이다.

6 내가 스티븐 핑커의 책에서 가장 우려하는 점은 그가 과학 혁명을 철학적 계몽과 동일시한다는 것이다. 과학 혁명은 계몽주의보다 앞선 것이고 후자의 인본주의적 신념과는 별개다. 그래서 나는 서구의 이념이 아니라 과학이 인류 역사에서 일어난 가장 좋은 것이라는 점을 강조한다.

7 1인당 GDP 성장률은 다음 자료를 바탕으로 추정한 것이다. Angus Maddison, *The World Economy : A Millennial Perspective*, Organisation for Economic Co-operation and Development(OECD), 2006.

8 자연재해 직후에 사람들이 더 종교적으로 된다는 증거가 있다. 다음을 참고하라. Jeanet Sinding Bentzen, "Acts of God? Religiosity and Natural Disasters Across Subnational World Districts", University of Copenhagen Department of Economics Discussion Paper No. 15-06, 2015, http://web.econ.ku.dk/bentzen/ActsofGodBentzen.pdf.

9 공산주의에 관한 니체의 생각을 보여 주는 기록은 없지만, 그는 분명히 공산주의를 알고 있었을 것이다. 그리고 노예 도덕을 혐오했다는 점을 고려하면, 분명히 공산주의를 혐오했을 것이다. 이와 관련된 그의 믿음은 오랫동안 나치즘의 전조로 오해받았지만, 니체는 평생 독일 민족주의의 급성장을 몹시 못마땅하게 여겼고 그 때문에 많은 친구(가장 유명한 친구는 바그너)와 사이가 틀어졌다. 니체의 여동생과 매부는 열렬한 민족주의자이자 반유대주의자였다. 그는 두 믿음이 전부 어리석고 역겹다고 생각했고, 그들에게 그렇게 말했다. 사실, 당시에 그의 세계주의적 견해는 급진적이고 드문 것이었다. 그는 개인적 행위의 가치만 철저히 믿었고, 그 외 시스템이나 인종, 국적은 전혀 믿지 않았다. 여동생과 그녀의 남편이 파라과이로 이주해서 순수한 독일 혈통으로만 사회를 조성할 수 있는 새로운 게르마니아를 시작하겠다고 말하자, 니체는 여동생을 대놓고 비웃어서 그녀는 몇 년 동안 그와 말을 하지 않았다고 한다. 그의 작품을 사후에 나치 이념이 끌어들여서 왜곡한 것은 비극이고 아이러니한 일이다. 수 프리도는 그의 철학이 어떻게 더럽혀졌는지와 제 가치를 인정받기까지 50년이라는 긴 복권 과정을 거쳤다는 점을 흥미롭게 설명한다. 이 부분을 깊이 알고 싶다면 다음을 참고하라. Prideaux, *I Am Dynamite!*

10 불교 철학은 이런 희망 창조와 파괴의 주기를 윤회로 묘사했다. 윤회는 우리가 세속적이고 일시적인 가치관에 집착하기 때문에 생겨나고 영속화한다. 부처의 가르침에 따르면, 우리 심리의 근본적 본성은 고(苦)이며, 이 개념은 '갈망'으로 번역될 수도 있다. 부처는 인간의 갈망은 절대 채워질 수 없으며, 우리는 그 갈망을 끊임없이 충족하려 드는 과정에서 고통을 만들어 낸다고 경고했다. 희망을 포기한다는 생각은 열반에 이르려고 하거나 모든 심리적 애착 혹은 갈망을 떨쳐 버리려는 불교의 사상과 매우 비슷하다.

11 여기서 논의한 판도라의 상자 신화는 다음에서 유래한 것이다. Hesiod's *Work and Days.*

12 이건 일종의 농담이기도 하고, 아니기도 하다. 고대 세계 결혼의 끔찍한 기원을 알고 싶다면 다음을 참고하라. Stephanie Coontz, *Marriage, a History : How Love Conquered Marriage*(New York : Penguin Books, 2006). 한국어판은 김승욱 옮김, 《진화하는 결혼》(작가정신, 2009).

13 헤시오도스가 '희망'을 의미하기 위해 사용한 그리스어 단어는 '기만적인 기대'로도 번역될 수 있을 듯싶다. 그래서 희망이 파멸로 이어질 수도 있다는 생각에 근거하여 비관적인 해석이 늘 있었다.

14 메타 폰 잘리스에 따르면, 실바플라나 호수 근처에서 소를 향해 한 이 '열정적이고 긴' 연설은 실제로 있던 일이다. 이 연설은 이 무렵에 표면화되기 시작한 니체의 정신병을 보여 주는 최초의 사건일 것이다.

15 이 장에 나오는 니체의 나머지 대사는 다음에 나온다. Friedrich Nietzsche, *Thus Spoke Zarathustra*, R. J. Hollingdale 옮김(1883 : repr. New York : Penguin Classics, 2003), '인간은 뭔가 더 위대한 것의 서곡'은 나의 해석이다. 원문은 '인간은 과도기의 존재'이다.

2부

희망
너머의
세상

6장
인간성 공식

희망의 문제는
그것이 거래라는 사실이다.

열심히 일하고 돈을 모으면
행복해질 것이라는,
상상 속의 미래를 대가로 놓고
현재의 행동을 흥정하는 것이다.

희망도 절망도 없이 행동하는 자, 칸트

칸트는 보는 사람의 관점에 따라 역사상 가장 지루한 사람이거나 생산성의 화신이다. 그는 40년 동안 매일 아침 5시에 일어나서 정확히 세 시간 동안 글을 썼다. 그런 다음 같은 대학교에서 정확히 네 시간 동안 강의를 한 뒤, 매일 같은 식당에서 점심을 먹었다. 오후에는 매일 같은 공원을 지나는 길을 따라 산책을 하다가 정확히 같은 시간에 귀가했다. 칸트는 40년 동안 이렇게 했다. 하루도 빠짐없이 매일.

칸트는 효율성의 화신이었다. 습관을 기계처럼 지켜서 그가 아파트를 나서는 시간에 시계를 맞추면 된다고 이웃들이 농담할 정도였다. 매일 오후 3시 30분에 산책을 하러 나갔고, 대부분 같은 친구와 저녁 식사를 함께했으며, 일을 조금 더 한 뒤, 매일 밤 정확히 10시에 잠자리에 들었다.

엄청나게 따분한 사람처럼 들리겠지만, 칸트는 세계사에서 가장 중요하고 영향력 있는 사상가 중 한 사람이다. 그는 프로이센 왕국 쾨니히스베르크에 있는 아파트 단칸방에서 대부분의 왕이나 대통령, 수상, 장군이 한 것보다 더 많은 일을 해서 세상을 인도했다. 그의 세대 이전과 이후를 합쳐서 말이다.

개인의 자유를 보호하는 민주주의 사회에 사는 사람은 칸트에게 감사해야 한다. 그는 모든 사람이 존엄성을 타고난다고 주장한 최초의 인물 중 한 사람이다. 그리고 전 세계의 평화를 보장할 수 있는 국제 통치 기구를 최초로 구상했다(이 발상은 결국 국제 연합을 형성하는 데 영감을 줬다).[1] 우리가 시간과 공간을 어떻게 지각하는지에 관한 그의 기술은 나중에 아인슈타인이 상대성 이론을 발견하는 데 영감을 줬다. 그는 동물권의 가능성을 최초로 시사한 인물 중 한 사람이다.[2] 또한 미학을 재창조했다. 합리론과 경험론 사이에서 200년 동안 계속된 철학적 논쟁을 몇백 페이지로 해결했다.[3] 그리고 이 정도로는 부족했는지, 아리스토텔레스 이후 서양 문명의 근간이던 사고를 전복하고, 도덕 철학을 머리끝에서 발끝까지 재창조했다.[4]

칸트는 지성계의 강자였다. 생각 뇌에 이두박근이 있다면, 칸트의 생각 뇌는 지성계의 미스터 올림피아일 것이다.

칸트는 생활 방식과 마찬가지로 세계에 관한 견해에서도 엄격하고 단호했다. 그는 명백한 옳고 그름이 있다고 믿었다. 그의 가치 체계는 인간의 모든 감정이나 감정 뇌의 판단 밖에서 작동하는 초월적인 것이었다.[5] 게다가 그는 자신이 설교하는 대로 살았다. 왕은 그를 검열하려 했고, 사제는 그를 비난했으며, 학자는 그를 시기했다. 하지만 칸트는 이에 아랑곳하지 않았다.

칸트는 신경을 껐다. 이 표현의 가장 진실하고 심오한 의미에서 그랬다.[6] 칸트는 내가 이제껏 접한 사상가 중 유일하게 희망과 그것이 의존하는 결함 있는 인간의 가치관을 멀리했고, 불편한 진실을 정면으로 마주하고 그 끔찍한 함축을 받아들이기를 거부했으며, 심

연을 오직 논리와 순수 이성으로 응시했고, 오로지 자기 정신의 탁
월함으로 무장한 채 신 앞에 서서 도전했다…….

……그리고 어찌 된 일인지 승리했다.[7]

하지만 칸트의 초인적인 투쟁을 이해하려면, 일단 우회해서 심리
발달과 성숙, 성인에 대해 배워야 한다.[8]

청소년이 배우는 것, '목표를 이루려면 고통을 견뎌야지'

네 살 무렵 나는 엄마가 하지 말라고 했는데도 뜨거운 가스레인지
에 손을 가져다 댔다. 그날 중요한 교훈을 얻었다. 아주 뜨거운 물건
은 최악이다. 만지면 화상을 입는다. 그래서 다시는 만지지 않게 됐
다. 비슷한 시기에 중요한 것을 또 하나 발견했다. 냉장고 맨 위에
아이스크림이 있었는데, 까치발을 하면 쉽게 닿을 수 있었다. 어느
날 엄마가 다른 방에 계실 때(불쌍한 엄마), 나는 아이스크림을 움켜
쥐고 바닥에 앉아 맨손으로 마구 퍼먹었다.

그건 내가 앞으로 10년 동안 경험할 일 중 오르가슴에 가장 근접
한 경험이었다. 만약 자그마한 네 살배기의 마음에 천국이 있다면,
방금 그걸 찾은 셈이었다. 신성이 얼어붙어 있는 통 안에 나만의 작
은 극락이 있었다. 아이스크림이 녹기 시작하자, 나는 남은 걸 얼굴
에 온통 처발라서 아이스크림이 셔츠 위로 뚝뚝 떨어졌다. 물론 이
모든 일은 슬로모션으로 벌어졌다. 나는 그 달콤하고 맛난 자양분
으로 거의 목욕을 하고 있었다. 오, 그래, 장엄한 설탕 우유. 너의 비
밀을 나와 함께 나누어라. 오늘 나는 위대함을 알게 되리라.

그때 엄마가 들어와서 난리가 났다. 당연히 목욕을 해야 했지만 그걸로 끝이 아니었다.

나는 그날 몇 가지 교훈을 얻었다. 첫째, 아이스크림을 몰래 가지고 가서 온몸과 주방 바닥에 쏟으면 엄마가 몹시 화를 낸다. 둘째, 화난 엄마는 최악이다. 야단치고 벌을 준다. 가스레인지에 덴 날과 마찬가지로 그날 나는 하지 말아야 하는 것을 배웠다.

하지만 한 차원 높은 세 번째 교훈이 있었다. 그 교훈은 너무나 명백해서 우리가 인식조차 하지 못하지만 다른 교훈보다 훨씬 더 중요한 것이었다. 그것은 바로 아이스크림 먹기가 화상을 입는 것보다 낫다는 것이다.

이 교훈이 중요한 이유는 그것이 가치 판단이기 때문이다. 아이스크림이 뜨거운 가스레인지보다 낫다. 나는 손에 닿은 불꽃보다 입 안의 단맛이 좋다. 이것은 선호에 대한 발견이었고, 따라서 우선순위 매기기에 대한 발견이었다. 다시 말해, 내 감정 뇌가 이 세상에서 어떤 것이 다른 것보다 낫다고 결정했고, 나의 초창기 가치 위계를 구성했다.

내 친구는 예전에 이런 말을 했다.

"부모가 된다는 건 끊임없이 아이 뒤를 졸졸 따라다니면서 아이가 뜻하지 않게 자신을 죽이는 일이 없도록 하는 것이다. 아이가 뜻하지 않게 자신을 죽이는 방법을 얼마나 많이 찾아낼 수 있는지에 놀라게 될 것이다."

아이가 의도치 않게 자신을 다치게 하는 새로운 방법을 항상 찾아내는 이유는 아이 심리 뒤에 있는 원동력이 탐구이기 때문이다. 어린 시절은 주변 세계의 탐구를 통해 정보를 모으는 시기다. 감정 뇌가 우리를 기쁘게 하는 것과 해치는 것, 기분을 좋게 하는 것과 나쁘게 하는 것, 더 추구할 만한 가치가 있는 것과 피해야 하는 것들에 대한 정보를 수집한다. 그 과정을 통해 우리는 무엇이 우선하는 가치인지 알아냄으로써 가치 위계를 만들고 그 결과 무엇을 희망해야 하는지 알아 가게 된다.[9]

결국 탐구 단계는 스스로 막을 내린다. 그건 탐구할 세상이 바닥나기 때문이 아니다. 그 반대다. 탐구 단계가 마무리되는 이유는 탐구할 세상이 너무 많다는 사실을 나이가 들면서 깨닫기 때문이다. 모든 것을 만지고 맛볼 수는 없다는 사실을, 모든 것을 볼 수도 모든 사람을 만날 수도 없다는 사실을 알게 된다. 너무 많은 잠재적 경험이 존재한다. 우리는 자기 존재의 엄청난 규모에 압도되고 겁을 먹는다.

그래서 우리의 뇌는 모든 것을 탐험하는 대신 우리 앞에 있는 세계의 무한한 복잡성을 처리하는 데 도움을 주는 규칙을 만드는 데 더 집중하기 시작한다. 이 규칙의 대부분은 부모와 교사로부터 배우지만, 상당 부분은 스스로 알아낸다. 온갖 불꽃 근처에서 어슬렁거린 뒤 가스레인지 불꽃만이 아니라 모든 불꽃이 위험하다는 규칙을 깨닫고, 엄마가 화내는 모습을 여러 번 경험한 뒤 엄마 몰래 냉장고에 있는 디저트를 급습해서 가져가는 건 언제나 나쁘다는 사실을 이해하기 시작한다.[10]

그 결과, 몇몇 일반적인 원칙이 우리 마음속에 생겨나기 시작한다. 위험한 물건 주위에서는 조심하지 않으면 다친다. 정직해야 부모님이 잘해 준다. 내 것을 형제자매와 나눠야 그들도 나눈다. 이런 새로운 가치관은 좀 더 세련된 것이다. 왜냐하면 추상적이기 때문이다. '공정'을 손가락으로 가리키거나 '신중'을 그림으로 그릴 수는 없다. 아이들은 이렇게 생각한다.

'아이스크림은 기막히게 맛있으니까 나는 아이스크림을 원해.'

하지만 청소년은 다르다.

'아이스크림이 기막히게 맛있지만, 물건을 몰래 가져가면 부모님이 화를 내고 벌을 받을 테니까 나는 아이스크림을 몰래 가져가지 않을 거야.'

청소년은 어린아이는 할 수 없는 방식으로 인과 관계에 관해 고민하고, 가정법을 자신의 의사 결정에 적용한다.

그 결과 청소년은 쾌락만 좇고 고통을 회피하면 문제가 생긴다는 것을 알게 된다. 행동은 결과를 낳는다. 자신의 욕망과 주변 사람의 욕망을 절충해야 한다. 사회와 국가의 규칙에 따라 행동해야 하고, 그러면 대체로 보상을 받는다.

이것이 제대로 된 성숙이다. 요컨대, 수준 높고 추상적인 가치관을 개발해서 더 넓은 맥락에서 의사 결정을 할 수 있는 능력을 향상시키는 것 말이다. 이것이 세상에 적응하는 방식이며, 무한해 보이는 경험을 다루는 법을 배우는 방식이다. 이것이 어린이에게 중요한 인지적 도약이자, 건전하고 행복하게 성장하기 위한 바탕이다.

어린아이는 작은 폭군과 같다. 그들은 어떤 순간에 즉시 쾌락을 얻거나 고통을 받는 것 이상을 상상하지 못한다. 공감하지 못한다. 다른 사람의 입장에서 생각한다는 게 어떤 것인지 상상할 수 없다.

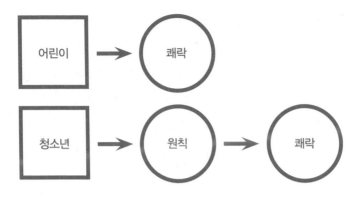

어린이는 오로지 자신의 쾌락만 생각한다.
반면에 청소년은 목표를 달성하기 위해 규칙과 원칙을 따르는 법을 배운다.

아는 것이라고는 자기가 아이스크림을 원한다는 것뿐이다.[11]

그래서 어린아이의 정체성은 아주 작고 연약하다. 그저 쾌락을 얻는 것과 고통을 피하게 해 주는 것으로 구성된다. 수지는 초콜릿을 좋아한다. 개를 무서워한다. 색칠하기를 좋아한다. 가끔 남동생에게 심술을 부린다. 이것이 수지 정체성의 한계다.

그녀의 생각 뇌는 아직 자신에게 맞는 일관성 있는 이야기를 만들어 내기에 충분한 의미를 개발해 내지 못했기 때문이다. 쾌락이 무엇을 위한 것인지, 고통이 무엇을 위한 것인지 물을 수 있는 나이가 됐을 때에야 비로소 자신을 위한 의미 서사를 만들어 내고 정체성을 확립할 수 있다.

쾌락과 고통에 대한 지식은 청소년기에도 여전히 존재한다. 단지 쾌락과 고통이 더는 대부분의 의사 결정을 좌우하지 않을 뿐이다.[12] 더는 가치관의 기준이 아니다. 성장한 아이는 자신의 감정을 규칙과 거래, 사회 질서에 대한 이해와 저울질해서 계획을 세우고 결정을 내린다. 이를 통해 정체성이 더 크고 튼튼해진다.[13]

청소년도 쾌락과 고통에 대해 배울 때 어린아이와 마찬가지로 실수를 저지른다. 유일하게 다른 점은 청소년은 다양한 사회 규칙과 사회적 역할을 시험해 보는 과정에서 실수한다는 것이다. 이걸 입으면 멋져 보일까? 이렇게 말하면 사람들이 나를 좋아할까? 이 음악을 즐기는 척하면 인기를 얻을까?[14]

이건 발전이지만, 삶에 대한 청소년의 접근법에도 여전히 약점이 있다. 모든 것이 거래로 보인다는 것이다. 청소년에게 삶은 끝없는 흥정이다. 돈을 벌기 위해 상사의 말을 들을 것이고, 혼나지 않기 위해 엄마에게 전화를 할 것이다. 미래를 망치지 않기 위해 숙제를 할 것이다. 갈등을 처리할 필요가 없도록 거짓말을 하고 좋은 사람인 척할 것이다.

그 자체를 위한 행동은 아무것도 없다. 모든 것이 대개 부정적인 반응에 대한 두려움에서 기인한 계산된 거래다. 모든 것이 쾌락을 주는 목표를 위한 수단이다.[15]

청소년기 가치관의 문제는 자신 외에는 어떤 것도 용납할 수 없게 된다는 점이다. 청소년이라 해도 속마음은 여전히 아이일 뿐이다. 좀 더 영리하고 훨씬 더 되바라진 아이도 마찬가지다. 모든 것이 여전히 쾌락을 극대화하고 고통을 최소화하는 것을 중심으로 돌아간다. 단지 청소년은 그걸 달성하기 위해 몇 가지 수단을 미리 생각할 만큼 요령이 있을 뿐이다.

결국 청소년기 가치관은 자멸한다. 평생을 그런 식으로 살아갈 수는 없다. 그러지 않으면 절대 자기 삶을 살 수 없다. 그저 주변 사람이 갖고 있는 욕망의 집합체로 살아갈 뿐이다.

정서적으로 건강한 개인이 되려면 이런 끊임없는 흥정, 즉 모든 사람을 쾌락을 위한 수단으로 취급하는 것에서 벗어나야 하고, 훨씬 더 고귀하고 추상적인 지도 원칙을 이해하는 데 이르러야 한다.

성인이 되는 법, '삶에서 중요한 건 흥정할 수 없어'

구글에서 '성인이 되는 법'을 검색하면, 대부분의 결과가 면접 준비와 재무 관리, 뒷정리하기, 또라이 되지 않기에 초점이 맞춰져 있다. 이 모든 게 성인이면 해야 하는 중요한 일이지만, 그것만으로 성인이 되지는 않는다. 그저 어린이에서 벗어날 뿐이다. 둘은 같은 것이 아니다.

대부분의 사람이 이런 행동을 하는 이유는 그것이 규칙과 거래에 기초하기 때문이다. 그건 표면적인 목표를 달성하기 위한 수단이다. 당신이 면접을 준비하는 이유는 좋은 직업을 원하기 때문이다. 집을 청소하는 법을 배우는 이유는 청결 정도가 사람들이 당신을 어떻게 생각하느냐에 직접적인 영향을 미치기 때문이다. 재정을 관리하는 이유는 그렇게 하지 않으면 언젠가 쫄딱 망해 버리기 때문이다. 규칙과 사회 질서, 흥정은 우리를 이 세상에서 제대로 기능하는 인간이 되게 해 준다.

하지만 결국 우리는 삶에서 가장 중요한 것은 흥정을 통해 얻을 수 없다는 사실을 깨닫는다. 아버지와 사랑을 흥정하거나 친구와 우정을, 또는 상사와 존중을 흥정하고 싶지는 않다. 흥정으로 사랑이나 존중을 얻는 건 추잡하게 느껴진다. 그건 모든 걸 무너뜨린다. 누군가를 설득해서 나를 사랑하게 해야 한다면, 그는 나를 사랑하지 않을 것이다. 누군가를 구슬려서 나를 존중하게 해야 한다면, 그는 나를 절대 존중하지 않을 것이다. 누군가를 설득해서 나를 신뢰하게 해야 한다면, 그는 실제로는 나를 신뢰하지 않을 것이다.

삶에서 가장 소중하고 중요한 것은 당연히 흥정과는 무관하다. 그걸 흥정하려 드는 행위는 그걸 즉각적으로 파괴한다. 행복을 위해 음모를 꾸밀 수는 없다. 그건 불가능하다. 하지만 사람들은 흔히 그렇게 한다. 특히 자기 계발을 비롯한 개인적 발전에 관한 조언을 구할 때 그렇다. 그들이 하는 말은 기본적으로 이런 것이다.

"내가 해야 하는 게임의 규칙에 대해 알려 줘. 그러면 게임에 참가할 거야."

하지만 그들은 행복으로 가는 길을 가로막는 것이 바로 행복에 규칙이 있다는 생각이라는 사실을 깨닫지 못한다.[16] 흥정과 규칙을 통해 삶을 항해하는 사람은 물질적 세계에서는 멀리 갈 수 있지만, 감정적 세계에서는 무력하게 홀로 남겨진다. 거래 가치관은 조작에 기반을 둔 관계를 만들어 내기 때문이다.

성인은 때로는 추상적인 원리가 그 자체로 옳고 좋다는 것, 이를테면 정직한 행동이 오늘은 나와 타인의 마음을 아프게 할지라도 그건 옳은 행동이라는 사실을 깨닫는다. 청소년이 어린이의 쾌락과 고통 이상의 것이 세계에 존재한다는 점을 깨닫는 방식으로 성인은 청소년의 인정과 만족을 위한 끊임없는 흥정 이상의 것이 세계에 존재한다는 사실을 깨닫는다. 그러므로 성인이 된다는 것은 옳은 행동을 단순히 그것이 옳다는 이유만으로 할 수 있는 능력을 개발하는 것이다.

청소년이 정직을 가치 있게 여기는 이유는 그렇게 말하면 좋은 결과가 있다는 사실을 알게 됐기 때문이다. 하지만 곤란한 대화에 직면하면 악의 없는 거짓말을 하고, 사실을 과장하고, 수동적 공격성을 드러낸다. 성인은 정직이 자신의 쾌락이나 고통보다 중요하다는 단순한 이유 때문에 정직하게 행동한다. 정직은 원하는 것을 얻거나 목표를 달성하는 것보다 중요하다. 정직은 그 자체로 좋고 가치 있다. 그러므로 정직은 다른 목표를 위한 수단이 아니라, 하나의 목표다.

청소년은 사랑한다고 말하겠지만, 그들의 사랑은 보답으로 뭔가를 얻는 것이다. 사랑은 그저 감정을 교환하는 벼룩시장일 뿐이며, 그곳에서 각자 내놓을 수 있는 모든 것을 가져와 최고의 거래를 위해 흥정한다. 성인은 보답으로 뭔가를 기대하지 않고 자유롭게 사랑한다. 그것이 사랑을 실현할 수 있는 유일한 길이라는 사실을 알기 때문이다. 또 어떤 보답도 바라지 않고 선물을 준다. 그렇게 하는 것이 선물을 주었을 때의 대가나 목적을 처음부터 없애 주기 때문이다.

성인의 원칙에 입각한 가치관은 무조건적이다. 다시 말해, 다른 수단을 통해 절대 도달할 수 없다. 그것은 그 자체로 목적이다.[17]

세상에는 애늙은이가 많이 있다. 닳고 닳은 청소년도 많다. 빌어먹을, 심지어 아이 같은 어른도 있다. 어느 시점을 지나면 성숙은 나

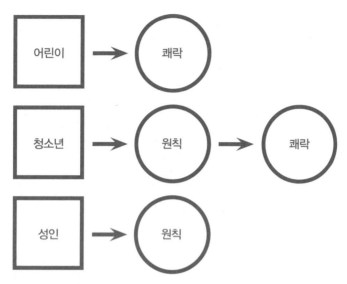

성인은 원칙을 위해 쾌락을 멀리할 수 있다.

이와 무관하기 때문이다.[18] 중요한 것은 개인의 의도다. 어린이, 청소년, 성인의 차이는 나이나 무엇을 하는지에 달려 있지 않다. 무엇을 왜 하는지에 달려 있다. 아이가 아이스크림을 슬쩍하는 이유는 기분이 좋기 때문이며, 그 결과에는 무신경하거나 무관심하다. 청소년이 그러지 않는 이유는 미래에 나쁜 결과를 초래하리라는 것을 알기 때문이지만, 그의 결정은 궁극적으로 미래의 자신과의 흥정이다. 즉 미래의 더 큰 고통을 막기 위해 현재의 쾌락을 포기하는 것이다.[19]

도둑질은 나쁘다는 단순한 원칙 때문에 도둑질을 하지 않는 건 성인뿐이다. 성인은 도둑질을 하면, 심지어 들키지 않는다 해도, 자신을 자책할 것이다.[20]

희망을 버릴 수 있을 때 당신은 성장한다

어린아이 시절에 쾌락과 고통의 가치관('아이스크림이 좋아', '뜨거운 가스레인지는 나빠')을 초월하는 법을 배우는 방식은 그 가치관을 따르다가 실패를 맛보는 것이다. 우리는 실패의 고통을 경험하고 나서야 비로소 그걸 초월하는 법을 알게 된다.[21] 우리는 아이스크림을 슬쩍하고, 엄마는 화가 나서 우리를 혼낸다. 갑자기 '아이스크림이 좋아'가 전처럼 단순해 보이지 않는다. 고려할 요소가 늘어났다. 나는 아이스크림도 좋아하지만 엄마도 좋아한다. 그런데 아이스크림을 가져가면 엄마가 화를 낸다. 어떻게 하지? 결국 아이는 타협해야 한다는 사실을 셈에 넣게 된다.

바람직한 초기 육아는 기본적으로 이렇게 요약된다. 쾌락과 고통에 이끌린 아이의 행동에 올바른 결과를 구현해야 한다. 아이스크림을 슬쩍하면 벌을 주어라. 식당에서 조용히 앉아 있으면 보상하라. 삶은 자신의 충동이나 욕구보다 훨씬 더 복잡하다는 사실을 아이가 이해하도록 돕는 것이다. 이걸 하지 못하는 부모는 아이를 아주 근본적으로 망친다. 아이는 머지않아 세상이 자신의 변덕을 받아 주지 않는다는 충격적인 깨달음을 얻을 것이기 때문이다. 성인이 되어 이걸 배우는 건 믿기 힘들 만큼 고통스러운 일이다. 어렸을 때 이것을 알게 되는 것보다 훨씬 더 고통스럽다. 이걸 이해하지 못한다는 이유로 또래와 사회는 그를 사회적으로 처벌할 것이다. 이기적이고 버릇없는 녀석과 친구가 되기를 원하는 사람은 없다. 타인의 감정을 고려하지 않거나 규칙을 준수하지 않는 사람과 함께

일하고 싶어 하는 사람은 없다. 냉장고에서 아이스크림을 슬쩍하는 사람을 받아들이는 사회는 어디에도 없다. 은유적으로나 말 그대로 말이다. 교육받지 않은 아이는 그 행동으로 인해 성인 세계에서 배척받고 조롱당하고 처벌받을 것이며, 그로 인해 훨씬 더 큰 고통과 괴로움을 겪을 것이다.

부모는 다른 식으로 아이를 망칠 수도 있는데, 그건 학대다.[22] 학대받는 아이도 고통과 쾌락 중심 가치관을 넘어서서 성장하지 못한다. 논리적 패턴을 따르지 않는 벌은 더 심오하고 추상적인 가치관을 만들어 주지 않기 때문이다. 학대받는 아이는 예측할 수 있는 실패가 아니라 무작위적이고 잔인한 경험을 할 뿐이다. 똑같은 잘못을 했을 때 어떤 날은 지나치게 가혹한 벌을 받고 또 어떤 날은 아무 일도 일어나지 않는다. 그러므로 어떤 교훈도 얻지 못한다. 더 수준 높은 가치관을 얻지 못한다. 성장하지 못한다. 아이는 자신의 행동을 통제하는 법을 배우지 못하고, 끊임없는 고통을 처리하는 대응 기제를 발달시키지 못한다. 그래서 학대받은 아이와 응석받이로 자란 아이는 결국 성인이 됐을 때 흔히 같은 문제를 보인다. 그들은 여전히 어린 시절의 가치 체계에 매달린다.

궁극적으로, 어린이에서 청소년으로 넘어가려면 신뢰가 필요하다. 어린이는 자신의 행동이 예측 가능한 결과를 낳으리라는 것을 신뢰해야 한다. 뭔가를 슬쩍하면 언제나 나쁜 결과가 따른다는 것을 알아야 한다. 뜨거운 가스레인지에 손을 대는 것은 나쁜 결과를 낳는다. 아이는 이런 결과를 믿음으로써 그걸 중심으로 규칙과 원칙을 발달시킬 수 있게 된다. 자라서 사회에 나갈 때도 마찬가지다.

신뢰할 수 있는 기관이나 지도자가 없는 사회는 규칙과 역할을 발달시킬 수 없다. 신뢰가 없으면, 결정을 좌우하는 믿을 만한 원칙이 존재하지 않게 되고, 그래서 모든 것이 어린애 같은 이기주의에 휘둘리게 된다.

사람들이 청소년기의 가치관에서 벗어나지 못하는 이유는 청소년으로 성장하지 못하는 어린이의 그것과 같다. 그건 바로 정신적인 충격과 무시다. 집단 괴롭힘 피해자가 대표적인 예다. 어린 시절에 집단 괴롭힘을 당한 경험이 있는 사람은 누군가 자신을 좋아하거나 존중하는 일은 절대 없을 것이라는 잘못된 이해를 바탕으로 세상을 헤쳐 나간다. 이들은 애정이란 노련한 대화와 미리 준비한 행동을 통해 어렵사리 얻을 수 있는 것이라고 생각한다. 반드시 특정한 방식으로 옷을 입고, 말을 하고, 행동해야 하고, 그렇게 하지 않으면 큰일 난다고 생각하는 것이다.[23]

어떤 사람들은 협상 게임을 믿기 힘들 만큼 잘한다. 이들은 매력적이고 카리스마가 넘치며, 다른 사람이 자기에게서 뭘 원하는지를 직감적으로 알고 그 역할을 수행할 수 있다. 이런 솜씨는 기대를 크게 저버리는 일이 거의 없기 때문에, 이들은 이것이야말로 온 세상이 돌아가는 방식이라고 믿게 된다. 삶은 하나의 거대한 고등학교 체육관이고, 사람들에게 밀리지 않으려면 먼저 밀어내야 한다.

청소년이 배워야 할 점은 협상은 끝없이 돌아가는 쳇바퀴이며, 삶에서 진정한 가치와 의미가 있는 것은 조건과 거래가 없을 때만 얻을 수 있다는 사실이다. 이걸 배우려면 좋은 부모와 교사가 청소년의 흥정에 굴복하지 않아야 한다. 최고의 방법은 당연히 무조건적인 모습을 보여 주는 것이다. 청소년에게 신뢰를 가르치는 최고의 방법은 그를 신뢰하는 것이다. 존중을 가르치는 최고의 방법은 그를 존중하는 것이다. 사랑하는 법을 가르치는 최고의 방식은 그를 사랑하는 것이다. 사랑이나 신뢰나 존중을 강요하지 말고, 그냥 그를 사랑하고 신뢰하고 존중하라. 그것이 바로 무조건적인 행동이다. 어느 순간, 청소년의 흥정은 기대를 저버릴 것이고, 준비가 됐을 때 그는 무조건적인 행동의 가치를 이해하게 될 것이다.[24]

부모와 교사가 실패한다면, 그건 그들 자신이 청소년 수준의 가치관에 갇혀 있기 때문이다. 그들도 세상을 거래의 관점으로 바라본다. 그들도 섹스의 대가로 사랑을, 애정의 대가로 충성을, 복종의 대가로 존중을 제공한다. 그들은 애정이나 사랑, 존중을 위해 자기 아이들과 흥정할 가능성이 크다. 그들은 이것이 정상이라고 생각한다. 아이 역시 이것이 정상이라고 생각하면서 자란다. 이 형편없고, 천박하고, 거래하는 관계는 나중에 자식이 성인이 돼 관계를 형성할 때 되풀이된다. 아이가 부모가 됐을 때 자신의 가치관을 아이들에게 전함으로써 모든 혼란이 다음 세대로 이어지기 때문이다.

청소년처럼 사고하는 사람들이 성인이 되면 그들은 이렇게 생각할 것이다. 모든 인간관계는 끝없는 무역 협정이다. 친밀함은 타인을 알고 지낼 때 얻는 각자의 이익을 위해 위장하는 거짓된 느낌일 뿐이다. 모든 사람은 목적을 위한 수단이다. 결국 그들은 자신의 문제가 세상을 제대로 바라보는 시각 자체에서 기인한다는 사실을 알아차리지 못하고 거래를 제대로 하는 데 시간이 너무 오래 걸렸다는 점이 유일한 문제라고 생각할 것이다.

무조건적으로 행동한다는 건 어려운 일이다. 상대가 나를 사랑해 주지 않을 수 있다는 걸 알아도 우리는 누군가를 사랑하고, 상처받거나 골탕 먹을지 모른다는 걸 인식해도 우리는 누군가를 신뢰한다. 무조건적으로 행동하려면 어느 정도의 믿음이 필요하기 때문이다. 더 큰 고통을 야기하거나 자신에게 도움이 되지 않는다 해도 이건 옳은 일이라는 믿음 말이다.

온전한 성인으로 성장하려면 고통을 견디는 능력뿐만 아니라 희망을 버리는 용기도 있어야 한다. 즉 상황이 언제나 더 낫고 더 즐겁기를 바라는 욕구를 놓아 버릴 용기가 있어야 한다. 생각 뇌는 이건 비논리적이며, 아무래도 가정이 뭔가 잘못된 게 틀림없다고 말할 것이다. 하지만 어쨌든 우리는 그렇게 한다. 감정 뇌는 우물쭈물하며 무자비한 정직의 고통, 누군가를 사랑할 때 생기는 취약성, 겸손에서 비롯되는 두려움에 벌벌 떤다. 그럼에도 우리는 어쨌든 그렇게 한다.

성인의 행동은 궁극적으로 감탄스럽고 주목할 만한 것으로 여겨진다. 직원의 실수를 대신 책임지는 사람은 사장이고, 자식을 위해 자신의 행복을 포기하는 사람은 부모이며, 불화를 무릅쓰고 바른말을 해 주는 사람은 친구다. 세계를 하나로 묶어 주는 건 이런 사람들이다. 이들이 없다면 우리는 전부 엉망진창이 될 것이다.

세계의 모든 위대한 종교가 사람들을 이런 무조건적인 가치관으로 유도하는 건 절대 우연이 아니다. 예수 그리스도의 무조건적인 용서나 부처의 팔정도, 무함마드의 완벽한 평등 모두 마찬가지다. 가장 순수한 형태에서, 세계의 위대한 종교들은 인간의 희망 본능

	어린이	청소년	성인
가치관	쾌락/고통	규칙과 역할	미덕
관계	권력 투쟁	성과	취약성
자존감	자아도취, '내가 최고야'와 '난 최악이야' 사이를 왔다 갔다 함	타인에 의지함, 외적인 인정	독립적, 주로 내적인 인정
동기	자기 강화	자기 수용	아모르파티
정치	극단주의/허무주의	실용적, 이념적	실용적, 비이념적
성장에 필요한 것	신뢰할 만한 기관과 의지할 수 있는 사람	결과를 놓아 버릴 용기와 무조건적인 행동에 대한 믿음	일관된 자기 인식

을 이용해 사람들을 성인의 미덕 쪽으로 끌어올리려 한다.[25]

아니면, 적어도 그것이 일반적으로 원래 의도다.

안타깝게도 종교는 성장하는 동안 거래하는 청소년과 자아도취에 빠진 어린이, 즉 자신의 개인적 이익을 위해 종교적 원칙을 왜곡하는 사람들에게 흡수되기 마련이다. 모든 인간의 종교는 어느 시점에 도덕적 약점이라는 이 실패에 굴복한다. 교리가 얼마나 아름답고 순수하든 종교는 결국 인간의 제도가 되고, 모든 인간의 제도는 결국 부패하게 마련이다.

계몽주의 철학자들은 성장으로 주어진 기회에 흥분했다. 그래서 종교에서 영적인 것을 제거하고 이념 종교를 통해 그 일을 마치기로 결정했다. 이들은 미덕 개념을 폐기하고 대신 측정 가능하고 구체적인 목표, 이를테면 고통은 줄이고 더 큰 행복 창조하기, 사람들에게 더 큰 개인적 자유 주기, 그리고 연민과 공감과 평등 증진하기 등에 초점을 맞췄다.

이런 이념 종교도 앞선 영적 종교와 마찬가지로 모든 인간 제도에 있는 근본적 결함에 굴복했다. 행복을 위해 물물 교환을 하려는 건 행복을 파괴하는 행동이다. 자유를 강요하려는 건 자유를 부정하는 행위다. 평등을 창조하려는 건 평등의 뿌리를 뒤흔드는 짓이다.

이런 이념 종교는 하나같이 근본적 문제인 조건부와 마주하지 않는다. 즉 이들은 사람들이 신적 가치로 무엇을 받아들이든 그것에 가까이 다가갈 기회가 있으면 언제든 인간의 생명을 기꺼이 팔아먹을 것이라는 사실을 인정하지 않거나 다루지 않는다. 초자연적 신에 대한 숭배, 추상적인 원칙, 한없는 욕망을 오랫동안 추구하면, 결국 그걸 숭배한다는 목적을 달성하기 위해 자신의 인간성이나 타인의 인간성을 포기하게 될 것이다. 그리고 사람들을 고통에서 구하기로 되어 있는 것이 사람들을 다시 고통으로 몰아넣는다. 희망과 파괴의 순환이 다시 시작되는 것이다.

그리고 여기서 칸트가 등장한다.

삶을 위한 단 하나의 규칙

젊은 시절, 칸트는 불편한 진실에 직면해서 희망을 유지해 주는 두더지 잡기 게임을 이해했다. 그리고 이 잔인한 우주적 게임을 알게 된 모든 사람처럼 절망했다. 하지만 그는 이 게임을 받아들이기를 거부했다. 존재에 내재적 가치가 없다는 믿음을 거부했다. 우리는 영원히 삶에 자의적인 의미를 부여하는 이야기를 만들어 내도록 저주받았다는 믿음을 거부했다. 그래서 커다란 이두박근이 달린 생각 뇌를 사용해서 희망이 없는 가치란 어떤 것인지 알아내는 작업에 착수했다.

칸트는 단순한 관찰로 시작했다. 우리가 아는 바에 의하면, 온 우주에서 절대적으로 희귀하고 유일무이한 것은 오직 한 가지, 바로 의식이다. 그는 우리를 우주의 나머지 물질과 구별해 주는 유일한 것이 사유하는 능력이라고 믿었다. 다시 말해, 우리는 주변 세계를 받아들일 수 있으며, 이성과 의지를 통해 그걸 개선할 수 있다. 칸트에게 이것은 엄청나게 특별해서 거의 기적 같은 일이었다. 우리가 아는 바에 의하면, 존재의 무한한 범위 안에 있는 모든 것 중에서 우리가 존재를 실제로 지휘할 수 있는 유일한 것이기 때문이었다. 우리에게 알려진 우주에서 우리가 독자성과 창조성의 유일한 원천이고, 자신의 운명을 지휘할 수 있는 유일한 존재였다. 자기를 인식할 수 있는 유일한 존재였고, 우주에서 스스로 조직을 만들 수 있는 유일한 지적인 예였다.

그래서 칸트는 다음과 같은 내용을 재치 있게 추론했다. 논리적으로, 우주 최고의 가치는 가치 그 자체를 상상하는 것이다. 존재하는 단 하나의 진정한 의미는 의미를 형성하는 능력이다. 유일하게 중요한 것은 중요성을 결정하는 것이다.

의미를 선택하고, 중요성을 상상하고, 목적을 발명하는 이 능력이 (우리에게 알려진) 우주에서 스스로를 전파할 수 있는 유일한 힘이 었다. 즉 우주 곳곳에 자신의 지성을 퍼뜨리고 더 수준 높은 조직을 만들어 낼 힘의 원천이었다. 칸트는 합리성이 없는 우주는 헛되고 목적 없는 쓰레기라고 믿었다. 지성과 지성을 발휘할 자유가 없다 면 우리는 차라리 돌무더기가 되는 편이 나을 것이다. 돌은 변하지 않는다. 돌은 가치관이나 체계, 조직을 상상하지 못한다. 돌은 달라 지지도 개선되지도 창조하지도 않는다. 돌은 그냥 존재한다.

하지만 의식은 우주를 재구성할 수 있으며, 이 재구성은 기하급수 적으로 증식할 수 있다. 의식은 문제, 즉 일정 정도의 복잡성을 가진 체계를 받아들일 수 있으며, 더 큰 복잡성을 상상하고 산출할 수 있 다. 지난 1000년 동안, 우리는 작은 동굴에서 나뭇가지를 만지작거 리던 수준에서 수십억 명의 마음을 연결하는 디지털 왕국을 온전히 설계하는 수준에 이르렀다. 다음 1000년 동안, 우리는 아마도 행성 과 시공간 자체를 재구성해서 별들 사이로 나아갈 수 있을 것이다. 개별적 행동은 만물의 거대한 계획을 고려하면 중요하지 않을 테지 만, 이성적인 의식을 지키고 증진하는 일은 총체적으로 볼 때 그 무 엇보다 중요하다.

칸트의 수장에 따르면, 가장 근본적인 도덕적 의무는 나 자신과 타인 모두의 의식을 보호하고 성장시키는 것이다. 그는 언제나 의 식을 최우선시하는 이 원칙을 '인간성 공식'이라고 불렀으며, 이 공 식은 말하자면, 거의 모든 것을 설명한다고 할 수 있다. 이것은 우리 의 기초적인 도덕적 직관을 설명한다. 고전적인 미덕 개념을 설명 한다.[26] 희망이라는 환상에 기대지 않고 어떻게 일상을 살아야 하는

지를 설명한다. 개망나니가 되지 않는 법을 설명한다.

그 정도로는 성에 차지 않았는지, 이 모든 것을 단 한 문장으로 설명한다.

'나 자신이든 다른 사람이든 인간을 절대 한낱 수단으로 취급하지 말고, 언제나 똑같이 목적으로 대하도록 하라.'

이것이 인간성 공식이었다.

바로 이것이다. 인간성 공식은 사람들을 청소년의 흥정에서 끌어내서 성인의 미덕으로 진입하게 해 주는 단 하나의 원칙이다.[27]

잘 들어 보라. 희망의 문제는 그것이 근본적으로 거래라는 사실이다. 즉 어떤 상상 속의 즐거운 미래를 대가로 놓고 현재의 행동을 흥정하는 것이다. 이걸 먹지 않으면 천국에 갈 것이다. 그 사람을 죽이지 않으면 곤경에 처할 것이다. 열심히 일하고 돈을 모으면 행복해질 것이다.

희망이라는 거래의 영역을 초월하려면 반드시 무조건적으로 행동해야 한다. 보답으로 뭔가를 기대하지 않고 누군가를 사랑해야 한다. 그러지 않으면 진정한 사랑이 아니다. 보답으로 뭔가를 기대하지 않고 누군가를 존중해야 한다. 그러지 않으면 진정한 존중이 아니다. 토닥임이나 하이파이브나 이름 옆의 황금빛 별표를 기대하지 않고 정직하게 말해야 한다. 그러지 않으면 진정한 정직이 아니다.

칸트는 이런 무조건적 행동을 하나의 단순한 원칙으로 요약했다. 인간을 절대 한낱 수단으로 취급하지 말고, 언제나 목적 그 자체로 대해야만 한다.[28]

그런데 일상 속에서 이런 행동은 어떤 모습일까? 여기 단순한 예가 있다.

배가 고파서 부리토를 먹고 싶다고 해 보자. 나는 자동차를 타고 멕시코 식당에 가서 평소처럼 나를 너무나 행복하게 해 주는 더블 미트 몬스터를 주문한다. 이 상황에서 부리토를 먹는 것은 나의 '최종 목적'이다. 이것이 내가 자동차를 타고, 운전을 하고, 기름을 넣는 등 다른 모든 일을 하는 궁극적 이유다. 내가 부리토를 먹기 위해 하는 이 모든 일은 '수단'이다. 다시 말해, 내가 '목적'을 달성하기 위해 반드시 해야 하는 것이다.

수단은 우리가 조건부로 하는 것이다. 수단은 우리가 흥정하는 것이다. 나는 운전하기 싫고 기름 값을 지불하기도 싫지만, 부리토는 원한다. 그러므로 나는 부리토를 먹기 위해 필요한 그 모든 일을 해야 한다.

목적은 그 자체로 바람직한 것이다. 목적은 우리의 결정과 행동을 본질적으로 규정하는 동기 부여 요인이다. 내가 부리토를 먹고 싶어 하는 이유가 아내가 부리토를 원하고 나는 아내를 행복하게 해 주고 싶다는 것이라면, 부리토는 더는 내 목적이 아니다. 부리토는 이제 아내 행복하게 해 주기라는 훨씬 더 대단한 목적을 위한 수단이다. 그리고 내가 아내를 행복하게 해 주려는 유일한 이유가 오늘 밤 섹스를 하고 싶어서라면, 이제 내 아내의 행복은 더 대단한 목적을 위한 수단인데, 이 경우 그 목적은 섹스다.

마지막 사례 때문에 당혹스러울 것이다. 아마 나를 양아치라고 생각할 것이다.[29] 그게 바로 칸트가 말하는 바다. 칸트의 인간성 공식에 따르면, 인간(또는 의식)을 다른 목적을 위한 수단으로 취급하는 것이 모든 잘못된 행동의 바탕이다. 그래서 부리토를 아내의 행복이라는 목적을 위한 수단으로 다루는 건 괜찮다. 배우자를 행복하게 해 주는 건 좋은 일이다! 하지만 내가 아내를 섹스라는 목적을 위한 수단으로 취급한다면, 나는 아내를 한낱 수단으로 대하는 것이고, 칸트의 주장대로, 그건 잘못된 행동이다.

마찬가지로, 거짓말이 나쁜 이유는 자신의 목적을 달성하기 위해 다른 사람의 행동을 호도하는 것이기 때문이다. 거짓말은 다른 사람을 자신의 목적을 위한 수단으로 취급하는 짓이다. 부정행위가 비윤리적인 것도 비슷한 이유 때문이다. 부정행위는 자신의 개인적 목표를 위해 이성과 지각이 있는 다른 존재의 기대를 침해하는 짓이다. 즉 같은 시험을 치르거나 같은 규칙을 따르는 다른 모든 사람을 자신의 개인적 목적을 위한 수단으로 취급하는 것이다. 폭력도 마찬가지다. 다른 사람을 더 큰 정치적 또는 개인적 목적을 위한 수단으로 취급하는 짓이다. 못됐네, 독자님들. 정말 못됐어!

칸트의 인간성 공식은 잘못된 것에 대한 우리의 도덕적 직관을 기술할 뿐만 아니라, 성인의 미덕, 즉 그 자체로 좋은 행동과 행위도 설명해 준다. 정직이 그 자체로 좋은 이유는 사람을 한낱 수단으로 취급하지 않는 유일한 의사소통 형식이기 때문이다. 용기가 그 자체로 좋은 이유는 겁을 먹고 행동하지 않는 것은 자신이나 타인을 자신의 두려움을 가라앉힌다는 목적을 위한 수단으로 취급하는 것이기 때문이다. 겸손이 그 자체로 좋은 이유는 맹목적인 확신에 빠지면 타인을 자신의 목적을 위한 수단으로 취급하게 되기 때문이다.

만약 인간의 모든 바람직한 행위를 기술하는 단 하나의 규칙이 존재한다면, 그건 아마도 인간성 공식일 것이다. 하지만 기가 막힌 점은, 다른 도덕 체계나 규칙과 다르게, 인간성 공식은 희망에 의존하지 않는다는 사실이다. 다시 말해, 세상에 강요할 만한 엄청난 체계, 즉 의심이나 증거 부족으로부터 지켜야 하는 종교적인 초자연적 믿음이 전혀 없다.

인간성 공식은 단지 원칙일 뿐이다. 미래의 유토피아를 보여 주지 않는다. 지옥 같은 과거를 개탄하지 않는다. 누구도 다른 사람보다 더 낫거나 더 못하거나 더 올바르지 않다. 중요한 것은 오로지 의식적인 의지가 존중받고 보호받는 것이다.

왜냐하면 칸트는 미래를 결정하고 지시하는 일에 착수하면, 희망의 파괴적인 잠재력을 촉발하게 된다는 걸 알았기 때문이다. 그렇게 되면 사람들은 타인을 존중하는 게 아니라 개종시키는 것을 걱정하기 시작하고, 자신 안에 있는 악을 뿌리 뽑는 게 아니라 타인 안에 있는 악을 말살하려 들기 시작한다.

그 대신, 칸트는 세상을 개선할 유일한 논리적 방법은 자신을 개선하는 것이라고 판단했다. 그리고 그 방법은 성장하고 더 도덕적으로 되는 것, 즉 매 순간 자신과 타인을 단순한 수단이 아니라 목적으로 대하겠다는 단순한 결정을 내리는 것이었다. 정직하라. 자신을 괴롭히거나 해치지 말라. 책임을 회피하거나 두려움에 무릎 꿇지 말라. 솔직하고 두려움 없이 사랑하라. 종족적 충동이나 희망을 주는 속임수에 굴복하지 말라. 왜냐하면 미래에는 천국도 지옥도 없기 때문이다. 오직 매 순간 당신이 하는 선택만이 있다.

조건적으로 행동할 것인가, 아니면 무조건적으로 행동할 것인가?

타인을 그저 수단으로 취급할 것인가, 아니면 목적으로 대할 것인가? 성인의 미덕을 추구할 것인가, 아니면 어린이의 자아도취를 추구할 것인가?

희망은 이 방정식에 들어갈 필요조차 없다. 더 나은 삶을 희망하지 말라. 그저 더 나은 삶이 되어라.

칸트는 자신에 대한 존중과 세계에 대한 존중 사이에 근본적인 관련성이 있음을 이해했다. 우리가 자신의 마음과 소통하는 방식은 타인과 상호 작용할 때 적용하는 본보기이며, 우리는 자신을 발전시키기 전까지 타인과의 관계를 발전시킬 수 없다.[30] 쾌락과 단순한 만족으로 가득한 삶을 추구할 때, 우리는 자신을 즐거운 목적을 위한 수단으로 취급하는 것이다. 그러므로 자기 개선은 더 큰 행복이 아니라 더 큰 자존감을 함양하는 것이다. 자신에게 '나는 쓸모없고 형편없다'고 말하는 건 타인에게 '너는 쓸모없고 형편없다'고 말하는 것만큼이나 잘못된 행동이다. 자신에게 거짓말하는 건 타인에게 거짓말하는 것만큼 비윤리적이다. 자신을 해치는 건 타인을 해치는 것만큼 혐오스러운 짓이다. 자신을 사랑하고 돌보는 건 배우거나 연습하는 게 아니다. 자신에게 윤리적으로 요청하는 것이다.

인간성 공식은 파급 효과가 있다. 자신을 개선해서 스스로에게 정직할 수 있으면 다른 사람에게 더욱 정직해지고, 그 영향을 받아 다른 사람들도 자신에게 더욱 정직해질 것이다. 그 덕에 그들은 성장하고 성숙해질 것이다. 자신을 수단으로 취급하지 않으면 타인 역시 목적으로 대하게 될 것이다. 그러므로 내가 나 자신과의 관계를 정화하면 긍정적인 부산물로 타인과의 관계를 정화하게 되고, 그들도 그들 자신과의 관계를 정화할 수 있게 된다. 이 과정은 계속 이어진다.

이것이 우리가 세상을 바꾸는 방법이다. 다시 말해, 모든 것을 아우르는 이념이나 대중의 종교적 개종, 미래에 대한 부적절한 꿈을 통해서가 아니라, 지금 바로 여기에서 각각의 개인이 성숙해지고 고귀해짐으로써 세상을 바꿔야 한다. 문화와 경험에 근거한 서로 다른 종교와 가치 체계는 언제나 존재할 것이다. 우리가 어디로 가고 있고 어디에서 왔는지에 관한 서로 다른 생각은 언제나 존재할 것이다. 하지만 칸트가 믿은 것처럼 고귀함과 존중에 관한 단순한 질문은 매 순간 보편적이어야 한다.

현대의 위기, '수단 vs 목적'

현대의 민주주의는 '일반적으로 사람은 이기적이고 망상에 빠진 쓰레기'라는 가정 아래에서 발명됐다. 우리를 우리 자신으로부터 보호할 유일한 방법은 어떤 개인이나 집단도 나머지 사람들을 완전히 속일 수 없을 만큼 단단히 맞물리는 상호 외존적인 세계를 창조하는 것이다.

정치는 거래를 하는 이기적인 게임이며, 민주주의가 지금까지는 최고의 정부 체제인 유일한 이유는 그 사실을 공공연히 인정하는 유일한 체제이기 때문이다. 민주주의는 권력이 부패하고 유치한 사람들을 끌어들인다는 점을 인정한다. 권력은 본성 자체가 지도자로 하여금 거래를 하게 만든다. 그러므로 그걸 관리하는 유일한 방법은 이 체제 자체의 설계 안으로 성인의 미덕을 모시는 것이다.

언론의 자유, 출판의 자유, 사생활 보장, 공정한 재판을 받을 권리에 대한 보장 등은 전부 사회 제도 안에서 인간성 공식이 구현된 사례이며, 위협하거나 바꾸기가 몹시 어려운 방식으로 시행된다.

민주주의 체제를 위협하는 방법은 사실 단 하나뿐인데, 그건 한 집단이 자신의 가치관이 체제 자체보다 중요하다고 판단하고 민주주의라는 종교를 덜 도덕적인 다른 종교로 전복해서⋯⋯ 정치 극단주의가 자라나게 하는 것이다.

정치 극단주의자는 고집이 매우 세고 흥정하기가 불가능해서 그야말로 어린애 같다. 빌어먹을 갓난아이나 마찬가지다. 극단주의자는 세상이 특정한 방식으로 되기를 원하고, 자기 것 외에는 어떤 이익이나 가치도 인정하지 않는다. 그들은 협상을 거부한다. 고귀한 미덕이나 원칙에 호소하기를 거부하고 자신의 이기적 욕망을 우선시한다. 타인의 기대를 충족시킬 수 없다. 또한 뻔뻔하게도 권위주의적인데, 어린애이다 보니 전능한 부모가 와서 모든 것을 '괜찮게' 만들어 주길 간절히 원하기 때문이다.[31]

가장 위험한 극단주의자는 자신의 유치한 가치관을 거래와 보편적 원칙의 언어를 빌려서 치장하는 방법을 안다. 우익 극단주의자는 무엇보다 '자유'를 원하고 그것을 위해 기꺼이 희생할 것이라고 주장한다. 하지만 그가 정말 원하는 것은 자기와 부합하지 않는 가치관을 상대해야 하는 상황에서 벗어날 자유다. 그는 변화나 타인의 소외를 상대해야 하는 상황에서 벗어날 자유를 원한다. 그러므로 자신의 자유를 명목으로 타인의 자유를 제한하고 파괴하지 못할

이유가 없다.[32]

좌측에 있는 극단주의자도 같은 게임을 한다. 유일하게 다른 점은 언어다. 좌익 극단주의자는 만민 '평등'을 원한다고 말할 테지만, 이 말의 진짜 의미는 그 누구도 고통을 느끼거나 해를 입거나 열등감을 갖지 않기를 원한다는 것이다. 그는 누구도 도덕적 간극에 직면하지 않기를 바란다. 그리고 이런 도덕적 간극을 제거한다는 명목으로 타인에게 고통과 역경을 안겨 주기를 마다하지 않는다.

극단주의자는, 우익이든 좌익이든, 지난 몇십 년 동안 전 세계적으로 정치에서 점점 더 부각돼 왔다.[33] 똑똑한 사람들이 저마다 이 현상에 관해 복잡하고 중복되는 설명을 수없이 내놓았다. 그리고 복잡하고 중복되는 이유가 수없이 있을 것이다.[34]

하지만 나도 한마디 거들어 보겠다. 내 생각엔 우리 문화의 성숙도가 저하되고 있기 때문이다.

부유하고 선진화된 세계 전반에 걸쳐, 사람들은 부와 물질의 위기는 겪지 않지만, 인격의 위기와 미덕의 위기, 수단과 목적의 위기를 겪는다. 21세기의 근본적인 정치 분열은 더 이상 우파 대 좌파가 아니라, 우파와 좌파의 충동적인 어린애 가치관 대 우파와 좌파의 타협적인 청소년/성인 가치관이다. 이건 더 이상 공산주의 대 자본주의나 자유 대 평등 논쟁이 아니라, 성숙 대 미성숙, 수단 대 목적 논쟁이다.

주

1 1795년 에세이 〈영원한 평화를 위하여〉에서 칸트는 '국제 통치 기구'를 제안했다.

2 물론 칸트는 이것을 가설로 제시했다. 그는 동물이 의지와 이성을 가질 수 있다면 인간과 같은 권리를 부여해야 한다고 말했다. 그는 동물에게 의지와 이성이 있다고 믿지는 않았다. 하지만 오늘날에는 그렇다고 주장하는 강력한 논증이 있다.

3 논쟁은 '합리주의자'와 '경험주의자' 사이에서 벌어졌고, 그걸 해결한 책은 칸트의 가장 유명한 저작인 《순수 이성 비판》이었다.

4 칸트는 오로지 이성만으로 전체 윤리 체계를 구축하고자 했다. 그는 감정 뇌의 가치관과 생각 뇌의 논리와 사실 사이에 있는 간극을 뛰어넘으려고 시도했다. 칸트의 체계에는 많은 오류가 있으므로, 나는 여기서 칸트 윤리학의 복잡성을 다루지는 않을 것이다. 이 장에서는 내가 칸트의 윤리학에서 가장 유용한 원칙과 결론이라고 믿는 인간성 공식을 뽑아냈을 뿐이다.

5 예리한 독자는 여기에 미묘한 모순이 있다는 점을 알아차렸을 것이다. 칸트는 감정 뇌의 주관적인 판단 밖에 존재하는 가치 체계를 개발하려 했다. 하지만 오로지 이성에 기초해 가치 체계를 구축하려는 욕망은 그 자체로 감정 뇌가 만들어 낸 주관적인 판단이다. 달리 말하자면, 종교의 한계를 초월하는 가치 체계를 창조하려는 칸트의 욕망 자체가 종교 아니겠는가. 이것이 칸트에 관한 니체의 비판이었다. 니체는 칸트를 싫어했다. 사실, 아주 한심한 자로 생각했다. 니체는 칸트의 윤리 체계가 터무니없다고 생각했으며, 믿음에 기초한 주관성을 초월했다는 그의 소신은 좋게 보면 순진무구하고 나쁘게 보면 완전한 자아도취라고 생각했다. 그러므로 철학에 대한 배경지식이 있는 독자라면 내가 이 책의 논증을 위해 이 두 사람에게 의존하는 것을 이상하게 여길 것이다. 하지만 나는 별문제 없다고 본다. 나는 각자가 다른 한 사람이 놓친 것을 올바로 이해했다고 생각한다. 니체는 인간의 믿음이란 본질적으로 우리 자신의 관점에 갇혀 있기 때문에 전부 믿음에 기초한다고 생각했다는 점에서 옳았다. 칸트는 보편적으로 바람직해질 가능성 때문에 어떤 가치 체계가 더 좋고 더 논리적인 결과를 낳는다고 생각했다는 점에서 옳았다. 그래서 엄밀히 따지면, 칸트의 윤리 체계는 또 다른 형태의 믿음에 기초한 종교다. 하지만 또한 나는 가장 증거가 많은 것을 믿는 과학이 최고의 믿음 체계를 만들어 낸 것과 같은 방식으로, 칸트가 가치 체계를 만들기 위한 최고의 기반을 우연히 발견했다고 생각한다. 다시 말해, 칸트는 다른 어떤 것보다 가치를 인식하

는 것을, 즉 의식을 가치 있게 여겨야 한다는 점을 발견한 셈이다.

6 주어진 신경을 최대한 활용하는 것에 대해서라면, 칸트의 생활 방식은 아마도 세계 챔피언감일 것이다.

7 이 표현은 여러 가지로 해석될 수 있다. 첫 번째 해석은 칸트가 보편적으로 적용 가능한 가치 체계를 만들어 내기 위해 감정 뇌의 가치 판단이라는 주관적인 공간 밖으로 발을 내디뎠다는 것이다. 200년 뒤의 철학자들은 아직도 칸트가 그걸 해 냈는지를 두고 논쟁을 벌이고 있는데, 대부분은 해내지 못했다고 말한다. (내 의견은 226쪽 주 5를 참고하라.) 두 번째 해석은 칸트가 초자연적이지 않은 도덕성, 즉 도덕성을 영적 종교 밖에서 추론할 수 있다는 믿음의 시대를 열었다는 것이다. 이것은 분명히 사실이다. 칸트는 오늘날까지 이어지는 과학적 도덕 철학의 토대를 마련했다. 이 표현에 관한 세 번째 해석은 사람들이 이 장에 관심을 두게 하려고 내가 칸트를 과대 선전하고 있다는 것이다. 이것 역시 분명한 사실이다.

8 주목해야 할 점은 내가 이 장에서 칸트의 사상을 그 자신이 응용한 적 없는 방식으로 응용하고 있다는 것이다. 이 장은 칸트의 윤리학, 발달 심리학, 덕론 등 삼자 간의 기묘한 결합이다. 안전벨트를 매고 주행을 즐기시라.

9 이 장에 나오는 발달 이론의 틀은 장 피아제, 로렌스 콜버그, 로버트 키건, 에릭 에릭슨, 쇠렌 키르케고르 등의 작품에서 나오는 내용을 단순화한 것이다. 키건의 모델에서, '아동기'에 관한 내 정의는 (충동적이고 오만한) 1단계와 2단계에 대응하고, '청소년기'는 (대인 관계적이고 직관적인) 3단계와 4단계에 대응하며, '성인기'는 (제도적이고 개인적인) 5단계에 대응한다. 키건의 모델을 더 알고 싶다면 다음을 참고하라. R. Kegan, *The Evolving Self : Problem and Process in Human Development*(Cambridge, MA : Harvard University Press, 1982). 콜버그의 모델에서, 내 '아동기'는 (복종과 처벌 그리고 포상 지향적인) 도덕 발달의 전 인습적 단계에 대응하고, '청소년기'는 (좋은 아이와 법과 질서 지향적인) 도덕 발달의 인습적 단계에 대응하며, '성인기'는 (사회 계약과 보편적 윤리 원칙 지향적인) 도덕 발달의 후 인습적 단계에 대응한다. 콜버그의 모델을 더 알고 싶다면 다음을 참고하라. L. Kohlberg, "Stages of Moral Development", *Moral Education* 1, no. 51(1971). 피아제의 모델에서, 내 '아동기'는 감각 운동기와 전 조작기에 대응하고, '청소년기'는 구체적 조작기에 대응하며, '성인기'는 대략 후기 형식적 조작기에 대응한다. 피아제의 도덕 발달 모델을 더 알고 싶다면 다음을 참고하라. J. Piaget, "Piaget's Theory", *Piaget and His School*(Berlin and Heidelberg : Springer, 1976).

10 규칙과 역할 발달은 피아제의 구체적 조작기와 키건의 대인 관계 단계에서 일어난다. 227쪽 주 9를 참고하라.

11 아이들이 이른바 '마음 이론'을 발달시키는 시기는 세 살에서 다섯 살 사이다. 마음 이론은 다른 사람들이 자신과 독립적으로 생각하고 행동한다는 것을 이해할 수 있을 때 존재한다고 한다. 마음 이론은 공감과 대부분의 사회적 상호 작용에 필수적이다. 마음 이론은 다른 사람의 관점과 사고 과정을 이해하는 방법이다. 마음 이론을 발달시키는 데 어려움을 겪는 아이들은 종종 자폐증이나 조현병, ADHD 등으로 진단받는다.

12 철학자 켄 윌버는 이런 심리 발달 과정을 표현하는 멋진 말을 남겼다. 그는 나중의 발달 단계가 이전의 발달 단계를 '초월하고 포함한다'라고 했다. 그래서 청소년은 여전히 쾌락과 고통에 기초한 가치관을 갖고 있지만, 규칙과 역할에 기초한 수준 높은 가치관이 수준 낮고 유치한 가치관을 대체한다. 우리는 성인이 된 뒤에도 여전히 아이스크림을 좋아한다. 차이점은 성인은 정직이나 신중함 같은 고등하고 추상적인 가치를 아이스크림에 대한 사랑보다 우선시할 수 있고, 어린이는 그럴 수 없다는 것이다.

13 감성 뉴턴의 두 번째와 세 번째 법칙에 따르면, 더 강하고 더 튼튼한 정체성은 역경에 직면했을 때 더 큰 감정적 안정성을 제공한다는 사실을 상기하라. 사람들은 아이들이 감정적으로 그렇게 불안한 이유는 자신에 대한 이해가 조잡하고 얄팍해서 뜻밖이거나 고통스러운 사건에 그만큼 더 큰 영향을 받기 때문이라고 생각한다.

14 10대가 또래가 자기를 어떻게 생각하는지에 집착하는 이유는 사회적 규칙과 역할에 기초해서 자신의 정체성을 대충 꿰맞추기 때문이다.

15 이것이 내가 처음으로 칸트의 도덕 체계와 발달 이론을 융합하는 지점이다. 사람을 목적이 아니라 수단으로 취급하는 것은 콜버그의 도덕 발달 이론 2~4단계를 대표한다.

16 알베르 카뮈는 이것을 잘 표현했다. "행복이 무엇으로 이루어지는지를 계속 찾으면 절대 행복할 수 없을 것이다."

17 다시 한번, 콜버그의 5단계와 6단계를 칸트의 도덕적 보편화를 위한 '사물 자체'

요건과 융합한다.

18 콜버그의 도덕 발달 모델에 따르면, 서른여섯 살까지 인구의 89퍼센트가 도덕
추론의 청소년 단계를 성취하고, 13퍼센트만이 성인 단계를 성취한다.

19 청소년은 타인과 흥정하는 것과 마찬가지 방식으로 미래 또는 과거의 자신과
흥정한다. 미래와 과거의 자신이 현재의 인식과는 별개인 독립적 개체라는 발상
은 다음 책에서 제시된다. Derek Parfit in *Reasons and Persons*.

20 명심하라. 우리는 가치관을 얼마나 잘 따르며 살아가느냐(또는 정체성 이야기를 얼마
나 잘 강화하느냐)에서 자존감을 끌어낸다. 성인은 추상적 원칙(미덕)에 기초한 가치
관을 발달시키고 그 원칙을 얼마나 잘 고수하는지에서 자존감을 끌어낼 것이다.

21 성숙하고 발달하려면 '알맞은' 양의 고통이 필요하다. 고통이 너무 크면 트라우
마가 생긴다. 다시 말해, 감정 뇌가 세상을 비현실적으로 두려워하게 돼서 더 이
상의 성장과 경험을 가로막는다. 고통이 너무 적으면 자아도취에 빠져서 세상이
자신의 욕망을 중심으로 돌아갈 수 있고 그래야 한다고 착각하게 된다. 하지만
알맞은 양의 고통을 겪으면, 현재의 가치관이 도움이 안 된다는 사실과 우리에
게는 그런 가치관을 초월해서 새롭고 수준 높으며 더 포괄적인 가치관을 창조할
힘과 능력이 있다는 것을 알게 된다. 친구만이 아니라 모든 사람과 공감하는 것
이 낫고, 도움이 되는 상황에서만이 아니라 모든 상황에서 정직한 것이 나으며,
자신이 옳음을 확신할 때도 똑같이 겸손하게 행동하는 것이 낫다는 사실을 알게
된다.

22 3장에서 우리는 학대와 트라우마가 낮은 자존감과 자아도취, 자신을 혐오하는
정체성을 낳는다는 것을 배웠다. 이것들이 수준 높고 추상적인 가치관을 발달시
키는 능력을 억제하는 이유는 실패의 고통이 지속적이고 너무 강렬하기 때문이
다. 다시 말해, 아이는 거기서 벗어나는 데 모든 시간과 에너지를 쏟아야 한다. 7
장에서 살펴보겠지만, 성장하려면 고통을 겪어야 한다.

23 이 현상을 잘 보여 주는 예가 2000년대 중반의 픽업 아티스트 공동체다. 이들은
여성의 호감을 사기 위해 사회적 행동을 연구하려고 모인 사회적으로 고립된 부
적응 남성의 집단이었다. 이 운동은 몇 년밖에 지속되지 못했다. 궁극적으로 이
들은 성인의 관계를 원하는 어린애나 청소년 같은 남성들이었고, 사회적 행동을
아무리 연구하거나 연습해도 파트너와의 비거래적이고 무조건적인 애정 관계를

만들어 낼 수는 없기 때문이었다.

24 이에 대해 생각해 보는 또 다른 방식은 '엄한 사랑'이라는 대중적인 개념이다. 이것은 아이들이 고통을 경험하도록 허용하는 것인데, 아이들은 고통에 직면했을 때 무엇이 여전히 중요한지를 인식함으로써 더 고귀한 가치관을 확립하고 성장하기 때문이다.

25 지금까지 내가 '미덕'으로 의미한 바는 다소 애매하다. 그 부분적인 이유는 서로 다른 철학자와 종교가 서로 다른 미덕을 받아들였기 때문이다.

26 칸트가 인간성 공식으로 도출한 것은 도덕적 직관이나 고대의 미덕 개념에 기초하지 않는다는 사실에 주의해야 한다. 이것은 내가 연관 짓고 있는 것이다.

27 그리고 여기가 세 가지 모두가 하나로 합쳐지는 지점이다. 인간성 공식은 정직, 겸손, 용기 등의 미덕을 떠받치는 원칙이다. 이런 미덕은 도덕 발달의 가장 높은 단계(콜버그의 6단계, 키건의 5단계)를 규정한다.

28 여기서 핵심어는 '한낱'이다. 칸트는 누군가를 절대 수단으로 활용하지 않는 건 불가능하다는 점을 인정한다. 모든 사람을 무조건적으로 대하면 자신을 조건적으로 대할 것이고, 그 반대도 마찬가지다. 하지만 타인과 자신에 대한 우리의 행동은 다층적이다. 나는 당신을 수단이면서 동시에 목적으로 대할 수 있다. 내가 당신과 함께 어떤 프로젝트를 하고 있다고 가정해 보자. 나는 당신이 더 오래 일하기를 장려하고, 그 이유는 내가 그것이 당신에게 도움이 되리라 생각한다는 점과 그것이 내게 도움이 되리라 믿는다는 점 둘 다이다. 칸트의 책에 따르면, 이건 괜찮다. 비윤리적으로 되는 건 오직 내가 순전히 이기적인 이유로 당신을 조종할 때다.

29 칸트의 인간성 공식은 섹스와 관계에서의 동의 원칙을 완벽하게 기술한다. 상대방으로부터든 자신으로부터든 명시적인 동의를 구하지 않는 것은 한 사람 또는 두 사람 모두를 단지 쾌락을 추구하기 위한 수단으로 대하는 것이다. 명시적인 동의는 적극적으로 상대방을 목적으로 그리고 섹스를 수단으로 대한다는 것을 의미한다.

30 즉 자신을 수단으로 취급하는 사람은 타인을 수단으로 취급할 것이다. 자신을 존중하지 않는 사람은 타인을 존중하지 않을 것이다. 자신을 학대하고 파괴하는

사람은 타인을 학대하고 파괴할 것이다.

31 이념적 극단주의자는 일반적으로 위대한 지도자가 나타나기를 고대한다. 영적 극단주의자는 종말이 다가오고 있으며 하늘에서 구세주가 내려와 커피를 따라 줄 것이라고 생각하는 경향이 있다.

32 인간성 공식을 고수하지 않는 모든 신적 가치는 역설로 끝날 가능성이 있다. 인 간성을 더 큰 자유나 평등을 얻기 위한 수단으로 취급한다면 자유와 평등을 필 연적으로 파괴하게 될 것이다. 이에 대해 더 알고 싶다면 7장과 8장을 보라.

33 내가 말하는 '정치적 극단주의'는 본질적으로 반민주적이고 이념적 (또는 신학적) 종교 의제를 위해 민주주의를 전복하려는 모든 정치 운동 또는 정당이다. 전 세 계적으로 전개된 이런 국면에 대해 알고 싶다면 다음을 참고하라. F. Fukuyama, *Identity : The Demand for Dignity and the Politics of Resentment*(New York : Farrar, Straus and Giroux, 2018).

34 세계화와 자동화, 소득 불평등은 많은 장점이 있는 대중적인 설명이다.

7장
고통은
보편 상수

고통은 보편 상수다.
당신의 삶이 좋아지건 나빠지건
고통은 존재한다.
그렇다면 유일한 질문은
다음과 같은 것이다.

고통을 받아들일 것인가,
아니면 피할 것인가.

우리가 인지하는 위협의 수는 일정하다

심리학자들이 어떤 실험을 진행하고 있었다. 연구원의 안내에 따라 피험자가 차례차례 작은 방으로 들어갔다. 방 안에는 텅 빈 화면에 버튼 2개가 달린 컴퓨터 한 대가 있었다. 지시 사항은 단순했다. 앉아서 화면을 응시하다가 파란 점이 나타나면 '파란색'이라고 쓰인 버튼을 누르고, 자주색 점이 나타나면 '파란색이 아님'이라고 쓰인 버튼을 누른다.

참 쉽다고 생각하지? 그런데 각 피험자는 1000개의 점을 봐야 했다. 그래, 1000개 말이다. 한 피험자가 실험을 마치면, 연구원은 다른 피험자를 데려다 이 과정을 반복했다. 베이지색 컴퓨터, 빈 화면, 1000개의 점. 다음 사람. 여러 대학에서 수천 명의 피험자를 대상으로 이 과정을 반복했다.

심리학자들은 새로운 형태의 심리적 고문을 연구하고 있던 걸까? 인간이 느끼는 지루함의 한계에 대한 실험이었을까? 아니. 사실, 이 연구의 범위에 필적할 만한 것은 오직 이 연구의 공허함뿐이었다. 이 연구에는 엄청난 함축이 있었다. 근래의 다른 어떤 학문적 연구보다 오늘날 이 세상에서 일어나는 일을 잘 설명하기 때문이다.

심리학자들은 '빈도에 의한 개념 변화'라고 일컫는 것을 연구하는 중이었다. 이름이 너무 형편없으니 나는 그들의 발견을 '파란 점 효과'로 부르겠다.[1] 점의 분배 방식은 다음과 같았다. 대부분은 파란색이고, 일부는 자주색이며, 일부는 파란색과 자주색 사이의 색조였다.

연구원들의 발견에 따르면, 파란 점을 주로 보여 줬을 때는 모두 어떤 점이 파란색이고 어떤 점이 다른 색인지 꽤 정확히 판단했다. 하지만 파란색 수를 제한하고 자주색을 더 자주 보여 주자마자, 피험자는 자주색을 파란색으로 오인하기 시작했다. 피험자의 눈이 색을 왜곡해서, 실제로 얼마나 많은 수의 점을 보든, 일정 수의 파란 점을 계속 찾는 것처럼 보였다.

참 대단한 발견이네, 그치? 사람들은 사물을 항상 잘못 인식한다. 게다가 점을 몇 시간 동안 계속 바라보고 있으면 사시가 돼서 온갖 이상한 것이 다 보일지도 모른다.

하지만 파란 점은 요점이 아니었다. 그건 단지 인간이 어떻게 자신의 기대에 들어맞게 지각을 왜곡하는지를 측정하기 위한 수단일 뿐이었다. 연구원들은 파란 점에 대한 자료를 연구실 조교가 혼수상태에 빠지기에 충분할 만큼 모으자마자, 좀 더 중요한 인식으로 넘어갔다.

연구원들은 다음 실험에서 피험자에게 다소 위협적이거나, 친절하거나, 중립적인 표정의 얼굴 사진을 보여 줬다. 처음에는 위협적인 얼굴을 자주 보여 줬다. 실험을 진행하면서 위협적인 얼굴을 점점 더 적게 보여 줬더니 파란 점과 같은 효과가 나타났다. 위협적인 얼굴을 적게 보여 줄수록, 피험자는 친절한 얼굴과 중립적인 얼굴을 위협적인 것으로 더 많이 오인하기 시작했다. 마음속으로 자기가 보게 될 파란 점의 수를 예상해서 '미리 정해 놓은' 것처럼 자기가 보게 될 위협적인 얼굴의 수도 예상해서 정해 놓은 것 같았다.

그런 다음, 연구원들은 훨씬 더 나아갔다. 위협이 없는 곳에서 위협을 보는 게 대수롭지 않다면 도덕적 판단은 어떨까? '세상에 실제로 존재하는 것보다 더 많은 악이 있다고 믿는 건 어떨까?'가 다음 주제였다.

이번에는 피험자에게 일자리 제안서를 읽게 했다. 제안서 중 일부는 비윤리적인 것이었으며, 수상한 구석이 있었다. 일부 제안서는 완전히 무해하고 괜찮았다. 다른 것들은 그 중간이었다.

다시 한번, 연구원은 윤리적인 제안서와 비윤리적인 제안서를 섞어서 보여 주는 것으로 실험을 시작했다. 피험자는 비윤리적인 제안서를 주시하라는 지시를 받았다. 그런 다음, 비윤리적인 제안서를 서서히 덜 보여 주기 시작했다. 그러는 동안 파란 점 효과가 나타나기 시작했다. 사람들은 완전히 윤리적인 제안서를 비윤리적인 것으로 해석하기 시작했다. 윤리적인 제안서가 더 많이 나타난다는 것을 인식하는 대신, 사람들의 마음은 일정 수의 제안서가 비윤리적이라는 인식을 유지하기 위해 양측을 가르는 경계 지체를 옮겼다. 기본적으로 이들은 자기가 무엇을 하고 있는지 의식하지 못한 채 윤리적인 것이 무엇인지를 재정의했다.

연구원들이 주목한 대로, 이 편향이 함축하는 바는 엄청나게 전복적이며…… 음, 거의 모든 것에 적용된다. 규정을 감독하기 위해 고안된 정부 위원회는 규정 위반이 부족하면 위반이 없는 곳에서 위반을 인식하기 시작할지 모른다. 조직 내의 비윤리적 관행을 점검

하기 위해 고안된 특별 조사단은 죄를 추궁할 악당이 없으면 악당이 없는 곳에서 악당을 상상하기 시작할 것이다.

파란 점 효과가 시사하는 바는 다음과 같다. 우리가 위협을 더 많이 찾아내려 할수록, 우리는 환경이 실제로 얼마나 안전하고 편안한지와 무관하게, 위협을 더 많이 보게 될 것이다. 그리고 우리는 이런 현상이 오늘날 이 세상에서 일어나는 모습을 본다.

과거에는 폭력의 피해자가 됐다는 것은 누군가가 나를 신체적으로 해쳤음을 의미했다. 오늘날에는 많은 사람이 '폭력'이라는 단어를 자기를 불편하게 하는 말 또는 심지어 자기가 싫어하는 사람의 존재를 표현하기 위해 사용하고 있다.[2] 예전에는 '트라우마'라는 말로 환자가 사람 구실을 할 수 없게 만들 정도로 심각한 경험을 콕 집어서 나타냈다. 오늘날에는 불쾌한 사회적 만남이나 거슬리는 말 몇 마디가 '트라우마'로 여겨지고, 이 때문에 '안전한 공간'이 필요해진다. 예전에는 '집단 학살'이 특정한 민족이나 종교 집단을 물리적으로 대량 학살하는 것을 일컬었다. 오늘날에는 일부 사람들이 '백인 집단 학살'이라는 용어를 사용해서 동네 식당이 메뉴의 일부를 스페인어로 작성하는 세태를 개탄하기도 한다.

이것이 파란 점 효과다. 상황이 좋아질수록 위협이 없는 곳에서 위협을 더 많이 지각하고, 마음이 더 뒤숭숭해진다. 그리고 이것이 진보의 역설에서 핵심이다.

19세기, 사회학의 창시자이자 사회 과학의 초기 선구자인 에밀 뒤르켐은 저서에서 사고 실험을 했다. 범죄가 없다면 어떻게 될까? 모두 완벽히 정중하고 비폭력적이며, 모두 평등한 사회가 나타난다면? 아무도 거짓말하지 않거나 서로 상처를 주지 않는다면? 부패가 존재하지 않는다면? 그러면 어떤 일이 일어날까? 갈등이 사라질까? 스트레스가 증발할까? 모두 들판에서 즐겁게 뛰놀며 데이지꽃을 꺾고 헨델의 〈메시아〉에 나오는 〈할렐루야〉를 합창할까?

뒤르켐은 아니라고 말했다. 사실 정반대의 일이 벌어지리라 생각했다. 그는 사회가 편안하고 윤리적일수록 우리 마음속에서 작은 경솔함이 더 크게 확대될 것이라고 말했다. 모두 서로 죽이기를 멈춘다 해도 우리가 그걸 반드시 좋게 느끼지는 않을 것이다. 우리는 그저 더 사소한 일에 대해 똑같이 화낼 것이다.

발달 심리학은 오랫동안 이와 비슷한 주장을 해 왔다. 사람들을 문제와 역경으로부터 보호하는 것은 그들을 더 행복하거나 더 안정되게 해 주지 않으며, 오히려 더 쉽게 불안해지게 한다는 것이다. 도전이나 부당함으로부터 보호받으면서 자란 청소년은 사소한 불편함조차 견딜 수 없는 것으로 여기고 어린애처럼 사람들 앞에서 징징댈 것이다.

우리가 알게 된 건 문제에 대한 우리의 감정적 반응이 문제의 크기에 의해 결정되지 않는다는 점이다. 오히려 우리의 마음은 경험하리라 예상되는 스트레스 정도에 맞게 문제를 증폭하거나 축소할 뿐이다. 물질적 진보와 안전이 반드시 우리를 편하게 해 주거나 미래를 기대하는 걸 더 쉽게 해 주지는 않는다. 그와 반대로, 건전한 역경과 도전을 제거하면 사람들은 훨씬 더 힘겨워한다. 사람들은 더 이기적이고 더 유치해진다. 청소년 이상으로 성장하거나 성숙하지 못한다. 미덕으로부터 더욱 멀어진다. 사소한 일로 난리를 친다. 세상이 마치

엎질러진 물의 끝없는 흐름인 것처럼 서로에게 소리를 지른다.

아인슈타인, 고통의 상대성 이론

최근에 인터넷에서 아인슈타인의 멋진 글을 읽었다.

'사람은 자신이 존재해야 한다고 생각하는 것이 아니라, 실재를 찾아야 한다.'

훌륭했다. 과학밖에 모르는 것 같은 그의 사진도 있었다. 날카롭고 재치 있는 이 인용문은 내가 다른 글을 보려고 휴대 전화 화면을 스크롤하기 전까지 몇 초 동안 나를 사로잡았다.

그런데 문제가 있었다. 아인슈타인은 그런 말을 하지 않았다. 바이러스처럼 여기저기 퍼진 아인슈타인의 인용문이 하나 더 있다.

'모든 사람이 천재다. 하지만 나무를 오르는 능력으로 물고기를 판단한다면, 물고기는 자기가 멍청하다고 믿으며 평생을 살아갈 것이다.'

이것도 아인슈타인이 한 말이 아니다.

이건 어떤가?

'나는 기술이 곧 인류가 되는 그날이 두렵다. 세상에는 바보 세대만 존재할 것이다.'

이것도 그가 한 말이 아니다.

아인슈타인은 인터넷에서 가장 오용되는 역사적 인물인지도 모른다. 그는 기꺼이 우리를 실제보다 똑똑하게 보이도록 해 주는 이른바 '똑똑한 친구'와 같다. 그의 얼굴은 신, 정신 질환, 기 치료에 이르는 모든 것에 관한 인용문 옆에 도배돼 있다. 그러나 이런 것들은 과학과 아무런 관련이 없다. 가엾은 고인은 틀림없이 무덤 속에서 탄식하고 있을 것이다.

사람들은 아인슈타인이 일종의 신화적 인물이 될 때까지 그에 대해 구라를 쳤다. 예를 들어, 아인슈타인이 형편없는 학생이었다는 건 거짓이다. 어려서부터 수학과 과학에 뛰어났고, 열두 살 여름에 대수학과 유클리드 기하학을 독학했으며, 열세 살에는 (현대의 대학원생도 완독을 버거워하는) 칸트의《순수 이성 비판》을 읽었다. 이 사람이 실험 물리학 박사 학위를 취득한 나이는 사람들이 처음 일자리를 얻는 나이보다 어렸다. 그러니까 내 말은, 아인슈타인은 분명히 엄청나게 학구적이었다는 것이다.

알베르트 아인슈타인은 처음에는 큰 포부가 없었다. 그저 가르치는 일을 원했다. 하지만 스위스에 거주하는 젊은 독일 이민자인 탓에 지역 대학에서 일자리를 구할 수 없었다. 결국 친구 아버지의 도움을 받아 특허청에 취직했지만, 일이 너무나 지루하고 따분했다. 그는 온종일 빈둥거리며 물리학에 관한 엉뚱한 이론을 상상했는데, 이 이론이 머지않아 세상을 발칵 뒤집어 놓았다. 1905년 발표한 상대성 이론으로 전 세계적인 명성을 얻은 것이다. 그리고 특허청을 그만뒀다. 대통령과 국가 원수가 갑자기 그와 어울리기를 원했다. 만사형통이었다.

짧지 않은 일생 동안 아인슈타인은 물리학을 여러 차례 혁명했고, 나치를 피했으며, 미국에 핵무기의 필요성(그리고 위험성)을 경고했고, 혀를 내민 유명한 사진의 모델이 됐다.

하지만 오늘날 우리는 실제로 그가 말한 적 없는 멋진 인용문들을 통해 아인슈타인을 알고 있다.

(진짜) 뉴턴의 시대 이후로 물리학은 모든 것을 시간과 공간으로 측정할 수 있다는 생각에 기초했다. 예를 들어, 내 쓰레기통은 지금 여기 내 옆에 있다. 쓰레기통은 공간에서 특정한 위치를 점한다. 만약 내가 술에 취해 주사를 부리며 쓰레기통을 방 저편으로 던져 버린다면, 우리는 시간 경과에 따른 공간 안에서 쓰레기통의 위치를 이론적으로 측정할 수 있고, 속도, 궤적, 운동량 같은 온갖 유용한 것과 벽이 얼마나 파일지를 알아낼 수 있다. 이런 여타 변수는 시간과 공간을 가로지르는 쓰레기통의 움직임을 측정함으로써 결정된다.

시간과 공간은 '보편 상수'다. 다른 모든 것을 측정하는 척도이며 불변한다. 상식처럼 들린다면, 그건 실제로 상식이기 때문이다.

그때 아인슈타인이 나타나서 "상식 같은 소리 하고 있네, 넌 아무것도 몰라, 존 스노우"(〈왕좌의 게임〉에 나오는 대사—역주)라고 말하며 세상을 바꿨다. 아인슈타인은 시간과 공간이 보편 상수가 아니라는 것을 증명했기 때문이다. 시간과 공간에 대한 우리의 지각이 관찰하는 맥락에 따라 달라질 수 있음이 밝혀졌다. 예를 들어, 내가 10초로 경험하는 것을 당신은 5초로 경험할 수 있고, 내가 1마일로 경험하는 것을 이론상 당신은 몇 피트로 경험할 수 있다. 약을 좀 해 본 사람이라면 이 결과를 이해할지도 모르겠다. 하지만 당시의 물리학계에서는 완전히 미친 소리로 들렸다.

아인슈타인은 시간과 공간이 관찰자에 따라 달라진다는 것, 즉 시간과 공간이 상대적이라는 것을 입증했다. 다른 모든 것을 측정하게 해 주는 보편 상수는 빛의 속도다. 우리는 모두 항상 움직이고 있으며, 우리가 빛의 속도에 가까워질수록 시간은 더 '느려지고' 공간은 더 수축된다.

예를 들어, 당신이 일란성 쌍둥이라고 해 보자. 쌍둥이니까 당연히 나이가 같다. 두 사람은 소규모 은하계로 모험을 떠나기로 하고 각자 별개의 우주선에 탑승한다. 당신의 우주선은 초속 50킬로미터라는 느린 속도로 이동하지만, 쌍둥이 형제의 우주선은 빛의 속도에 가까운 초속 29만 9000킬로미터라는 미친 속도로 이동한다. 두 사람은 한동안 우주를 돌아다니며 멋진 것들을 찾다가 지구 시간으로 20년 뒤 다시 만나기로 한다.

당신이 집에 돌아왔을 때 놀라운 일이 벌어진다. 당신은 20년 동안 그만큼 늙었지만, 쌍둥이 형제는 거의 늙지 않았다. 그는 지구 시간으로 20년 동안 '떠나' 있었지만, 우주선 안에서 1년 남짓만 경험했다.

그래, 방금 나도 "뭐라고?"라고 말했다.

아인슈타인은 예전에 이렇게 말했다.

"야, 그건 말도 안 돼."

그런데 말이 된다(그리고 아인슈타인은 그런 말을 한 적이 없다).

아인슈타인의 예가 중요한 이유는 우주에서 불변하는 것에 대한 우리의 가정이 어떻게 잘못될 수 있는지를 보여 주고, 그런 부정확한 가정이 우리가 세계를 경험하는 방식에 엄청난 영향을 미칠 수 있음을 보여 주기 때문이다. 우리는 시간과 공간이 보편 상수라고 가정한다. 그것이 우리가 세계를 지각하는 방식을 설명해 주기 때문이다. 하지만 시간과 공간은 보편 상수가 아니라 어떤 다른 불가해하고 불확실한 상수에 대한 변수라는 것이 밝혀졌다. 그리고 이로 인해 모든 것이 달라진다.

내가 상대성에 관한 이런 골치 아픈 설명을 늘어놓는 이유는 이와 비슷한 일이 우리의 심리 안에서도 진행된다고 믿기 때문이다. 즉 우리가 경험의 보편 상수라고 믿는 것은 사실 전혀 상수가 아니다. 오히려 우리가 사실과 실재라고 생각하는 대다수의 것이 상대적으로 지각된다.

비극 앞에서도 행복은 평균 7점

심리학자들이 항상 행복을 연구한 건 아니다. 사실 심리학의 역사를 살펴보면 심리학은 주로 긍정적인 것이 아니라 무엇이 사람들을 망가뜨렸는지, 무엇이 정신병과 신경 쇠약을 야기했는지, 사람들이 최악의 고통에 어떻게 대처해야 하는지에 초점을 맞췄다.

1980년대가 되어서야 몇몇 용감무쌍한 학자가 자문하기 시작했다. "잠깐, 내가 하는 일은 좀 우울해. 무엇이 사람을 행복하게 할까? 그걸 연구하자!"

그리고 엄청난 찬양이 뒤따랐다. 곧 수십 권의 '행복' 책이 서가에서 급격히 증식해 실존적 위기에 시달리는 권태롭고 불안한 중산층에게 수백만 권이나 팔렸다.

심리학자가 행복을 연구하기 시작했을 때 가장 먼저 한 일은 단순한 설문 조사를 준비하는 것이었다. 그들은 광범위한 집단을 선택해서 무선 호출기를 줬다. 당시가 1980~1990년대라는 걸 잊지 말라. 무선 호출기가 울릴 때마다 사람들은 하던 일을 멈추고 2개의 질문에 관한 답을 적어야 했다.

- 1~10점 기준으로 지금 이 순간 얼마나 행복한가?
- 생활하면서 어떤 일이 있었는가?

연구자들은 사회 각계각층의 수백 명으로부터 수천 개의 답을 수집했고, 그들은 놀라우면서도 믿기 힘들 만큼 따분한 결과를 발견했다. 거의 모든 사람이 시종일관 '7'을 적었다. 식료품점에서 우유를 사는 중? 7점. 아들의 야구 경기에 참석 중? 7점. 고객에게 큰 상품을 팔았다고 상사에게 보고하는 중? 7점.

심지어 비극적인 일이 생겼을 때도, 이를테면, 엄마가 암에 걸리거나 주택 담보 대출을 놓치거나 어린 아들이 희한한 볼링 사고로 한쪽 팔을 잃거나 했을 때도, 행복 수준은 일시적으로 2~5점 범위로 내려갔다가 얼마 뒤 7점으로 되돌아갔다.[3]

이는 긍정적인 사건에서도 마찬가지였다. 직장에서 보너스를 두둑하게 받거나, 꿈꾸던 휴가를 떠나거나, 결혼할 때, 사람들의 답은 사건 이후 짧은 기간 치솟았다가 7점 언저리로 복귀했다.

연구자들은 이 결과에 매혹됐다. 항상 전적으로 행복한 사람은 없고, 마찬가지로 항상 완전히 불행한 사람 역시 없다. 인간은 외부 상황과 무관하게 변함없이 약간 행복하지만 아주 만족스럽게 행복하지는 않은 상태로 살아가는 것처럼 보였다. 달리 말하자면, 상황은

언제나 꽤 괜찮지만, 언제나 더 나아질 수도 있다.[4]

삶이란 그저 7점 수준의 행복 언저리를 오르락내리락하는 것에 지나지 않는 듯싶다. 그리고 우리가 언제나 되돌아가는 변함없는 '7점'은 우리가 거듭해서 속아 넘어가도록 작은 속임수를 쓰는 것 같다.

이 속임수는 우리 뇌가 우리에게 이렇게 말하는 것이다.

"있잖아, 네가 그저 조금만 더 가질 수 있으면, 나는 마침내 10점에 도달해서 그곳에 머무르게 될 거야."

대부분의 사람이 대부분의 삶을 상상 속의 10점을 끊임없이 좇으며 살아간다.

당신은 이렇게 생각한다.

'이봐, 더 행복해지려면, 난 새 직장을 구해야 한다고 생각해.'

그래서 새 직장을 구한다. 그런 다음, 몇 달 뒤, 새집을 사면 더 행복할 것 같다고 느낀다. 그래서 새집을 산다. 또 몇 달 뒤, 이번에는 멋진 해변 휴가다. 그래서 멋진 해변으로 휴가를 떠난다. 그리고 멋진 해변 휴가를 즐기는 동안, 이렇게 말한다.

"내가 진짜로 원하는 게 뭔지 알지? 럼주에 파인애플 주스와 코코넛 크림을 넣은 칵테일, 피나 콜라다! 어디 가면 피나 콜라다를 구할 수 있지?"

당신은 피나 콜라다를 딱 한 잔만 마시면 10점에 도달할 수 있다고 믿는다. 하지만 한 잔이 두 잔, 석 잔, 넉 잔이 된다. 음, 결과는 뻔하다. 당신은 숙취와 함께 잠에서 깨어나고, 행복 점수는 3점이 된다.

아인슈타인은 이렇게 충고했다.

"절대 단 음료가 들어간 칵테일을 잔뜩 마시지 마라. 술을 진탕 마셔야 한다면 숙취 해소제를 먹는 게 어떤가? 혹시 돈이 아주 많다면 코냑은 어떤가?"

우리는 저마다 암암리에 우리가 자기 경험의 보편 상수라고 가정한다. 즉 우리는 불변하지만, 우리의 경험은 날씨처럼 오락가락한다고 가정한다.[5] 어떤 날은 맑고 화창하고, 다른 날은 흐리고 불쾌하다. 하늘은 변하지만, 우리는 변함이 없다.

하지만 이건 사실이 아니다. 사실은 정반대다. 고통이 삶의 보편 상수다. 그리고 인간의 인식과 기대는 미리 정해진 고통의 양에 맞게 자신을 왜곡한다. 다시 말해, 날씨가 아무리 화창해지더라도 우리 마음은 언제나 약간 실망스러울 만큼의 구름을 상상할 것이다.

이런 고통의 불변성은 이른바 '쾌락의 쳇바퀴'를 낳는다. 우리는 그 위에서 상상 속의 10점을 좇아 달리고 또 달린다. 하지만 아무리 달려도 결국엔 언제나 7점을 얻는다. 고통은 언제나 존재한다. 변하는 것은 고통에 대한 우리의 인식이다. 그리고 삶이 '개선'되자마자, 우리의 기대가 달라지고, 우리는 약간 불만족한 상태로 되돌아간다.

하지만 고통은 다른 방향으로도 작동한다. 나는 큰 문신을 새긴 날을 기억하는데, 처음 몇 분 동안 견딜 수 없을 만큼 고통스러웠다. 내가 여덟 시간 동안 이런 개똥 같은 시술을 받기로 했다는 걸 믿을 수 없었다. 하지만 세 시간쯤 지나자 나는 문신 예술가가 작업하는 동안 사실상 졸고 있었다.

아무것도 달라지지 않았다. 바늘도 팔도 예술가도 똑같았다. 하지만 내 인식이 달라졌다. 고통이 정상이 됐고, 나는 내면의 7점 상태로 돌아갔다.

이것은 파란 점 효과의 또 다른 변주다.[6] 이것은 뒤르켐의 '완벽한' 사회다. 심리적으로 편곡된 아인슈타인의 상대성이다. 실제로는 물리적 폭력을 전혀 경험한 적 없으면서 이성을 잃고 책에 나오는 몇몇 불편한 문장을 '폭력'으로 재정의하는 사람의 혐오 개념이다. 현재 동성애자에 대한 영화가 존재한다는 이유로 자신의 문화가 침해받고 파괴됐다는 과장된 인식이다.

파란 점 효과는 어디에나 있다. 모든 인식과 판단에 영향을 미친다. 모든 것이 우리의 가벼운 불만족에 순응하고 적응한다. 그리고 이것이 바로 행복 추구의 문제다.

행복 추구는 현대 세계의 가치다. 제우스가 사람들이 행복한지 신경 썼을까?《구약 성서》의 하나님이 사람들을 기분 좋게 해 주는 데 관심이 있었을까? 아니. 그들은 사람들을 위협하는 메뚜기 떼를 보낼 계획을 세우느라 너무 바빴다.

옛날에는 살기가 힘들었다. 기근과 전염병과 홍수가 끊이지 않았다. 인구 대부분이 노예가 되거나 끝없는 전쟁에 징집됐고, 나머지는 이런저런 폭군을 위해 밤중에 서로의 목을 잘랐다. 죽음이 어디에나 있었다. 대부분의 사람이 서른 살을 넘기지 못했다. 인류 역사의 대부분이 똥과 대상 포진과 굶주림으로 점철됐다.

과학 이전의 세계에서 고통은 널리 받아들여지는 사실일 뿐만 아니라, 찬양되기도 했다. 고대 철학자들은 행복을 미덕으로 여기지 않았다. 그와 반대로, 인간의 자제력을 미덕으로 여겼다. 기분이 좋다는 건 바람직한 것만큼이나 위험한 일이기도 했기 때문이다. 그도 그럴 것이, 웬 얼간이 하나가 흥분해서 미쳐 날뛰면, 어느 틈엔가 마을의 절반이 불타 버렸으니 어쩌겠는가. 아인슈타인이 하지 않은 유명한 말이 있다.

"술 마시다가 불장난하지 마라. 그런 헛짓거리를 했다가는 신세를 망치게 될 것이다."

행복이 '유행'이 된 건 과학과 기술의 시대가 도래한 후의 일이다. 인류가 삶을 개선할 수단을 발명하자마자 던진 그다음 논리적 질문은 '그럼 무엇을 개선할까?'였다. 당시의 몇몇 철학자는 인류의 궁극적 목표는 행복을 증진하는 것, 즉 고통을 줄이는 것이 되어야 한다고 판단했다.

겉으로는 전적으로 중요하고 좋은 것처럼 보인다. 고통을 좀 없애자는데 싫어할 사람이 누가 있나. 어떤 개자식이 그걸 나쁜 생각이라고 주장하겠는가.

음, 내가 그 개자식이다. 그건 나쁜 생각이기 때문이다.

왜냐하면 고통은 없앨 수 없기 때문이다. 고통은 인간 조건의 보편 상수다. 그러므로 고통으로부터 멀어지고 모든 해악으로부터 자신을 보호하려는 시도는 역효과를 낳을 뿐이다. 고통을 제거하려고 노력하면, 고통이 줄어드는 게 아니라 오히려 고통에 대한 민감성이 증가할 뿐이다. 모든 구석에서 위험한 유령을 보고, 모든 국가에서 독재와 억압을 보고, 모든 포옹 뒤에서 증오와 기만을 보게 된다.

우리가 얼마나 진보하고, 우리 삶이 얼마나 평화롭고 편안하고 행복해지든, 우리는 파란 점 효과에 의해 일정한 양의 고통과 불만족을 느낄 것이다. 수백만 달러짜리 복권에 당첨된 대부분의 사람은 길게 보면 결국 더 행복해지지 않는다. 평균적으로 보면, 똑같은 행복을 느끼게 된다. 별난 사고를 당해 몸이 마비된 사람은 길게 보면 더 불행해지지 않는다. 평균적으로 보면, 이들 역시 똑같은 행복을 느끼게 된다.

고통이 인생 경험 그 자체이기 때문이다. 긍정적 감정은 일시적인 고통 제거이며, 부정적 감정은 일시적인 고통 증가일 뿐이다. 고통을 마비시키면 모든 감정과 정서가 마비된다. 그건 삶으로부터 자신을 조용히 제거하는 일이다.

아인슈타인이 이걸 멋지게 표현했다.

"장애물을 마주치지 않는 한 시냇물이 순조롭게 흐르는 것처럼 인간과 동물의 본성도 그렇다. 우리는 자기 의지에 부합하는 것을 절대 인지하거나 의식하지 못한다. 우리가 뭔가를 인지하려면 우리의 의지가 꺾여야 한다. 즉 일종의 충격을 경험해야 한다. 반면에 우리의 의지를 방해하고, 좌절시키고, 저지하는 모든 것은, 즉 불쾌하고 고통스러운 모든 것은 우리에게 즉각적이고 직접적으로 뚜렷이 각인된다. 우리가 온몸의 건강함은 의식하지 못하면서 꼭 끼는 신발은 의식하는 것처럼, 우리는 성공적인 활동 전체는 생각하지 않으면서 우리를 계속 성가시게 하는 하찮은 것에는 신경을 쓴다."

그래, 이건 아인슈타인이 한 말이 아니다. 쇼펜하우어가 한 말이다. 그도 독일인이고 헤어스타일이 우스꽝스러웠다. 요점은 고통을 경험하는 일은 피할 수 없을 뿐만 아니라 고통이 곧 경험이라는 것이다.

따라서 희망은 궁극적으로 자멸적인 동시에 자생적이다. 무엇을 성취하고 어떤 평화와 번영에 이르든 우리의 마음은 기대를 재빨리 조정해서 역경을 겪는다는 인식을 변함없이 유지할 것이다. 이를 통해 우리를 계속 살아가게 하는 새로운 희망, 새로운 종교, 새로운 갈등을 고안하도록 강요할 것이다. 우리는 위협적인 얼굴이 없는 곳에서 위협적인 얼굴을 볼 것이다. 비윤리적인 일자리 제안서가 없는 곳에서 비윤리적인 일자리 제안서를 볼 것이다. 날이 아무리 화창해도 언제나 하늘에서 구름을 찾아낼 것이다.

그러므로 행복 추구는 자멸적일 뿐만 아니라 불가능하다. 이건 마치 등에 붙은 막대기에 묶인 줄에 매달린 당근을 잡으려 하는 것과 같다. 앞으로 나아갈수록 앞으로 더 나아가야 한다. 당근을 최종 목표로 삼으면 자신을 그걸 달성하기 위한 수단으로 삼는 수밖에 없다. 행복을 추구하면 역설적이게도 행복을 달성하기 힘들어진다.

행복 추구는 오랫동안 우리 문화를 규정해 온 해로운 가치다. 자멸적인 동시에 오해의 소지가 있다. 잘 산다는 건 고통을 피하는 게 아니라, 올바른 이유로 고통받는 걸 의미한다. 왜냐하면 우리가 단순히 존재함으로 인해 고통을 겪어야만 한다면, 고통을 잘 겪는 법을 배우는 편이 나을 것이기 때문이다.

20년간의 전쟁 후 시작된 베트남 내전

1954년, 70여 년간의 점령과 20여 년간의 전쟁 끝에, 베트남 사람들은 마침내 자국에서 프랑스 사람들을 쫓아냈다. 이건 분명히 좋은 일이어야 했다. 문제는 성가시게도 전 세계적인 종교 전쟁인 냉전이 계속되고 있다는 것이었다. 자본주의와 자유주의 서구 열강과 공산주의 동구권 사이의 전쟁이었다. 프랑스를 쳐부순 호찌민이라는 사람이 공산주의자로 밝혀졌을 때, 모두가 경악하며 제3차 세계대전이 일어날 수도 있다고 생각했다.

대규모 전쟁을 두려워한 각국의 정상은 스위스 어딘가에 있는 고급 탁자에 앉아 핵 폐기 부분은 건너뛰고 곧장 베트남을 반으로 갈라놓는 데 동의했다. 왜 아무 짓도 하지 않은 국가가 반으로 갈라져야 했는지는 나한테 묻지 말라.[7] 하지만 모두 북베트남은 공산주의, 남베트남은 자본주의로 결정했던 것 같다. 그게 끝이다. 모두 그 뒤로 쭉 행복하게 살았습니다.

(그래, 아마 아닐 거다.)

문제가 있었다. 서구 열강은 제대로 된 선거를 치를 때까지 응오딘지엠이라는 남자가 남베트남을 책임지도록 했다. 처음에는 모두 그를 좋아하는 것 같았다. 응오딘지엠은 독실한 가톨릭 신자였고, 프랑스에서 교육받았으며, 이탈리아에서 여러 해를 보냈고, 몇 개 국어를 구사했다. 미국 부통령 린든 존슨은 응오딘지엠을 만나자마자 그를 '아시아의 윈스턴 처칠'이라고 불렀다. 그는 사실상 서구인이었다!

응오딘지엠은 또한 카리스마가 넘치고 야심이 있었다. 그는 서구 지도자들뿐만 아니라 전 베트남 황제에게도 자신을 각인시켰다. 응오딘지엠은 동남아시아에 민주주의를 정착시키는 인물은 자신이 될 것이라고 당당하게 공언했다. 그리고 모두 그를 믿었다.

음, 그런 일은 일어나지 않았다. 집권 1년 만에 응오딘지엠은 자기 정당을 제외한 남베트남의 모든 정당을 불법으로 규정했다. 그리고 남베트남이 국민 투표를 할 때가 되자, 그는 자기 동생을 모든 선거 지구를 관리하는 책임자로 앉혔다. 그리고 믿기 힘들겠지만, 응오딘지엠이 당선됐다! 그것도 98.2퍼센트라는 압도적인 득표율로!

알고 보니 응오딘지엠이라는 놈은 완전히 쓰레기였다. 물론 북베트남의 지도자인 호찌민도 완전히 쓰레기였다. 그리고 내가 대학에서 배운 게 있다면, 지정학 이론의 첫 번째 규칙은 쓰레기 2명이 이웃에 살면 수백만 명이 죽는다는 것이다.[8]

갑자기 베트남은 다시 내전의 소용돌이로 빠져들었다.

응오딘지엠에 관한 놀라운 이야기를 하고 싶지만 그는 지극히 평범한 폭군이 된 듯하다. 행정부를 가족과 부정한 친구로 채웠다. 그와 가족이 엄청나게 호화롭게 사는 동안, 기근이 지방을 휩쓸어서 수많은 사람이 다른 나라로 도망가거나 굶어 죽었다. 응오딘지엠이 너무나 독선적이고 무능했으므로 남베트남이 붕괴하는 걸 막기 위해 미국이 개입하기 시작했다. 그렇게 베트남 전쟁이 시작됐다.

하지만 응오딘지엠이 그렇게 끔찍한 사람이었음에도 서구 열강은 자기 사람을 지지했다. 어쨌거나 그는 같은 편 아니겠는가. 그는 공산주의자의 맹공격에 강경하게 대응하는 자유주의와 자본주의 종교의 사도였다. 수년 동안 수많은 사람이 죽고 나서야 그들은 응오딘지엠이 자신들의 종교에는 별 관심이 없고 자기 자신의 종교에 관심이 있다는 걸 깨달았다.

폭군이 으레 그렇듯이 응오딘지엠의 취미는 의견이 다른 사람들을 억압하고 죽이는 것이었다. 독실한 가톨릭 신자이던 그는 불교도를 몹시 싫어했다. 문제는 당시 베트남 인구의 80퍼센트가 불교도였다는 것이다. 응오던지엠은 불교 명절을 금지하고, 불교 관련 현수막과 깃발을 금지했다. 불교 단체에 정부 서비스를 제공하지 못하게 했다. 전국의 탑을 급습해서 파괴했고, 이로 인해 수백 명의 승려가 궁핍에 시달리게 됐다.

승려들이 평화 시위를 벌였지만, 당연히 진압됐다. 그러자 훨씬 더 큰 시위가 벌어졌고, 응오던지엠은 시위를 불법으로 만들었다. 경찰이 불교도에게 해산하라고 지시했으나 불교도는 거부했고, 경찰은 시위대를 향해 총을 쏘기 시작했다. 심지어 평화 행진을 하는 비무장 승려들을 향해 수류탄을 던지기도 했다.

서양 기자들은 종교 탄압이 벌어지고 있음을 알았지만, 주로 북베트남과의 전쟁에 관심이 있었기 때문에 이 사건은 후순위로 밀렸다. 이 문제의 심각성을 아는 사람은 별로 없었고, 이 대립을 애써 보도하려는 사람은 더 적었다.

1963년 6월 10일, 기자들은 대통령 궁에서 불과 몇 블록 떨어진 혼잡한 교차로에서 '뭔가 중요한 사건'이 내일 일어날 것이라고 주장하는 수수께끼 같은 메시지를 받았다. 특파원들은 이를 대수롭지 않게 생각해서 대부분 그곳에 가지 않기로 했다. 다음 날, 사진 기자 2명만이 그 장소에 나타났다. 그중 1명은 사진기를 깜박했다. 다른 1명은 나중에 퓰리처상을 받았다.

그날, 종교의 자유를 요구하는 현수막으로 장식된 작은 청록색 자동차가 몇백 명의 승려와 여승의 행렬을 이끌었다. 승려들은 염불을 했다. 사람들은 멈춰 서서 행렬을 지켜보다가 하던 일을 했다. 분주한 날의 분주한 거리였다. 그리고 이때쯤 불교 시위는 새로운 것이 아니었다.

행렬은 캄보디아 대사관 앞 교차로에 도달하자 행진을 멈추고 사거리 교통을 전부 막았다. 승려들은 청록색 자동차를 중심으로 펼쳐져서 반원을 만든 뒤 조용히 응시하며 기다렸다.

승려 3명이 자동차에서 내렸다. 한 승려가 교차로 한복판 거리에 방석을 놓았다. 두 번째 승려인 틱꽝득이라는 나이 든 남성이 방석으로 걸어가 가부좌를 틀고 눈을 감은 뒤 명상을 시작했다.

세 번째 승려가 트렁크를 열고 약 20리터짜리 휘발유 통을 꺼내 틱꽝득이 앉아 있는 곳으로 걸어갔다. 그리고 틱꽝득의 머리에 휘발유를 부었다. 연료가 노인을 뒤덮었다. 사람들은 입을 막았다. 어떤 이들은 독한 냄새 때문에 눈물이 나서 얼굴을 가렸다. 분주한 도시 교차로에 으스스한 침묵이 감돌았다. 행인들은 걸음을 멈췄다. 경찰은 어찌할 바를 몰랐다. 공기가 탁했다. 뭔가 중요한 사건이 일어나기 일보 직전이었다. 모두 기다렸다.

휘발유에 젖은 틱꽝득은 무표정한 얼굴로 짧은 기도를 하고 손을 뻗어 천천히 성냥을 집어 들었다. 그리고 가부좌를 풀지도 눈을 뜨지도 않은 채 성냥을 아스팔트에 그어 자기 몸에 불을 질렀다.

즉시 그의 주위에서 거대한 불길이 치솟았다. 그의 몸이 화염에 둘러싸였다. 승려복이 산산이 흩어졌다. 피부가 검게 변했다. 불에 탄 살 냄새와 연료와 연기가 뒤섞인 냄새가 공기를 가득 채웠다. 군중 사이에서 울부짖음과 비명이 터져 나왔다. 많은 사람이 무릎을 꿇거나 휘청거렸다. 대부분의 사람이 눈앞에서 벌어지는 일에 망연자실하고 경악한 나머지 움직이지 못했다.

자기 몸에 불을 지르고도 평화롭던 승려, 틱꽝득

그러나 틱꽝득은 불에 타는 동안 미동도 없이 가만히 있었다.

〈뉴욕타임스〉 특파원 데이비드 핼버스탬은 이 광경을 나중에 이렇게 표현했다.

'나는 너무 충격을 받아서 눈물을 흘릴 수 없었고, 너무 혼란스러워서 기록을 하거나 질문을 할 수 없었으며, 너무 당황해서 생각조차 할 수 없었다……. 그는 불타는 동안 눈 하나 깜짝하지 않았고, 신음 한 번 내지 않았다. 그의 외적인 평정은 울부짖는 주변 사람들과 극명한 대비를 이뤘다.'

틱꽝득이 소신공양을 했다는 소식이 삽시간에 퍼져 나갔고, 전 세계 수백만 명이 분노했다. 그날 저녁, 응오딘지엠은 전국에 라디오 연설을 했는데, 이 사건 때문에 동요하는 기색이 역력했다. 그는 국

AP 사진, 맬컴 브라운

내 불교 지도자들과 협상을 재개하고 평화로운 해결책을 찾겠다고 약속했다.

 하지만 이미 때는 늦은 상태였다. 응오딘지엠은 이 사태를 절대 만회할 수 없었다. 무엇이 어떻게 다른지는 정확히 말할 수 없지만, 분위기가 왠지 달랐다. 거리는 전보다 생기가 넘쳤다. 성냥불 점화와 사진기 셔터의 찰칵 소리와 함께 응오딘지엠의 보이지 않는 국가 장악력이 약해져 있었고, 응오딘지엠을 포함한 모두 그걸 느낄 수 있었다.

 곧 수천 명이 거리로 쏟아져 나와 그의 행정부에 공개적으로 저항했다. 응오딘지엠의 군사령관들이 그에게 불복종하기 시작했다. 결국 미국도 응오딘지엠에 대한 지지를 더는 정당화할 수 없었다. 케네디 대통령은 곧 응오딘지엠의 최고 장군들이 세운 계획을 승인해서 그를 타도했다.

 불타는 승려의 사진이 둑을 무너뜨렸고, 홍수가 그 뒤를 따랐다.

 몇 달 뒤, 응오딘지엠과 그의 가족은 암살됐다.

 틱꽝득의 소신공양 사진은 무언가가 바이러스처럼 확산되는 현상을 뜻하는 '바이럴'이라는 말이 생기기 전에 바이러스처럼 확산됐다. 이 사진은 일종의 인간 로르샤흐 테스트(rorschach test : 좌우 대칭의 불규칙한 잉크 무늬가 어떠한 모양으로 보이는가에 따라 그 사람의 성격이나 정신 상태, 무의식적 욕망 따위를 판단하는 인격 진단 검사법—역주)가 되어서 모든 사람이 자신의 가치관과 투쟁이 거기에 반영되는 것을 봤다. 러시아와 중국의 공산주의자는 서구의 자본주의 제국주의자에 맞서 자신의 지지자를 결집시키기 위해 이 사진을 공개했다. 동유럽에서 자행되는 잔혹 행위에 반대하는 엽서가 유럽 전역에서 팔렸다. 미국의 반전 운동가는 미국의 베트남전 개입에 항의하기 위해 이 사진을 인쇄했다. 케네디 대통령도 이렇게 말할 수밖에 없었다.

"역사상 어떤 뉴스 사진도 전 세계적으로 이렇게 많은 감정을 불러일으키지는 못했다."

틱꽝득의 소신공양 사진은 사람들의 내면에서 뭔가 원초적이고 보편적인 것을 촉발시켰다. 그건 정치나 종교를 넘어서는 것이었다. 그건 우리의 인생 경험을 구성하는 훨씬 더 근본적인 요소, 즉 엄청난 양의 고통을 견뎌 내는 능력이었다.[9] 나는 저녁 먹을 때 몇 분도 똑바로 앉아 있지 못한다. 그런데 이 사람은 산 채로 불에 타면서도 움직이지 않았다. 움찔하지도 소리를 지르지도 않았다. 웃거나 움츠리거나 찡그리지 않았고, 심지어 남겨 두고 떠나기로 한 세상을 마지막으로 보기 위해 눈을 뜨지도 않았다.

그의 행동에는 순수성이 있었다. 깜짝 놀랄 만한 결의를 보여 줬다는 건 말할 필요도 없다. 그의 행동은 물질을 넘어서는 마음, 본능을 넘어서는 의지를 보여 주는 궁극적 사례다.[10]

그래서 끔찍한 참사임에도 우리를 여전히 고무한다.

스트레스를 받을수록 더 강해지는 시스템, 안티프래질

2011년, 나심 탈레브는 '안티프래질(antifragile)'이라는 개념에 관한 글을 썼다. 탈레브의 주장에 따르면, 어떤 시스템은 외력에 의한 스트레스를 받으면 약해지지만, 다른 시스템은 외력에 의한 스트레스를 받으면 강해진다.

꽃병은 프래질(fragile)하다. 즉 취약해서 충격을 받으면 쉽게 깨진다. 고전적인 은행 시스템은 프래질하다. 정치나 경제에서 뜻밖의 변화가 일어나면 시스템이 무너질 수 있기 때문이다. 아마도 당신과 시어머니 또는 장모와의 관계도 프래질할 것이다. 당신이 하는 모든 말에 시어머니나 장모는 불같이 화를 내며 폭발할 수 있기 때문이다. 프래질한 시스템은 아름다운 작은 꽃이나 10대의 감정과 비슷해서 항상 보호받아야 한다.

튼튼한 시스템도 있다. 튼튼한 시스템은 변화에 잘 견딘다. 꽃병은 약해서 옆에서 재채기만 해도 부서질 수 있지만, 드럼통은 엄청나게 튼튼하다. 몇 주 동안 내동댕이쳐도 끄떡없을 거다. 여전히 똑같은 드럼통이다.

우리 사회는 프래질 시스템을 튼튼하게 만들려고 노력하는 데 대부분의 시간과 돈을 쏟는다. 사업을 더 튼튼하게 만들기 위해 변호사를 고용한다. 정부는 금융 시스템을 더 튼튼하게 만들기 위해 규정을 통과시킨다. 사회를 더 튼튼하게 만들기 위해 교통 신호나 재산권 같은 규치과 법을 도입한다.

하지만 탈레브의 말에 따르면, 제3의 시스템이 있는데, 그것이 바로 '안티프래질' 시스템이다. 취약한 시스템이 무너지고 튼튼한 시스템이 변화에 견디는 반면, 안티프래질 시스템은 스트레스 요인과 외부 압력으로부터 이익을 얻는다.

스타트업은 안티프래질 사업이다. 그들은 빨리 실패하고 그 실패로부터 뭔가를 얻을 방법을 찾는다. 마약상도 안티프래질하다. 상황이 미쳐 돌아갈수록 사람들은 더 망가지고 싶어 한다. 건전한 연애 관계도 안티프래질하다. 불행과 고통은 관계를 약화하는 게 아니라 강화한다.[11] 참전 용사들은 전투의 혼란이 전우애를 와해하는 게 아니라 강화한다고 말한다.

인간의 몸은 어떻게 사용하느냐에 따라 둘 중 어느 쪽으로도 갈 수 있다. 게으름 피우지 않고 적극적으로 고통을 추구하면 몸은 안티프래질하게 된다. 즉 스트레스와 압박을 가할수록 더 강해진다. 운동과 육체노동을 통해 몸을 망가뜨리면 근육이 생기고, 골밀도가 높아지며, 혈액 순환이 잘되고, 엉덩이가 빵빵해진다. 하지만 스트레스와 고통을 피하면(예를 들어, 온종일 넷플릭스를 보며 망할 소파에 앉아 있으면) 근육이 위축되고 골밀도가 낮아져 몸이 쇠약해질 것이다.

인간의 마음도 같은 원리로 작동한다. 어떻게 사용하느냐에 따라 프래질할 수도 안티프래질할 수도 있다. 혼란이나 무질서를 만나면, 우리의 마음은 그 모든 걸 이해하는 작업에 착수해서 원리를 추론하고 심적 모형을 구성하며 미래에 일어날 사건을 예측하고 과거를 평가한다. 이것을 '학습'이라고 한다. 학습은 우리를 더 낫게 만들어주고 실패와 무질서로부터 이익을 얻게 해 준다.

하지만 고통을 피하면, 스트레스와 혼란과 비극과 무질서를 피하면, 우리는 프래질하게 된다. 일상적인 좌절을 받아들이는 능력이 줄어들고, 우리가 한 번에 다룰 수 있는 세상의 작은 부분에만 관여함으로써 삶은 오그라든다.

왜냐하면 고통은 보편 상수이기 때문이다. 당신의 삶이 아무리 '좋아'지건 또는 아무리 '나빠'지건 고통은 존재한다. 그리고 결국엔 감당할 수 있다고 느껴질 것이다. 그렇다면 유일한 질문은 다음과 같은 것이다. 그걸 받아들일 것인가? 고통을 받아들일 것인가, 아니면 피할 것인가? 프래질을 택할 것인가, 아니면 안티프래질을 택할 것인가?

당신이 하는 모든 행동, 당신이라는 존재 전체, 당신이 신경 쓰는 모든 것이 이 선택을 반영한다. 당신의 관계, 건강, 업무 성과, 정서적 안정, 진실성, 공동체 참여, 인생 경험의 폭, 자신감과 용기의 깊이, 존중하고 신뢰하고 용서하고 인정하고 귀 기울이고 배우고 동정하는 능력 등등이 말이다.

당신의 삶 속에서 이것 중 하나라도 프래질하다면, 그 이유는 당신이 고통 회피를 선택했기 때문이다. 단순한 쾌락과 욕구, 자기만족을 추구하는 어린애 같은 가치관을 택했기 때문이다.

고통을 받아들이는 능력이 문화 차원에서 급속히 줄어들고 있다. 이 때문에 우리는 더 큰 행복을 얻지 못할 뿐만 아니라, 정서적으로 엄청나게 취약해지고, 이로 인해 모든 것이 그렇게 엉망진창으로 보이게 된다.

자신에게 불을 지르고 보스처럼 태연히 앉아 있던 틱꽝득으로 다시 돌아가자. 대부분의 현대 서양인은 명상을 휴식을 취하는 기법으로 알고 있다. 요가 바지를 입고서 따뜻하고 편안한 방에 십 분 동안 앉아 눈을 감고 휴대 전화에서 흘러나오는 위로의 목소리를 듣는다. 당신은 괜찮다. 모든 게 괜찮다. 모든 게 다 잘될 거다. 그냥 마음 가는 대로 하라. 어쩌고저쩌고.[12]

하지만 실제 불교 명상은 단순히 예쁜 앱을 켜서 스트레스를 푸는 것보다 훨씬 더 강렬하다. 엄격한 명상은 가만히 앉아서 인정사정 없이 자신을 관찰하는 과정을 포함한다. 당신의 모든 생각과 판단, 성향, 매 순간의 불안과 감정의 파편, 마음의 눈앞에서 지나가는 가정의 흔적이 포착되고, 인정된 뒤, 다시 공허로 풀려난다. 그리고 최악은 여기에 끝이 없다는 것이다.

사람들은 언제나 명상을 '잘하지 못한다'라고 한탄하는데, 명상을 잘하는 건 원래 불가능하다. 그게 중요한 점이다. 명상은 잘하지 못하게 돼 있다. 그러니 명상에 젬병이라는 걸 인정하라. 그걸 받아들이고 사랑하라. 명상을 오랫동안 하면 온갖 잡생각이 떠오른다. 이상한 공상과 수십 년 된 후회와 기묘한 성적 충동과 견딜 수 없는 지루함, 그리고 압도적인 고립감과 외로움 등등이 떠오른다. 이것 역시 관찰되고, 인정된 뒤, 풀려나야 한다. 이 또한 지나갈 것이다.

명상의 핵심은 안티프래질 연습이다. 즉 마음을 단련해서 끝없는 고통의 밀물과 썰물을 관찰하고 견디며 '자아'가 그 조류에 휩쓸리지 않도록 하는 것이다. 그래서 모든 사람이 이렇게 단순해 보이는 걸 그렇게 못하는 것이다. 그냥 방석에 앉아서 눈을 감아라. 이게 힘들면 얼마나 힘들겠는가. 자리에 앉아 눈을 감고 그대로 있을 용기를 내기가 왜 그렇게 힘든가? 이건 쉬운 일이어야 하지만, 모두가 자신을 그렇게 하도록 만드는 데 서투른 것 같다.[13]

어린이가 숙제를 피하는 방식으로 대부분의 사람이 명상을 피한다. 그들은 명상이 실제로 무엇인지 알기 때문이다. 명상은 자신의 고통을 정면으로 마주하고, 두려움을 무릅쓰고 자신의 마음을 있는 그대로 관찰하는 것이다.

나는 보통 명상을 한 시간 정도 하면 백기를 든다. 최고 기록은 이틀 동안 수행한 것이다. 수행이 끝날 무렵, 내 마음은 그만 좀 하고 나가 놀라고 소리를 지르고 있었다. 명상을 그 정도로 오랫동안 지속한 건 이상한 경험이었다. 고통스러운 지루함과 내 마음을 조금이라도 통제한다는 생각이 단지 유용한 환상일 뿐이라는 소름 끼치는 깨달음이 지나갔다. 약간의 불편한 감정과 기억(아마도 어린 시절의 트라우마)을 덤으로 주면, 불쾌한 상황이 꽤 생생해질 수 있다.

이제 이걸 온종일, 매일, 6년 동안 한다고 상상해 보라. 당신 내면을 비추는 섬광의 강철 같은 집중력과 강렬한 결의를 상상해 보라. 당신이 느끼는 고통의 한계점을 상상해 보라. 당신의 안티프래질을 상상해 보라.

틱꽝득이 놀라운 점은 그가 정치 시위에서 자기 몸에 불을 질렀다는 것이 아니다(물론 그것도 꽤 놀랍긴 하다). 진정 놀라운 점은 그의 행동 방식이다. 그는 가만히, 침착하고 평화롭게 행동했다.

부처는 말했다. 고통이란 2개의 화살을 맞는 것과 같다. 첫 번째 화살은 육체적 고통이다. 즉 피부를 뚫는 금속, 육체와 부딪히는 힘이다. 두 번째 화살은 정신적 고통이다. 즉 화살을 맞는 것에 우리가 부여하는 의미와 감정, 우리가 그런 일을 당해 마땅한지 아닌지에 관해 우리가 마음속으로 만들어 내는 이야기다. 많은 경우, 정신적 고통이 육체적 고통보다 훨씬 더 심각하고, 훨씬 더 오래간다.

명상 수행을 통해 부처는 말했다. 우리가 오직 첫 번째 화살만 맞도록 자신을 단련한다면, 우리는 본질적으로 어떤 정신적 또는 감정적 고통도 견딜 수 있을 것이다. 집중력을 충분히 훈련하고 안티프래질을 충분히 만들면, 피부를 뚫는 물체나 일시적인 모욕감 혹은 내 몸이 불타는 고통조차 파리가 얼굴을 가로지르는 것처럼 순간적일 것이다. 육체적 고통은 피할 수 없지만, 정신적 고통은 언제나 선택에 달려 있다.

경험과 경험에 관한 해석 사이에는 언제나 괴리가 있다. 감정 뇌가 느끼는 것과 생각 뇌가 생각하는 것 사이에는 언제나 간극이 있다. 그리고 그 간극 안에서 어떤 것이든 견디게 해 주는 힘을 찾을 수 있다.

아이가 고통을 잘 받아들이지 못하는 이유는 아이의 전체적인 사고방식이 고통을 피하는 걸 중심으로 돌아가기 때문이다. 아이가 고통을 피하지 못한다는 것은 곧 의미나 목적을 찾지 못한다는 뜻이다. 그러므로 아이는 대수롭지 않은 고통만으로도 울컥해서 허무주의적인 감정을 느낀다.

청소년은 고통의 한계치가 더 높다. 고통이 목적을 달성하기 위해 필수적인 거래 조건이라는 걸 알기 때문이다. 청소년은 미래에 이익을 얻으려면 고통을 견뎌야 한다는 생각 때문에 어려움과 좌절을 자기가 희망하는 미래상에 포함시킨다. 좋은 직장을 얻기 위해 학교생활을 견뎌 낼 것이다. 가족과 함께 휴일을 즐기기 위해 짜증 내는 이모를 달랠 것이다. 섹시하게 보이기 위해 새벽같이 일어나서 운동을 할 것이다.

문제가 발생하는 건 청소년이 흥정을 불리하게 했다고 느낄 때다. 다시 말해, 고통이 예상을 넘어서고 보상이 기대를 충족하지 못할 때다. 이런 상황이 생기면 청소년은 아이처럼 희망의 위기에 빠진다. 엄청나게 많은 걸 희생했는데 얻은 게 별로 없잖아! 이게 뭐야? 청소년은 극도의 허무주의에 빠져들고 불편한 진실의 푸대접을 받게 된다.

성인은 고통의 한계치가 엄청나게 높다. 삶이 의미 있으려면 고통이 필요하고, 어떤 것도 무조건적으로 통제되거나 흥정되어선 안 되고 그럴 수도 없으며, 결과와 무관하게 그냥 최선을 다할 수 있다는 걸 알기 때문이다.

심리적 성장은 허무주의로부터의 탈출이다. 삶이 우리에게 던지는 모든 것을 견딜 수 있도록 가치 위계를 더욱 세련되고 추상적으로 쌓아 올리는 과정이다.

어린이의 가치관은 취약하다. 아이스크림이 사라지는 순간 실존적 위기가 시작되고, 뒤이어 악을 쓴다. 청소년의 가치관은 고통의 필요성을 포함하기 때문에 더 튼튼하지만, 뜻밖의 비극적 사건에는 여전히 취약하다. 청소년의 가치관은 극단적 상황이나 충분히 긴 시간 앞에서는 무너지기 마련이다.

성인의 가치관은 진정으로 안티프래질하다. 성인은 뜻밖의 일에서 이익을 얻는다. 관계가 엉망이 될수록 정직은 더 쓸모 있고, 세상이 끔찍해질수록 세상에 맞설 용기를 내는 게 더 중요해진다. 삶이 혼란스러워질수록 겸손한 태도를 취하는 것이 더 가치 있어진다.

이런 것들이 희망 이후 존재의 미덕, 진정한 성인의 가치관이다. 이것이 우리 마음과 우리 가슴의 북극성이다. 이것은 지구에서 어떤 소란이나 혼란이 일어나든, 그 모든 것 위에서 본래 그대로 언제나 빛을 내며 우리가 어둠을 통과하도록 인도한다.

우리에게 잃을 게 있다는 것

많은 과학자와 과학 기술 예찬론자는 우리가 언젠가 죽음을 '치유'할 능력을 갖게 될 것이라고 믿는다. 유전학이 수정되어 최적화될 것이다. 나노봇을 개발해서 의학적으로 우리를 위협할 만한 모든 것을 추적 관찰하고 근절할 것이다. 우리는 생명 공학을 이용해 몸을 영구적으로 교체하고 복구해서 영원히 살게 될 것이다. 공상 과학 소설처럼 들리지만, 어떤 사람들은 심지어 이런 기술을 우리 생애에 성취할 수 있다고 믿는다.

우리의 생물학적 취약성을 극복하고, 죽음의 가능성을 제거하며, 모든 고통을 완화한다는 생각은 대단히 흥미로워 보인다. 하지만 내가 보기에 그건 심리적 재앙이 형성되는 과정일 수도 있다.

죽음을 제거하면 삶에서 모든 결핍을 제거하게 된다. 결핍을 제거하면 가치를 결정하는 능력을 잃게 된다. 모든 게 똑같이 좋거나 나쁘게 보이고, 모든 것이 똑같이 시간과 관심을 쏟을 가치가 있거나 없게 보일 것이다. 왜냐하면…… 시간과 관심이 무한해지기 때문이다. 같은 텔레비전 프로그램을 수백 년 동안 시청할 수 있을 테고, 그래도 문제가 없을 것이다. 관계가 악화되고 줄어들게 내버려 둘 수 있을 것이다. 어찌 됐건 그들은 영원히 주위에 있을 텐데 왜 군이 신경을 쓰겠는가. 모든 탐닉과 오락을 '그런다고 죽는 것도 아니잖아'라는 단순한 말로 정당화하고 계속할 수 있다.

죽음이 심리적으로 필수인 이유는 삶에 이해관계를 만들어 주기 때문이다. 우리에게는 잃을 것이 있다. 그걸 잃을 가능성을 경험하기 전까지는 무엇이 가치 있는지 알지 못한다. 무엇을 위해 기꺼이 싸워야 하는지, 무엇을 기꺼이 포기하거나 희생해야 하는지 알지 못한다.

고통은 가치관의 통화다. 상실의 고통(또는 상실의 가능성)이 없으면, 어떤 것의 가치를 전혀 결정할 수 없다.

고통은 모든 감정의 핵심이다. 부정적 감정은 고통을 경험할 때 생긴다. 긍정적 감정은 고통을 완화할 때 생긴다. 우리가 고통을 피하고 자신을 더 취약하게 만들면 감정 반응이 사건의 중요성과 극도로 불균형해질 것이다. 햄버거에 양상추가 너무 많이 들어 있으면 뚜껑이 열릴 것이다. 당신이 정의롭다고 말하는 엉터리 유튜브 영상을 보면 자만심으로 가득 찰 것이다. 삶은 터치스크린에서 스크롤을 올렸다 내렸다 하는 동안 우리 심장을 들었다 놨다 하는, 말로는 표현이 안 되는 롤러코스터가 될 것이다.

우리가 안티프래질해질수록 감정 반응은 더 우아해지고, 자신을 더 잘 조절하게 되며, 가치관은 더 절도 있게 될 것이다. 그러므로 안티프래질은 성장/성숙과 동의어다. 삶은 끊임없는 고통의 흐름이고, 성장한다는 것은 그 흐름을 피할 길을 찾는 게 아니라 오히려 그 안으로 뛰어들어 가장 깊은 곳으로 가는 길을 성공적으로 찾는 것이다.

그렇다면 행복을 추구하는 것은 성장과 성숙의 미덕을 회피하는 것이다. 자신과 자기 마음을 감정적 짜릿함이라는 목적을 달성하기 위한 수단으로 취급하는 것이다. 기분을 좋게 하려고 의식을 희생시키는 것이다. 안락함을 더 얻기 위해 품위를 포기하는 것이다.

고대 철학자들은 이걸 알았다. 플라톤과 아리스토텔레스와 스토아학파는 삶을 행복이 아니라 인격의 관점에서 보았으며, 고통을 견디고 적절히 희생하는 능력을 개발하라고 이야기했다. 왜냐하면 당시의 삶이란 것이 실제로 하나의 길고 긴 희생이었기 때문이다. 용기와 정직, 겸손이라는 고대의 미덕은 모두 다른 형태로 안티프래질을 실천하는 방식이었고, 혼란과 역경에서 이익을 얻게 해 주는 원칙이었다.

계몽주의 시대, 즉 과학과 기술과 끝없는 경제 성장을 약속하는 시대에 이르러서야 사상가와 철학자는 토머스 제퍼슨이 '행복 추구'로 요약한 개념을 떠올렸다. 계몽주의 사상가는 과학과 돈이 사람들의 빈곤, 굶주림, 질병을 해결해 주는 모습을 보면서, 고통이 개선되는 것을 고통이 제거되는 것으로 오해했다. 오늘날 많은 대중 지식인과 전문가가 이런 실수를 되풀이한다. 그들은 성장이 고통을 육체적인 형태에서 심리적 형태로 바꿔 놓는 게 아니라, 우리를 고통에서 해방한 것이라 믿는다.[14]

계몽주의가 올바로 이해한 건 평균적으로 어떤 고통은 다른 고통보다 낫다는 생각이다. 다른 조건이 모두 같다면, 스무 살에 죽는 것보다 아흔 살에 죽는 게 낫고, 아픈 것보다 건강한 게 낫다. 강제로 타인의 노예가 되는 것보다 자신의 목표를 자유롭게 추구하는 게 낫다. 사실상, '부유함'은 당사자의 고통이 얼마나 바람직한가로 규정할 수 있다.[15]

하지만 우리는 고대인이 알고 있던 걸 잊은 듯싶다. 세상이 얼마나 부유해지든 우리 삶의 질은 인격의 질에 의해 결정되고, 인격의 질은 고통과 우리의 관계에 의해 결정된다.

행복을 추구하면 허무주의와 경솔함을 향해 곤두박질치게 된다. 유치해지고, 쉴 새 없이 뭔가를 더 갈망하게 되며, 절대 채울 수 없는 구멍에 빠져들고, 절대 풀 수 없는 갈증을 느끼게 된다. 행복 추구는 타락과 중독, 자기 연민과 자기 파괴의 근원이다.

고통을 추구하면 어떤 고통을 삶 속으로 끌어들일지 선택할 수 있다. 이 선택은 고통을 의미 있게 해 주고, 따라서 삶을 의미 있게 해 준다.

고통은 삶의 보편 상수이므로 고통을 통해 성장할 기회는 삶 속에 늘 있다. 고통을 마비시키지만 않으면, 고통으로부터 눈길을 돌리지만 않으면 된다. 고통을 맞이하고 그 안에서 가치와 의미를 찾아내기만 하면 된다.

고통은 모든 가치의 근원이다. 고통에 무감각해지면 세상에 존재하는 중요한 모든 것에 무감각해진다.[16] 고통은 궁극적으로 우리가 가장 확고히 지키는 가치관과 믿음이 되는 도덕적 간극을 열어 준다.

어떤 목적을 위해 고통을 느끼는 능력을 부정하면 삶 속에서 목적을 느끼는 능력을 완전히 부정하게 된다.

1 '빈도에 의한 개념 변화'는 우리의 인식이 예상되는 경험 빈도에 의해 얼마나 달라지는지를 측정한다. 나는 이 장에서 '파란 점 효과'를 좀 더 폭넓게 활용해서 빈도에 의한 예상뿐만 아니라 예상에 기초한 모든 인식 변화를 기술할 것이다.

2 나는 대학생들이 자기 마음에 들지 않는 교내 연사에 기겁하고 불쾌한 연설을 트라우마와 동일시하는 것에 관한 뉴스를 접할 때마다 비톨트 필레츠키가 이를 어떻게 생각했을지 궁금하다.

3 최근의 연구는 이에 대해 이의를 제기했고, 극도로 충격적인 사건(이를테면 아이의 죽음)은 행복의 '기본 수준'을 영구적으로 바꿀 수 있다는 사실을 발견했다. 하지만 행복의 '기준치'는 우리 경험의 대부분에서 여전히 참이다.

4 하버드 대학교의 심리학자 대니얼 길버트는 이것을 '심리적 면역 체계'라고 부른다. 즉 우리에게 어떤 일이 일어나든 감정과 기억, 믿음은 우리를 대체로 행복하지만 전적으로 행복하지는 않은 상태로 유지하기 위해 자신을 적응시키고 바꾼다.

5 내가 '우리'라고 표현한 것은 '우리에게 인식된 경험'이다. 기본적으로 우리는 인식을 의심하지 않는다. 세계를 의심한다. 하지만 사실, 인식은 자신을 자주 변화시키고, 세계는 그렇지 않다.

6 사실 이건 파란 점 효과와는 다른 '고통 습관화'이지만, 두 현상 모두 비슷한 효과를 낸다. 경험은 변하지 않지만, 그 경험에 대한 인식은 예상에 따라 변한다. 이 장 전체에서, 나는 파란 점 효과를 연구자들이 빈도에 의한 개념 변화를 연구한 과학적 방식 그대로 사용하지 않는다. 나는 본질적으로 이 효과를 더 큰 심리적 현상에 대한 비유와 예시로 사용하고 있다. 즉 우리의 인식은 사전에 결정된 정서적 경향과 예상에 순응하며, 그 반대는 참이 아니다.

7 그래도 혹시 물어볼까 봐 얘기하자면, 그들이 베트남을 반으로 가른 이유는 그 전에 한국에서 일어났던 다툼을 피하고 싶기 때문이었다. 그들은 한국에서 한 것처럼 국가를 둘로 나누면 평화를 유지할 수 있으리라 생각했다. 스포일러 주의 : 그렇지 않았다.

8 보스턴 대학교 국제 관계 학부를 큰 소리로 불러 보자. 당신을 위한 곳이다.

9 이 사진을 찍은 맬컴 브라운은 나중에 이렇게 말했다. "나는 사진을 찍고 또 찍었으며, 그 행위가 나를 공포로부터 보호해 주었다."

10 2장에서 우리는 고전적 가정에 관해 이야기했고, 감정 뇌와 협력하는 대신 감정 뇌를 억누르려 함으로써 그것이 실패한다는 점을 살펴봤다. 안티프래질을 실행한다는 것은, 의지와 의식을 통해 감정 뇌의 충동을 동력원으로 활용해서 그것을 생산적인 행동으로 돌릴 수 있는 것과 같은 방식으로 고통을 다룸으로써 감정 뇌와의 협력을 실행하는 것이다. 명상이 집중력과 자기 인식을 강화해 주고 중독과 불안, 스트레스를 줄여 준다는 사실이 과학적으로 증명된 건 놀라운 일이 아니다. 명상은 본질적으로 삶의 고통을 관리하기 위한 수행이다.

11 이것은 실제로 당신이 누군가와 함께해야 하는지를 알아내기 위한 훌륭한 리트머스 시험이다. 외부 스트레스 요인이 당신을 더 가깝게 만드는가, 그렇지 않은가?

12 내가 여기서 명상 앱을 비판하고는 있지만, 명상에 입문할 때는 그것도 괜찮다고 생각한다는 점을 말해 두고 싶다. 입문할 때만……

13 나는 세계 최고의 명상 지지자지만, 실제로 앉아서 명상을 할 줄은 모르는 것 같다. 내게 명상을 가르쳐 주는 한 친구가 좋은 기술을 알려 줬다. 명상하는 데 어려움을 겪는다면, 일단 자신감을 잃을 만큼 겁나지는 않는 시간이 몇 분인지 알아내라. 대부분의 사람이 10분이나 15분 동안 명상을 하려고 한다. 그게 벅찬 것 같으면 자신과 타협을 해서 5분만 하라. 그것도 벅찬 것 같으면 3분으로 낮춰라. 그것도 벅찬 것 같으면 1분으로 낮춰라(누구든 1분은 할 수 있다). 기본적으로, 더는 겁나지 않을 때까지 감정 뇌와 '타협'해서 시간을 낮춰라. 다시 말하지만, 이것은 당신이 2개의 뇌를 조정해서 생산적인 일을 할 수 있을 때까지 생각 뇌가 감정 뇌와 협상하는 것이다. 이 기술은 다른 활동을 할 때도 놀라운 효과를 낸다. 운동, 독서, 청소, 저술(쿨럭) 등 모든 경우에, 더는 겁나지 않을 때까지 기대치를 낮춰라.

14 스티븐 핑커는 육체적 건강과 안정상의 이익이 불안과 스트레스 증가를 보상하는 것 이상이라고 주장한다. 또한 성인은 책임이 증가하기 때문에 불안과 스트레스의 정도가 더 커져야 한다고 주장한다. 이건 아마도 사실일 것이다. 예를 들어, 우리는 선택권이 주어져도 어린 시절로 돌아가지 않을 것이다. 하지만 그것이 불안과 스트레스가 심각한 문제가 아니라는 걸 의미하지는 않는다.

15 이것이 내가 전작에서 '좋은 삶'을 규정한 방식이다. 문제를 피할 수는 없다. 좋

은 삶은 좋은 문제와 함께하는 삶이다.

16 그래서 중독은 악순환을 낳는다. 고통에 무감각해지면 의미와 가치를 찾아내는 능력이 무뎌지고, 그로 인해 고통이 더 커지고, 그 때문에 무감각함이 더 커진다. 이것은 더는 가라앉힐 수 없는 어마어마한 고통의 장소인 '바닥'을 칠 때까지 계속된다. 이것을 완화할 유일한 방법은 그것을 받아들여서 자라게 하는 것뿐이다.

8장

감정
경제

유일하게 진정한 형태의 자유는
삶에서 포기할 모든 것을
선택하는 것이다.

모든 마케팅 기법을 만들어 낸 사악한 천재

1920년대에 여성은 담배를 피우지 않았다. 혹시라도 피우면 혹독하게 비난받았다. 금기였다. 당시 사람들은 대학 졸업이나 국회 의원 선출과 마찬가지로 흡연도 남자에게만 허용돼야 한다고 믿었다.

"여보, 그러다 다칠지도 몰라. 자칫 잘못하면 당신의 아름다운 머리칼에 불이 붙을지도 모른다고."

이런 상황이 담배 업계에는 문제였다. 인구의 50퍼센트가 단지 시류에 맞지 않거나 무례해 보인다는 이유로 담배를 피우지 않았다. 그래선 안 됐다. 아메리칸 타바코 컴퍼니의 사장 조지 워싱턴 힐은 당시 이렇게 말했다.

"우리 집 앞마당이 바로 금광이다."

담배 업계는 여성에게 담배를 광고하려고 몇 차례 시도했지만, 전혀 효과가 없는 것 같았다. 담배에 관한 문화적 편견이 너무 뿌리 깊었다.

그래서 1928년에 아메리칸 타바코 컴퍼니는 엉뚱한 발상과 더 엉뚱한 마케팅 전략으로 무장한 잘나가는 젊은 마케터 에드워드 버네이스를 고용했다.[1] 당시 버네이스가 사용한 마케팅 전략은 광고업에 종사하는 사람들과는 전혀 달랐다.

19세기 초반에 마케팅은 단순히 상품의 실질적인 유용성을 가능한 한 가장 단순하고 간결한 형태로 전달하는 수단으로 여겨졌다. 당시에는 사람들이 사실과 정보에 기초해서 상품을 구입한다고 믿었다. 누군가 치즈를 구입하길 원한다면, 그에게 왜 이 치즈가 우수한지에 대한 사실을 전달해야 했다(가장 신선한 프랑스 염소젖, 12일 저장, 냉장 배송!). 사람들은 합리적인 구매 결정을 한다고 여겨졌다. 이것은 생각 뇌가 책임자라는 고전적 가정이었다.

하지만 버네이스는 전통에 얽매이지 않았다. 그는 사람들이 합리적인 결정을 한다고 생각하지 않았다. 정반대라고 생각했다. 사람들은 감정적이고 충동적이지만, 그걸 아주 잘 숨긴다고 여겼다. 감정 뇌가 책임자지만, 아무도 그걸 깨닫지 못했다고 믿었다.

담배 업계는 논리적 주장을 통해 여성이 담배를 사서 피우도록 설득하는 데 주력했지만, 버네이스는 이 문제를 감정적이고 문화적인 것으로 봤다. 여성이 담배를 피우게 하려면, 여성의 생각이 아니라 가치관에 호소해야 했다. 여성의 정체성에 호소해야 했다.

이를 위해 버네이스는 한 무리의 여성을 고용해서 뉴욕의 부활절 퍼레이드에 참가시켰다. 오늘날, 기념일 퍼레이드는 당신이 소파에서 잠드는 동안 텔레비전이 떠들게 내버려 두는 별 볼 일 없는 행사지만, 당시 퍼레이드는 슈퍼볼과 같은 대규모 행사였다.

버네이스가 계획한 대로, 적절한 시점에 이 여성들은 일제히 멈춰서서 동시에 담배에 불을 붙였다. 그는 사진작가를 고용해서 담배 피우는 여성들이 돋보이는 사진을 찍도록 했고, 그 사진을 전국의 모든 주요 신문사에 돌렸다. 기자에게는 이렇게 말했다.

"이 여성들은 단순히 담배에 불을 붙인 게 아니라 '자유의 횃불'에 불을 붙였으며, 이를 통해 자신들이 독립과 자립을 주장할 수 있음을 보여 준 것이다."

물론 전부 가짜 뉴스였지만, 버네이스는 그걸로 정치 시위를 벌였다. 그는 이것이 전국의 여성에게 적절한 감정을 촉발하리라는 것을 알았다. 페미니스트가 여성에게 투표권을 쥐여 준 건 겨우 9년 전이었다. 여성은 이제 집 밖에서 일하며 점차 국가 경제에 필수적인 부분이 되고 있었고, 머리를 짧게 자르고 도발적인 옷을 입음으로써 자기를 드러냈다. 이 세대의 여성은 자신을 남성으로부터 독립적으로 행동할 수 있는 첫 번째 세대라 여겼다. 그리고 그들 중 상당수가 이런 생각을 아주 강하게 했다. 버네이스가 '흡연은 곧 자유다'라는 메시지를 여성 해방 운동에 편승시킬 수만 있다면, 담배 판매는 두 배가 되고 그는 부자가 될 것이었다.

효과가 있었다. 여성이 담배를 피우기 시작했고, 우리는 폐암에 걸릴 동등한 기회를 얻었다.

버네이스는 이런 종류의 문화 쿠데타를 20년간 계속해서 일으켰다. 마케팅 업계를 완전히 혁명했고, 그 과정에서 홍보라는 분야를 발명했다. 섹시한 유명인에게 돈을 주고 상품을 사용하게 하는 것, 실제로는 회사를 위한 광고인 가짜 뉴스를 생산하는 것 모두 버네이스의 아이디어였다. 고객을 위해 관심과 악평을 끌어낼 수단으로 논란이 되는 공공 행사를 개최하는 것 역시 그의 작품이었다. 오늘날 우리가 시달리는 거의 모든 형태의 마케팅과 홍보는 버네이스와 함께 시작됐다.

하지만 여기 버네이스에 대한 흥미로운 사실이 하나 있다. 그는 지크문트 프로이트의 조카였다.

프로이트가 악명 높은 이유는 현대 사상가 중 최초로 의식 차를 모르는 게 감정 뇌라고 주장한 인물이기 때문이다. 그는 사람들이 불안과 수치심 때문에 잘못된 결정을 내리고 스스로 부족하다고 느끼는 것을 탐닉하거나 보충하려 한다고 믿었다. 프로이트는 우리에게는 일관된 정체성, 즉 우리가 마음속으로 자신에게 하는 이야기가 있으며, 우리는 감정적으로 그 이야기에 애착을 느끼고 그걸 지키기 위해 싸울 것이라는 점을 간파했다.[2] 그는 우리는 충동적이고 이기적이며 감정적인 동물이라고 주장했다.

프로이트는 인생의 대부분을 빈털터리로 보냈다. 그는 전형적인 유럽 지식인이었다. 박식하고, 매우 철학적이며, 고립돼 있었다. 하지만 버네이스는 미국인이었다. 그는 실용적이고 의욕적이었다. 철학은 무슨! 부자가 되고 싶었다. 그래서 그는 마케팅이라는 렌즈를 통해 변형된 프로이트의 아이디어를 대대적으로 전했다.[3] 버네이스는 프로이트를 통해 이전까지 어떤 사업가도 이해하지 못한 무언가를 이해했다. 즉 사람들의 불안을 이용하면 그들은 당신이 권하는 빌어먹을 것을 거의 다 살 것이다.

트럭을 남성에게 광고할 때는 이것이 힘과 신뢰성을 내세울 방법이라고 한다. 화장품을 여성에게 광고할 때는 이것이 더 사랑받고 더 주목받을 방법이라고 한다. 맥주를 광고할 때는 이것이 파티에서 재미있게 놀고 사람들의 관심을 한 몸에 받을 방법이라고 한다.

물론 이것은 모두 마케팅 입문이다. 그리고 오늘날에도 여느 때와 다름없이 사업으로 찬양받는다. 마케팅을 공부할 때 처음 배우는 것은 고객이 '불편을 느끼는 부분'을 찾아내서 교묘한 방식으로 그걸 더 심하게 느끼도록 하는 방법이다. 이 발상은 사람들의 수치심과 불안을 자극한 다음, 돌아서서 이 상품이 수치심을 해소해 주고 불안을 없애 줄 것이라고 말하는 것이다. 달리 말하자면, 마케팅은 고객의 도덕적 간극을 구체적으로 드러내거나 두드러지게 한 다음, 그걸 메울 방법을 제공한다.

이것은 오늘날 우리가 경험하는 모든 경제적 다양성과 풍부함을 생산하는 데 도움을 줬다. 다른 한편으로, 부족하다는 느낌을 유발하기 위해 고안된 마케팅 메시지가 날마다 모든 사람을 강타하는 수천 개의 광고 메시지로 확대될 때, 그에 대한 심리적 영향이 있을 수밖에 없다. 그리고 그건 좋은 것일 리가 없다.

세상을 돌아가게 하는 건 단 한 가지, 바로 감정이다. 사람들은 기분을 좋게 해 주는 것에 돈을 쓰기 때문이다. 돈이 있는 곳에 권력이 있다. 따라서 세상 사람들의 감정에 영향을 많이 미칠수록 더 많은 돈과 권력을 얻게 될 것이다.

돈은 사람들 사이의 도덕적 간극을 동등하게 만들기 위해 사용하는 교환 방식이자 그 자체로 특별하고 보편적인 작은 종교다. 우리가 그걸 도입한 이유는 우리 삶을 조금 더 수월하게 해 주기 때문이다. 돈은 우리가 서로를 상대할 때 가치관을 보편적인 것으로 바꾸게 해 준다. 예를 들어 보자. 당신은 조개껍데기와 굴을 좋아하고, 나는 불구대천 원수와 싸우는 걸 좋아한다고 해 보자. 당신은 내 군대에서 싸우고, 나는 조개껍데기와 굴로 당신을 부유하게 만들어 줄 것이다. 어떤가?

이렇게 인간의 경제가 생겨났다.[4] 다수의 성난 왕과 황제가 원수를 학살하길 원해서 시작됐지만, 군대에 뭔가 보상을 해 줄 필요가 있었고, 그래서 군인들이 집으로 돌아왔을 때 (또는 혹시 돌아온다면) 사용(동등화)할 일종의 부채(또는 도덕적 간극)로 돈을 주조했다.

물론 크게 변한 건 없다. 그때도 세상은 감정으로 돌아갔고, 지금도 감정으로 돌아간다. 변한 것이라고는 우리가 서로에게 악다구니할 때 사용하는 작은 장치뿐이다. 기술 진보는 감정 경제의 한 가지 현상에 지나지 않는다. 예를 들어, 아무도 말하는 와플을 발명하려고 시도하지 않았다. 왜? 그건 소름 끼치게 기괴할 것이기 때문이다. 영양가가 별로 없으리라는 건 말할 필요도 없다. 그 대신 사람들은 기분을 좋게 하기 위해 (또는 기분이 나빠지는 걸 막기 위해) 기술을 연구하고 발명했다. 볼펜, 더 편안한 시트 히터, 더 나은 배관 패킹. 번영은 사람들이 고통을 개선하거나 피하는 데 도움을 주는 것을 중심으로 형성되고 사라진다. 이런 것은 사람들의 기분을 좋게 하고, 사람들은 흥분한다. 그들은 돈을 쓴다. 그다음은 뭐겠어? 호황이야, 자기야.

시장에서 가치를 창출하는 두 가지 방식이 있다. 고통을 개선하거나 피하는 것이다.

가치를 창출하는 첫 번째 방법은 하나의 고통을 훨씬 더 견딜 만하고 바람직한 고통으로 바꾸는 것이다. 가장 극적이고 확실한 예는 의학과 제약 혁신이다. 소아마비 백신은 평생에 걸쳐 심신을 약화시키는 고통과 불편한 거동을 몇 초 동안의 주사로 바꿔 놓았다.

심장 수술은 죽음을 1~2주 동안의 수술 회복기로 바꿔 놓았다.

시장에서 가치를 창출하는 두 번째 방법은 사람들이 고통을 덜게 돕는 것이다. 고통을 개선하면 더 나은 고통을 얻게 되지만, 고통을 가라앉히면 고통은 그저 지연될 뿐이며 종종 더 심해지기도 한다. 오락으로는 주말에 해변으로 여행을 떠나기, 밤에 친구와 외출하기, 특별한 사람과 영화 보기, 술 마시기 등이 있다. 오락이 무조건 나쁘다는 건 절대 아니다. 누구나 이따금 기분을 전환할 필요가 있다. 문제는 그게 우리 삶을 지배하고 우리의 의지로부터 통제력을 빼앗아 갈 수 있다는 점이다. 오락은 대체로 뇌에서 특정한 회로를 작동시켜서 우리가 거기에 중독되게 한다. 고통은 가라앉힐수록 더 심해지기 때문에 점점 더 강하게 가라앉혀야 한다. 어느 시점에 이르면, 역겨운 고통 덩어리는 엄청난 크기로 자라나고, 그로 인해 고통을 강박적으로 회피하게 된다. 결국 자신에 대한 통제력을 잃고 만다. 즉 감정 뇌가 생각 뇌를 트렁크에 가둬 놓고 뭐가 됐든 다음 충격이 있을 때까지 풀어 주지 않는다. 그리고 악순환이 뒤따른다.

세상은 감정으로 돌아간다

과학 혁명이 처음 시작됐을 때 경제 진보는 대부분 혁신 덕이었다. 당시에는 대다수 사람이 가난하게 살았다. 모두 늘 아프고, 굶주리고, 춥고, 피곤했다. 소수만 글을 읽을 줄 알았다. 대부분 치아도 좋지 않았다. 전혀 즐겁지 않았다. 이후 몇백 년 동안 기계, 도시, 분업, 현대 의학, 위생, 대의 정치가 발명됨에 따라 빈곤과 고난이 많이 완화됐다. 백신 및 의약품이 수십억 명의 생명을 구했고, 기계는 세계 전역에서 등골이 휘게 하는 업무량과 기아를 감소시켰다. 인간의 고통을 개선한 기술 혁신은 의심의 여지 없이 좋은 것이었다.

하지만 많은 사람이 비교적 건강하고 부유할 때는 어떤 일이 일어날까? 이 시점에, 대부분의 경제 진보가 혁신에서 오락으로, 고통 개선에서 고통 회피로 바뀐다. 그 이유 중 하나는 진정한 혁신은 위험하고, 어렵고, 보람이 없기 때문이다. 많은 발명가가 역사상 가장 중요한 혁신을 일궈 냈음에도 빈털터리로 궁핍하게 살았다.[5] 회사를 시작해서 모험을 해 볼 작정이라면 오락의 길을 가는 게 안전하다. 결과적으로, 우리는 단지 새롭고 효과적인 오락 방법을 찾아내는 데 불과한 것을 기술 '혁신'이라 부르는 문화를 만들어 냈다. 벤처 투자가 피터 틸은 이렇게 말했다.

"우리는 날아다니는 자동차를 원했지만, 그 대신 트위터를 얻었다."

경제가 주로 오락으로 전환하면 문화가 바뀌기 시작한다. 가난한 나라가 발전해서 의약품과 휴대 전화, 여타 혁신적 기술에 접근하면 행복의 크기가 꾸준히 상승하는데, 그 이유는 모든 사람의 고통이 더 나은 고통으로 개선되기 때문이다. 하지만 그 나라가 부유한 선진국에 도달하면 그 행복은 오름세가 꺾이거나 어떤 경우엔 줄어든다. 그동안 정신 질환과 우울증, 불안이 급증할 수 있다.

가난한 나라에서 처음 사회를 개방하고 현대의 혁신을 도입했을 때 행복의 크기가 상승하는 이유는 사람들이 안티프래질해지기 때문이다. 그들은 더 큰 고난을 견디고, 더 효율적으로 일하고, 공동체 안에서 더 잘 소통하고 활동할 수 있다. 하지만 그런 혁신이 통합되고 모든 사람이 휴대 전화와 맥도날드 해피밀을 갖게 되면, 위대한 현대의 오락이 시장으로 진입한다. 오락이 나타나자마자 심리적 취약성이 드러나고 모든 것이 엉망진창으로 보이기 시작한다.[6]

상업 시대는 20세기 초에 버네이스가 사람들의 무의식적 감정과 욕망에 맞게 상품을 계획해서 팔 수 있다는 걸 발견하면서 시작됐다.[7] 버네이스는 페니실린이나 심장 수술에 관심이 없었다. 그는 사람들에게 필요 없는 담배, 타블로이드 잡지, 미용 제품을 팔러 다녔다. 그리고 그때까지는 어떻게 하면 사람들이 생존에 필요하지 않은 물품에 엄청난 돈을 쓰게 할 수 있는지 아무도 알아내지 못한 상태였다.

마케팅의 발명은 사람들의 행복 추구를 한껏 만족시키는 현대판 골드러시를 야기했다. 대중문화가 나타났고, 유명인과 운동선수가 엄청난 부자가 됐다. 처음으로 사치품이 대량 생산돼 중산층에게 광고되기 시작했다. 일상을 편리하게 해 주는 기술이 폭발적으로 성장했다. 전자레인지로 조리할 수 있는 요리, 패스트푸드, 안락의자, 눌어붙지 않는 프라이팬 등등. 사람들은 전에는 두 달이 걸리던 일을 전화를 걸어서 이 분 만에 해치울 수 있게 됐다. 이 모든 변화가 백 년이라는 짧은 기간에 일어났고, 삶은 너무나 쉽고 효율적이며 수월해졌다.

상업 시대의 삶은 전보다 복잡하긴 했지만, 오늘날과 비교하면 여전히 단순했다. 거대하고 부산한 중산층이 동질적인 문화 안에 존재했다. 사람들은 같은 텔레비전 채널을 시청하고, 같은 음악을 듣고, 같은 음식을 먹고, 같은 종류의 소파에서 휴식을 취하고, 같은 신문과 잡지를 읽었다. 이 시대에는 연속성과 단결이 존재했으며, 그 안에 안정감이 있었다. 한동안 모두 자유로우면서도 동시에 같은 종교에 속했다. 그 점이 위안이 됐다. 핵으로 인한 인류 전멸이라는 위협이 존재했음에도, 사람들은 이 시기를 이상화하는 경향이 있다. 적어도 서양 사람들은 말이다. 내가 보기에 많은 사람이 오늘날 그토록 향수에 젖는 건 이러한 사회적 단결력을 그리워하기 때문이다.

그 후, 인터넷이 나타났다.

인터넷은 진정한 혁신이다. 다른 조건이 모두 같다면, 인터넷은 우리 삶을 근본적으로 낫게 만들었다. 훨씬 낫게.

문제는 우리다.

인터넷을 발명한 의도는 선한 것이었다. 실리콘 밸리를 비롯한 여러 곳의 발명가와 과학 기술 전문가는 디지털 세상이라는 큰 희망을 품었다. 그들은 세상 사람들과 정보를 이음매 없이 연결하는 미래를 꿈꾸며 수십 년 동안 노력했다. 인터넷이 사람들을 해방해서 정보 관리자와 계급을 없애고 모두가 동일한 정보와 자기표현 기회를 누리게 해 줄 것이라고 믿었다. 모두에게 자기 목소리와 그 목소리를 공유할 단순하고 효율적인 수단이 주어진다면, 세상은 더 좋고 더 자유로운 곳이 될 것이라고 믿었다.

거의 유토피아 수준인 낙관주의가 1990년대와 2000년대에 걸쳐 발달했다. 과학 기술 전문가는 전 세계 인구가 고등 교육을 받고 손가락만 까딱하면 무한한 지혜에 다가가는 세상을 마음속에 그렸다. 그들은 국가와 민족, 생활 방식을 가로지르는 더 큰 공감과 이해를 불러일으킬 기회를 봤다. 평화와 번영이라는 공통의 관심사로 통합되고 연결되는 전 세계적 운동을 꿈꿨다.

하지만 그들은 잊어버렸다.

그들은 자신의 종교적 꿈과 개인적 희망에 사로잡혀 잊어버렸다.

그들은 세상이 정보로 돌아가지 않는다는 걸 잊어버렸다.

사람들은 진실이나 사실에 근거해서 결정을 내리지 않는다. 자료에 기초해서 돈을 쓰지 않는다. 고귀한 철학적 진리 때문에 관계를 맺지 않는다.

세상은 감정으로 돌아간다.

보통 사람에게 인류의 지혜가 저장된 무한한 보고를 주었을 때, 그들은 구글에서 자신의 확고한 믿음과 모순되는 정보를 검색하지 않을 것이다. 진실이지만 불쾌한 것을 검색하지 않을 것이다.

그 대신, 대부분의 사람이 유쾌하지만 진실이 아닌 것을 검색할 것이다.

당신이 잘못된 인종 차별주의 사상을 믿는다고? 음, 클릭 두 번이면 인종 차별주의를 그럴듯하게 들리도록 옹호하는 글을 넘쳐 나게 볼 수 있다. 아내가 떠난 뒤로 여성은 이기적이고 악하다는 생각이 들기 시작한다고? 구글에서 그런 여성 혐오 감정을 정당화하는 주장을 찾는 데는 그리 오랜 시간이 걸리지 않는다.[8] 이슬람교도가 학교마다 찾아다니며 아이들을 살해할 거라고 생각한다고? 나는 이미 그걸 '증명하는' 음모 이론이 어딘가에 있을 거라고 확신한다.

스타트업과 기업은 가장 저열한 감정과 어두운 성향을 표현하는 걸 저지하는 대신, 그걸로 돈을 벌기 위해 곧장 뛰어들었다. 그렇게 해서, 우리 생애 가장 위대한 혁신이 서서히 가장 위대한 오락으로 변질됐다.

결국 인터넷은 우리에게 필요한 것을 주기 위해 고안된 것이 아닌 셈이다. 그 대신, 인터넷은 사람들이 원하는 것을 준다. 만약 당신이 이 책에서 인간의 심리에 대해 뭔가를 알게 됐다면, 이것이 보기보다 훨씬 더 위험하다는 사실을 이미 알고 있을 것이다.

어느 때보다 많은 부와 급격한 불평등

사업은 그 어느 때보다 잘되고 있다. 하지만 크게 성공한 사업가가 되기에는 분명히 이상한 시기다. 세상에는 그 어느 때보다 많은 부가 존재하고, 이윤은 역대 최고치를 경신하고 있으며, 생산성과 성장은 엄청나다. 하지만 다른 한편으로, 소득 불평등이 급격히 커지고 있고, 정치 양극화가 모든 가족 모임을 엉망으로 만들고 있으며, 부패라는 전염병이 전 세계로 퍼져 나가고 있다.

그러므로 사업 세계에 활기가 있는 반면 때로는 난데없이 기묘한 방어적 태도가 나타나기도 한다. 그리고 내가 보기에 이런 방어적 태도는 누구에게서 나오든 언제나 같은 형태를 취한다.

"우리는 사람들이 원하는 것을 제공할 뿐입니다!"

정유 회사든 소름 끼치는 광고주든 또는 당신의 정보를 훔치는 페이스북이든 똥을 밟은 모든 기업은 자기들이 얼마나 사람들이 원하는 것을 제공하려고 노력하는지를 미친 듯이 상기시키고 이게 어떻게 잘못된 것일 수 있느냐고 항변함으로써 똥 묻은 신발을 벗어 던진다. 더 빠른 다운로드 속도, 더 쾌적한 에어컨, 더 나은 연비, 더 저렴한 코털 면도기는 모두 사람들이 원하는 것이다.

그건 사실이다. 기술은 사람들이 원하는 것을 그 어느 때보다 더 빠르고 더 효율적으로 제공했다. 그리고 우리 모두 CEO의 도덕적 일탈을 검색하기를 좋아하지만, 그건 단지 시장의 요구를 충족하는 행위라는 것을 잊어버린다. 우리의 수요를 공급하는 셈이다. 그리고 우리가 페이스북이나 BP(영국의 석유 회사) 또는 다른 거대 악덕 기업을 없애면, 또 다른 기업이 튀어나와서 그 자리를 차지할 것이다.

그러므로 아마도 문제는 시가를 털거나 사악한 고양이를 쓰다듬으며 엄청나게 많은 돈을 벌고 있다는 사실에 발작하듯 웃어 대는 탐욕스러운 경영진이 아닐 것이다.

아마도 우리가 원하는 게 형편없기 때문일 것이다.

예를 들어, 나는 마시멜로 한 봉지를 원하고, 내가 절대 갚을 수 없는 돈을 대출받아서 800만 달러짜리 저택을 사길 원한다. 내년에는 매주 새로운 해변으로 비행기를 타고 가서 와규 스테이크만 먹으며 살기를 원한다.

내가 원하는 것은 지독하게 끔찍하다. 내가 원하는 것은 그저 감정 뇌에 따른 것인데, 감정 뇌는 테킬라로 병나발을 부는 망할 침팬지나 마찬가지이기 때문이다.

그러므로 '사람들이 원하는 바를 제공하는 건' 윤리적으로 말하자면 기준을 꽤 낮게 잡은 것이다. 사람들이 원하는 바를 제공하는 건 인공 신장이나 자동차의 발화를 막는 기술 같은 혁신을 제공할 때만 효과가 있다. 그들이 원하는 것을 주어라. 하지만 사람들이 원하는 오락을 지나치게 많이 제공하는 건 위험한 일이다. 첫째, 사람들은 끔찍한 것을 원한다. 둘째, 사람들은 쉽게 조종당해서 실제로는 원하지 않는 것을 원하게 된다(버네이스를 보라). 셋째, 오락을 통해 고통을 피하도록 사람들을 몰아갈수록 우리 모두 더 나약해지고 더 취약해진다. 넷째, 나는 빌어먹을 스카이넷 광고가 내가 가는 곳마다 따라다니며 자료를 얻기 위해 내 삶을 캐는 걸 원하지 않는다. 예전에 아내와 페루 여행에 관해 대화했는데 6주 동안 내 휴대 전화에 마추픽추 사진이 쇄도했다. 진지하게 말하겠는데, 빌어먹을 내 대화를 더 이상 엿듣지 말고, 내 자료를 사람들에게 파는 짓을 그만 둬라.[9]

아무튼, 어디까지 했더라?

이상하게도, 버네이스는 이 모든 것을 예견했다. 소름 끼치는 광고, 사생활 침해, 거대한 인구를 아무 생각 없는 소비 지상주의를 통해 살살 달래서 유순한 노예로 만드는 것을 말이다. 이 인간은 좀 천재였다. 다만 이 모든 것에 찬성했으므로 사악한 천재였다.

버네이스의 정치적 신념은 간담을 서늘케 하는 것이었다. 그는 '다이어트 파시즘'이라고 할 만한 것을 믿었다. 즉 이전과 같은 사악한 독재 정부에서 불필요한 집단 학살 칼로리만 뺀 것을 믿었다. 버네이스는 대중은 위험하기 때문에 강력한 중앙 집권 국가의 통제를 받아야 한다고 믿었다. 하지만 피비린내 나는 전체주의 정권은 절대 이상적이지 않다는 것도 알았다. 그가 보기에, 마케팅이라는 새로운 과학은 정부가 시민을 무차별적으로 고문하고 불구로 만들어야 하는 부담 없이 시민에게 영향을 미치고 그들을 달랠 방법을 제

공했다.[10]

(그는 틀림없이 파티에서 인기가 좋았을 것이다.)

버네이스는 대부분의 사람이 자유를 얻는 건 불가능할 뿐만 아니라 위험하다고 생각했다. 그는 삼촌 프로이트의 저작을 통해, 모든 사람의 감정 뇌가 사회를 좌우하는 상황을 절대 용인하지 말아야 한다는 것을 잘 알고 있었다. 사회에는 질서와 계급과 권위가 필요하고, 자유는 이런 개념과 상반되는 것이었다. 그가 보기에 마케팅은 믿기 힘들 만큼 굉장하고 새로운 도구였다. 단순히 몇 가지 치약 맛을 선택할 기회를 제공하는 것만으로도 사람들이 자유를 누린다고 착각하게 만들 수 있었다.

다행히 서구의 정부는 (대체로) 광고를 통해 사람들을 직접 조작할 만큼 바닥으로 떨어지지는 않았다. 그 대신, 다른 일이 일어났다. 기업은 사람들이 원하는 것을 제공하는 데 아주 능숙해져서 점점 더 많은 정치권력을 얻게 됐다. 규제가 파기됐고 정부의 감독이 종말을 고했다. 사생활이 무너졌다. 돈이 그 어느 때보다 정치와 뒤얽히게 됐다. 그런데 이런 일이 왜 일어났을까? 이쯤이면 알아야 한다. 그들은 사람들이 원하는 것을 줬다!

하지만 젠장, 현실을 직시하자. '사람들이 원하는 것을 제공하라'는 가짜 자유에 지나지 않는다. 사람들이 원하는 것은 대부분 오락에 불과하고, 오락에 휩쓸리면 다음과 같은 일이 일어난다.

첫째, 우리는 점점 더 취약해진다. 점점 축소되는 가치관의 크기와 똑같이 세계가 줄어든다. 안락함과 쾌락에 사로잡히게 된다. 쾌락을 놓칠 가능성이 조금만 있어도 세상이 흔들리고 우주가 우리를 구박하는 것처럼 느낀다. 개념적 세계가 좁아지는 것은 자유가 아니다.

둘째, 일련의 저급한 중독 행동을 보이기 쉽다. 휴대 전화, 이메일, 인스타그램을 강박적으로 확인하고, 좋아하지 않는 넷플릭스 시리즈를 정주행하며, 분노를 유발하는 기사를 읽지도 않은 채 공유하고, 즐겁지 않은 파티와 행사 초대에 응하며, 가고 싶어서가 아니라 남들에게 말하기 위해 여행을 한다. 더 많이 경험하는 걸 목적으로 하는 강박적 행동은 자유가 아니다. 다시 말하지만, 거의 정반대다.

셋째, 부정적 감정을 식별하고 용인하고 찾아내지 못하는 건 그 나름의 속박이다. 삶이 잡지 표지에 나오는 모습처럼 행복하고 쉽고 아름다울 때만 기분이 괜찮다면, 어떻게 될까? 그런 사람은 자유롭지 않다. 그건 자유의 정반대 상태다. 그는 방종의 포로, 편협의 노예, 감정적으로 나약한 폐인이다. 그는 얻을 수도 얻지 못할 수도 있는 외적인 위안이나 확인을 끊임없이 필요로 할 것이다.

넷째는 젠장, 내가 승승장구하고 있는, 선택의 역설이다. 선택 사항이 많이 주어질수록(예를 들어, '자유'가 클수록), 우리는 어떤 선택 사항을 받아들이든 덜 만족한다. 제인은 시리얼 두 상자 중에서 선택해야 하고, 마이크는 스무 상자 중에서 선택해야 한다고 해 보자. 그렇다고 해서 마이크의 자유가 제인보다 큰 건 아니다. 다양성이 클 뿐이다. 둘은 다르다. 다양성은 자유가 아니다. 다양성은 똑같이 무의미한 것들이 다른 식으로 늘어선 것일 뿐이다. 만약 나치 친위대 제복을 입은 사람이 제인의 머리에 총을 겨누며 아주 형편없는 바이에른 억양으로 "시리얼을 먹어!"라고 소리를 지른다면, 제인의 자유는 마이크보다 작을 것이다. 하지만 그런 일이 생기면 내게 전화를 달라.

이것이 자유를 인간의 의식 위로 격상하는 것의 문제다. 더 많은 선택 사항은 우리를 자유롭게 해 주는 게 아니라, 최선을 선택하거나 행했는지에 대한 불안으로 우리를 구속한다. 더 많은 선택 사항은 우리가 자신과 타인을 목적이 아니라 수단으로 대하게 한다. 희망의 끝없는 순환에 더욱 의존하게 한다.

행복 추구가 우리를 유치함으로 후퇴시킨다면, 가짜 자유는 우리를 그곳에 머무르게 한다. 선택할 수 있는 시리얼 브랜드, 셀카를 찍을 휴양지, 위성 방송 채널의 수가 많아지는 것이 자유는 아니기 때문이다. 그건 다양성에 불과하다. 그리고 외부와 단절된 상태에서 다양성은 무의미하다. 불안에 갇히고, 의심에 사로잡히고, 편협함에 짓눌려 있다면, 당신은 세상의 모든 다양성을 가진 것이다. 하지만 자유롭지는 않다.

삶에서 포기할 것을 선택하는 것, 그게 진짜 자유다

유일하게 진정한 형태의 자유, 유일하게 윤리적인 형태의 자유는 자기 제한을 거친 것이다. 이것은 삶에서 원하는 모든 것을 선택할 특권이 아니라, 오히려 삶에서 포기할 모든 것을 선택하는 것이다.

이것이 진정한 자유일 뿐만 아니라 유일한 자유다. 오락은 일시적이고, 쾌락은 지속되지 않는다. 다양성은 그 의미를 상실한다. 하지만 기꺼이 희생하려는 것, 기꺼이 포기하려는 것은 언제나 선택할 수 있는 자유다.

역설적이게도 이런 종류의 금욕이 삶에서 자유를 확장해 주는 유일한 것이다. 규칙적인 육체 운동의 고통은 힘과 유연성, 지구력, 체력 같은 육체적 자유를 준다. 투철한 직업의식에 따른 희생은 더 많은 취업 기회를 추구할 자유, 자신만의 경력을 밀고 나갈 자유, 더 많은 돈과 그로 인한 이익을 얻을 자유를 줄 것이다. 타인과의 갈등을 피하지 않는다면, 그 고통을 선택한다면 누구와도 자유롭게 이야기할 수 있고, 그들이 나의 가치관과 믿음을 공유하는지, 우리가 서로의 삶에 보탬이 될지 알아낼 수 있다.

지금 당장 더 자유로워질 수도 있다. 단순히 자신에게 부과하고 싶은 제한을 선택하라. 매일 아침 더 일찍 일어나고, 매일 오후 2시까지 이메일을 차단하고, 휴대 전화에서 수많은 SNS를 선택 삭제하는 것을 당신은 선택할 수 있다. 이런 제한은 당신의 시간, 주의력, 선택권을 해방해서 당신에게 자유를 준다. 의식을 목적 그 자체로 취급하게 되는 것이다.

체육관에 잘 안 가게 된다면, 매일 아침 체육관에 갈 수밖에 없도록 사물함에 운동복을 넣어 놓아라. 매주 사교 모임을 두셋으로 제한하라. 그러면 가장 소중한 사람들과 시간을 보내게 될 것이다. 담배를 끊고 싶다면, 친한 친구나 가족에게 3000달러짜리 수표를 끊어 주고 내가 담배를 다시 피우면 그 수표를 현금으로 바꿔 가지라고 말하라.[11]

궁극적으로, 삶에서 가장 의미 있는 자유는 헌신, 즉 삶을 살아가며 희생하기로 선택한 것에서 나온다. 아내와 나의 관계에는 내가 다른 여성

1000명과 데이트한다고 해도 재현할 수 없는 감정적 자유가 있다. 20년 동안의 내 기타 연주에는 단순히 수십 개의 노래를 암기해서는 얻을 수 없는 자유가 있다. 50년 동안 한곳에서 사는 것에는 세계를 아무리 많이 구경해도 되풀이할 수 없는 공동체와 문화에의 친밀함과 익숙함이라는 자유가 있다.

더 크게 헌신하면, 더 심오한 깊이를 얻을 수 있다. 헌신이 부족하면 피상적일 수밖에 없다.

최근 10년 동안 '라이프 해킹'이 유행하고 있다. 사람들은 언어를 한 달 만에 배우고, 15개국을 한 달 동안 방문하고, 한 주 만에 격투기 챔피언이 되기를 원하며, 그걸 위해 온갖 종류의 '해킹'을 생각해낸다. 유튜브와 소셜 미디어에서 늘 그런 걸 보게 된다. 사람들은 단지 그게 가능하다는 걸 보여 주기 위해 터무니없는 도전을 한다. 하지만 이런 라이프 해킹은 헌신의 보상만을 수확하려는 것과 마찬가지다. 그건 또 다른 형태의 가짜 자유이자 영혼을 위한 공허한 칼로리다.

최근에 어떤 사람이 한 달 만에 체스를 통달할 수 있다는 걸 증명하려고 체스 프로그램을 통해 수를 암기했다는 글을 읽었다. 그는 체스에 대해 어떤 것도 배우지 않았다. 전략을 짜지도, 기풍을 개발하지도, 전술을 배우지도 않았다. 대신 체스가 거대한 과제인 것처럼 접근했다. 수를 암기하고, 급수가 높은 선수를 한 번 이기고 나서, 대가를 자처했다.[12]

이건 승리가 아니다. 그저 승리처럼 보일 뿐이다. 헌신과 희생 없는 헌신과 희생의 외양이다. 의미 없는 의미의 외양이다.

가짜 자유는 더 많은 것을 뒤쫓도록 우리를 쳇바퀴 위에 올려놓는다. 그러나 진짜 자유는 더 적은 것으로 살아가기 위한 의식적인 결정이다.

가짜 자유는 중독성이 있다. 아무리 많은 것을 가져도 언제나 충분하지 않은 것처럼 느끼게 된다. 진정한 자유는 반복적이고, 예측할 수 있고, 때로는 따분하다.

가짜 자유는 이익을 감소시킨다. 같은 기쁨과 의미를 얻으려면 점점 더 많은 에너지를 투입해야 한다. 진짜 자유는 이익을 증가시킨다. 같은 기쁨과 의미를 얻는 데 필요한 에너지가 점점 더 적어진다.

가짜 자유는 세상을 자기가 이기고 있다고 느끼는 거래와 흥정이 끝없이 이어지는 것으로 보는 것이다. 진짜 자유는 세상을 무조건적으로 보는 것이고, 유일한 승리는 자신의 욕망을 이기는 것으로 보는 것이다.

가짜 자유는 세상이 당신의 의지를 따르기를 요구한다. 진짜 자유는 세상의 어떤 것도 요구하지 않는다. 진짜 자유는 오직 당신의 의지일 뿐이다.

궁극적으로, 오락과 그로 인한 가짜 자유의 과잉은 우리에게서 진짜 자유를 경험할 능력을 제한한다. 선택 사항이 많을수록, 우리 앞에 다양성이 풍부할수록, 선택하고, 희생하고, 집중하기가 더 어려워진다. 그리고 우리는 이런 난제가 오늘날 우리 문화 전반에 퍼져있는 광경을 보고 있다.

2001년, 하버드 대학교의 정치학자 로버트 퍼트넘은《나 홀로 볼링 : 사회적 커뮤니티의 붕괴와 소생》이라는 책을 출간했다. 이 책에서 퍼트넘은 미국 전역에서 시민 참여가 감소하는 현상을 기록하면서, 사람들이 집단에 덜 가입하고 덜 참여하며, 그 대신 혼자 활동하는 편을 선호한다고 주장한다. 그래서 이 책의 제목이 '나 홀로 볼링'인 것이다. 예전보다 요새 더 많은 사람이 볼링을 치지만, 볼링리그는 사라지고 있다. 사람들은 볼링을 혼자 친다. 퍼트넘은 미국에 관해 말했지만, 이건 단순히 미국적인 현상이 아니다.

책 전반에 걸쳐, 퍼트넘은 이것이 오락 집단에 국한된 것이 아니라, 노동조합부터 학부모와 교사 협회, 로터리 클럽, 교회, 카드 게임 모임에 이르기까지 모든 것에 영향을 미치고 있음을 보여 준다. 그의 주장에 따르면, 이와 같은 사회의 원자화는 중대한 결과를 낳는다. 사회적 신뢰가 감소하고, 사람들이 더욱 고립되고, 정치에 덜 참여하며, 이웃을 병적으로 두려워하게 된다.

외로움도 점점 더 심각한 문제가 되고 있다. 2018년에 처음으로 미국인의 대부분이 외롭다고 말했는데, 새로운 연구가 시사하는 바는 우리가 소수의 깊은 관계를 다수의 피상적이고 일시적인 관계로 대체하고 있다는 것이다.

퍼트넘에 따르면, 미국의 사회적 결합 조직이 오락의 과잉에 의해 파괴되고 있다. 사람들은 지역 단체나 집단에 참여하는 대신, 집에서 텔레비전을 보거나 인터넷 또는 게임을 하는 편을 선택했다. 또한 그의 예상에 따르면, 이 상황은 더 나빠질 가능성이 크다.

역사적으로 서양인은 전 세계의 억압받는 사람들을 볼 때 그들에게 가짜 자유, 즉 오락이 부족하다는 것을 안타까워한다. 북한 사람들은 뉴스를 보거나 맘에 드는 옷을 사거나 국가가 후원하지 않는 음악을 들을 수 없다.

하지만 그 때문에 북한이 자유롭지 않은 것은 아니다. 북한에 자유가 없는 이유는 쾌락을 선택할 수 없기 때문이 아니라, 고통을 선택하는 것이 허용되지 않기 때문이다. 북한에서는 헌신을 자유롭게 선택하는 것이 허용되지 않는다. 북한 사람들은 북한이 아니라면 원하지 않거나 받아들이지 않을 희생을 강요받는다. 쾌락은 핵심이 아니다. 쾌락 결핍은 강요된 고통이라는 억압의 부작용일 뿐이다.[13]

오늘날 세계 대부분 지역에서 사람들은 자신의 쾌락을 선택할 수 있다. 무엇을 읽고, 무슨 게임을 하고, 무엇을 입을지 선택할 수 있다. 현대의 오락은 어디에나 있다. 하지만 새 시대의 억압은 사람들에게서 오락과 헌신을 박탈하는 것으로 이루어지지 않는다. 오늘날의 억압은 너무 많은 오락, 너무 많은 엉터리 정보와 하찮은 오락거리로 사람들을 뒤덮어서 영리한 헌신을 할 수 없게 만듦으로써 이루어진다. 이것은 버네이스의 예언이 예상보다 겨우 몇 세대 뒤에 실현된 것이다. 전 세계적인 선전, 즉 정부와 기업이 대중의 욕망과 바람을 소리 없이 조종하리라는 그의 선견지명이 현실이 되는 데는 인터넷의 폭과 힘이 필요했다.[14]

하지만 버네이스를 지나치게 찬양하지는 말자. 어쨌거나 그는 허세 부리는 얼간이였다.

게다가 버네이스보다 훨씬 먼저 이 모든 것을 예상한 사람이 있었다. 그는 가짜 자유의 위험성을 예견했다. 오락의 확산과 그것이 사람들의 가치관에 미칠 근시안적 결과를 예상했다. 지나친 쾌락이 모든 사람을 얼마나 유치하고 이기적이고 특권 의식에 사로잡히고 완전히 자아도취적이고 트위터에 중독되게 만들지를 예상했다. 이 점에 있어서, 그는 우리가 뉴스 채널이나 TED 강연, 정치 연단에서 보는 그 누구보다 훨씬 현명하고 영향력 있는 인물이었다. 이 사람은 정치 철학의 원조였다. 솔 뮤직(soul music)의 대부 제임스 브라운은 잊어라. 이 사람은 말 그대로 솔(soul)이라는 개념을 발명했다. 그리고 이런 혼란이 일어나리라는 것을 누구보다 앞선 몇천 년 전에 내다봤다.

자유는 불편함을 요구한다

영국의 철학자이자 수학자인 앨프리드 노스 화이트헤드는 다음과 같은 유명한 말을 남겼다.

"서양 철학은 전부 '플라톤에 관한 일련의 각주'에 불과하다."

낭만적 사랑부터 '진리'라는 것의 존재 여부, 미덕의 의미에 이르기까지 어떤 주제를 생각하든, 플라톤은 그것을 상세히 설명한 최초의 위대한 사상가일 가능성이 크다. 플라톤은 생각 뇌와 감정 뇌 사이에 내재적인 구분이 있음을 최초로 시사했다. 방종이 아니라 다양한 형태의 금욕을 통해 인격을 쌓아야 한다고 최초로 주장했다. 플라톤이 얼마나 대단한 사람인지, '아이디어'라는 단어가 그에게서 나왔을 정도다. 그는 아이디어라는 아이디어를 발명한 셈이다.[15]

흥미롭게도 플라톤은 서양 문명의 대부임에도 민주주의가 가장 바람직한 정부 형태가 아니라고 주장한 것으로 유명하다.[16] 그는 민주주의란 본질적으로 불안정하고, 우리 본성의 가장 나쁜 측면을 필연적으로 해방해서 사회를 폭정으로 몰아간다고 믿었다. 그는 이렇게 말했다.

"극단적인 자유는 극단적인 노예제로 변화하는 것 외에는 아무것도 기대할 수 없다."

민주주의는 국민의 의사를 반영하기 위해 고안됐다. 사람들은 제멋대로 행동할 수 있으면 본능적으로 고통을 회피하고 행복으로 향한다고 한다. 문제가 발생하는 건 사람들이 행복을 성취할 때이다. 왜냐하면 절대 충분하지 않기 때문이다. 파란 점 효과 때문에 사람들은 절대 전적으로 안전하거나 만족스럽게 느끼지 않는다. 그들의 욕망은 상황에 발맞춰 자라난다.

결국 제도는 국민의 욕망을 따라갈 수 없을 것이다. 그리고 제도가 사람들의 행복을 따라가지 못할 때 어떤 일이 일어날지 추측해보라.

사람들은 제도 자체를 비난하기 시작한다.

플라톤은 민주주의는 필연적으로 도덕적 타락을 낳는다고 말했다. 사람들이 가짜 자유에 더욱 탐닉하는 동안, 가치관은 더 유치하고 이기적인 방향으로 악화되고 시민들은 민주주의 체제 그 자체를 공격하기 때문이다.

어린애 같은 가치관이 자리를 잡는 순간, 사람들은 더 이상 권력을 위해 교섭하지 않고, 다른 집단이나 종교와 흥정하려 들지 않으며, 더 큰 자유나 번영을 위해 고통을 견디려 하지 않는다. 그들이 원하는 것은 즉석에서 모든 것을 바로잡아 줄 강렬한 지도자다. 그들은 독재자를 원한다.

미국에는 '자유는 공짜가 아니다'라는 속담이 있다. 이 속담은 흔히 국가의 가치관을 지키기 위해 싸우고 이긴 군인과 전쟁을 가리킬 때 사용된다. 이 속담은 사람들에게 "이봐, 이건 저절로 일어난 일이 아니야. 우리가 여기 앉아서 값비싼 모카 프라푸치노를 홀짝이며 아무 말이나 씨불이게 해 주려고 수많은 사람이 죽었다고"라고 말해 준다. 우리가 누리는 기본적인 인권(언론의 자유, 종교의 자유, 출판의 자유)이 외부의 힘에 맞선 희생을 통해 얻은 것이라는 사실을 일깨운다.

하지만 사람들은 이런 권리가 내부의 힘에 맞선 희생을 통해 얻는 것이라는 사실을 잊어버린다. 민주주의는 내 견해와 반대되는 견해를 기꺼이 용인할 때, 안전하고 건전한 공동체를 위해 내가 원하는 것을 기꺼이 포기할 때, 때로는 일이 내 생각대로 되지 않는다는 것을 기꺼이 받아들일 때 비로소 존재할 수 있다.

달리 말하자면, 민주주의는 대단히 성숙하고 인격적인 시민을 필요로 한다.

지난 몇십 년 동안, 사람들은 기본적인 인권을 아무런 불편을 겪지 않는 것이라고 혼동한 듯싶다. 사람들은 자신을 표현할 자유를 원하지만, 자신을 불쾌하게 할 수 있는 견해는 상대하지 않으려 한다. 사업의 자유를 원하지만, 그 자유를 가능하게 해 주는 사법 조직을 뒷받침하기 위해 내는 세금은 원치 않는다. 평등을 원하지만, 모두 같은 쾌락이 아니라 같은 고통을 경험하는 것에서 평등이 온다는 사실은 받아들이지 않으려 한다.

자유는 그 자체로 불편함을 요구한다. 불만을 요구한다. 사회가 더 자유로워질수록 개인은 자신과 상충하는 견해와 생활 방식과 생각을 더 많이 고려하고 받아들여야 하기 때문이다. 고통을 덜 용인하고 가짜 자유에 탐닉할수록 자유로운 민주주의 사회가 제대로 작동하는 데 필수인 미덕을 유지하기는 더욱 힘들어질 것이다.

이건 무서운 일이다. 민주주의가 없다면 우리는 정말 엉망진창이 되기 때문이다. 경험상, 민주적인 대의 제도가 없으면 거의 모든 면에서 삶은 훨씬 더 나빠질 뿐이다.[17] 그리고 그건 민주주의가 엄청나게 위대해서가 아니다. 제대로 작동하는 민주주의는 다른 어떤 형태의 정부보다 일을 덜 심각하게 망치기 때문이다. 이에 대해 처칠이 유명한 말을 남겼다.

"민주주의는 가장 나쁜 형태의 정치 체제다. 다른 모든 정치 체제를 제외하면 말이다."

세계가 문명화되고 모두가 우스꽝스러운 모자 때문에 서로를 학살하기를 멈춘 유일한 이유는 현대의 사회 제도가 희망의 파괴적인 힘을 효과적으로 누그러뜨리기 때문이었다. 민주주의는 다른 종교들이 함께 그리고 그 안에서 조화롭게 살아가도록 허용하는 몇 안 되는 종교 중 하나다. 하지만 이 사회 제도가 감정 뇌의 기분을 맞춰 주려는 끊임없는 욕구에 의해 타락할 때, 사람들이 민주주의 체제의 자체적 교정 능력을 의심하게 될 때, 종교 전쟁의 혼돈 상태가 재현된다.[18] 그리고 급속히 진행되는 기술 혁신으로 인해, 종교 전쟁의 각 주기는 더 심한 파괴를 불러일으키고 더 많은 인간의 삶이 황폐해질 것이다.[19]

플라톤은 사회가 자유와 독재 그리고 상대적 평등과 엄청난 불평등 사이를 주기적으로 왔다 갔다 한다고 믿었다. 지난 2500년을 돌이켜 보면, 그게 사실이 아니라는 건 꽤 명백하다. 하지만 역사 전반에 걸쳐 정치적 갈등의 패턴이 분명히 존재하고, 동일한 종교적 주제(주인 도덕의 급진적인 계급 대 노예 도덕의 급진적인 평등, 독재자의 출현 대 민주적 제도의 분산된 권력, 유치한 극단주의에 맞서는 성숙한 미덕의 투쟁)가 반복해서 튀어나오는 것을 볼 수 있다. '주의'는 몇 세기에 걸쳐 변해 왔지만, 각 운동의 이면에는 동일한 희망에 이끌린 인간의 충동이 있다. 뒤이어 나타난 모든 종교가 단 하나의 조화로운 깃발 아래 인류를 통합할 궁극적인 진리임을 자처하지만, 지금까지는 그 모든 종교가 편파적이고 불완전한 것으로 증명됐을 뿐이다.

1 이 장에 나오는 에드워드 버네이스 이야기의 출처는 다음의 멋진 다큐멘터리다. Adam Curtis, *The Century of Self*, BBC Four, United Kingdom, 2002.

2 실제로 프로이트적 의미에서 자아란 자신에 관한 의식적 이야기와 그 이야기를 지키고 보호하기 위한 끝없는 싸움이다. 자아가 강하면 실제로 심리적으로 건강하다. 회복력과 자신감을 얻는다. 그 후 자아라는 용어는 난도질을 당해서 자기계발계에서 본질적으로 자아도취를 의미하게 됐다.

3 1930년대에 버네이스는 프로이트를 전 세계적 현상으로 만든 사람이 사실상 자기라는 것 때문에 언짢았던 것 같다. 프로이트는 빈털터리였고, 스위스에 살았으며, 나치에 대해 우려했다. 버네이스는 프로이트의 사상을 미국에 알렸을 뿐만 아니라 주요 잡지가 그에 관한 기사를 쓰게 해서 그의 사상을 대중화했다. 프로이트가 오늘날 누구나 아는 사람이 된 것은 버네이스의 마케팅 전략 덕분이며, 그 전략은 공교롭게도 프로이트의 이론에 기초한 것이었다.

4 155쪽 주 19를 참고하라.

5 예를 들자면, 요하네스 구텐베르크, 앨런 튜링, 니콜라 테슬라가 있다.

6 여기 내가 생각해 낸 전쟁과 평화에 관한 재미있는 이론이 있다. 전쟁에 관한 일반적 가정은 전쟁이 시작되는 이유는 한 무리의 사람이 생존을 위해 싸우는 것 외에는 다른 선택의 여지가 없을 만큼 고통스러운 상황에 있기 때문이라는 것이다. 이것을 '잃을 게 없다' 전쟁론이라고 하자. 잃을 게 없다 전쟁론은 흔히 종교적 용어로 표현된다. 예를 들면, 온당한 자기 몫을 위해 부패한 권력과 싸우는 평범한 사람 또는 공산주의 독재를 무찌르기 위해 연합하는 강력한 자유세계가 있다. 이런 이야기는 굉장한 액션 영화를 낳는다. 이해하기 쉽고 가치 함축적인 이야기라서 대중의 감정 뇌를 결속시키는 데 도움이 되기 때문이다. 하지만 당연히 현실은 그렇게 간단하지 않다.

사람들은 단순히 예속되고 억압받기 때문에 혁명을 일으키지는 않는다. 모든 폭군이 이걸 안다. 끊임없는 고통 속에 갇혀 있는 사람들은 고통을 받아들이고 그걸 당연하게 여기게 된다. 학대받는 개처럼 이들은 차분하고 무심해진다. 그래서 북한이 그만큼 오래 지속되고 있는 것이다. 그래서 미국의 노예들이 폭력적인 봉기를 거의 일으키지 않은 것이다.

내가 조심스럽게 제안하는 바는 사람들이 혁명을 일으키는 이유는 쾌락 때문이라는 것이다. 삶이 편안해지면, 사람들은 점차 불편함을 견디지 못하게 되면서 아주 사소한 일을 용서할 수 없는 일로 곡해하고, 그 결과 화를 내게 된다.

정치 혁명은 특권이다. 굶주리고 궁핍할 때는 생존에 집중한다. 정부를 걱정할 힘이나 의지가 없다. 그저 다음 주까지 버티려 노력할 뿐이다.

이게 정신 나간 소리로 들린다면, 내가 막 지어낸 이야기가 아니니 믿어도 된다. 정치 이론가는 이걸 '기대 상승의 혁명'이라고 부른다. 사실, 프랑스 혁명을 선동한 사람 대부분은 '바스티유를 급습한' 대중이 아니라 부유한 지역에서 온 사람들이라는 것을 지적한 사람은 유명한 역사가 알렉시스 드 토크빌이었다. 이와 마찬가지로, 미국 독립 혁명을 선동한 사람도 억압받는 식민지 이주자가 아니라, 세금이 오르는 상황을 방관하는 것은 자신들의 자유와 존엄을 침해하는 일이라고 믿은 부유한 지주 계급 엘리트였다.

32개국이 관련되고 1700만 명이 목숨을 잃은 제1차 세계 대전이 시작된 건 부유한 오스트리아인이 세르비아에서 총에 맞았기 때문이다. 당시 세계는 역사상 그 어느 때보다 세계화되고 경제적으로 번영했다. 세계의 지도자들은 대대적인 국제 분쟁이 일어나는 건 불가능하다고 믿었다. 잃을 것이 너무나 많은 상황에서는 누구도 위험을 무릅쓰고 그런 말도 안 되는 모험을 감행하지는 않을 터였다.

하지만 그것이 바로 그들이 위험을 무릅쓴 이유다.

20세기 전반에 걸쳐, 동아시아에서부터 중동과 아프리카, 남미에 이르기까지 세계 전역에서 혁명전쟁이 일어났다. 그리고 그 이유는 사람들이 억압당하고 굶주려서가 아니라, 그들의 경제가 성장하고 있기 때문이었다. 경제 성장을 접하면서 사람들은 자신들의 욕망이 그 욕망을 공급하는 제도의 능력을 앞지른다는 것을 알게 됐다.

이것을 또 다른 방식으로 살펴볼 수 있다. 한 사회가 너무 고통스러울 때(사람들이 굶주리고 죽어 가고 질병에 걸릴 때), 사람들은 절망하고, 잃을 것이 없게 되고, '젠장'이라고 말하고, 양복을 입은 늙은이들에게 화염병을 던지기 시작한다. 하지만 한 사회가 충분히 고통스럽지 않을 때, 사람들은 작디작은 침해에도 점점 더 성을 내기 시작하는데, 다소 불쾌한 핼러윈 의상처럼 시시한 것에도 불같이 화를 내는 지경에 이른다.

개인이 성장하고 성숙해서 성격이 뚜렷한 성인이 되려면 (너무 많지도 너무 적지도 않은) 알맞은 양의 고통이 필요하듯이, 사회도 알맞은 양의 고통이 필요하다. (너무 많으면 소말리아가 되고, 너무 적으면 그놈의 자유 때문에 자동 화기를 트럭에 싣고 국립 공원을 점령하는 개자식이 된다.)

애초에 치명적인 갈등이 존재하는 이유를 잊지 말자. 갈등이 희망을 주기 때문이다. 당신을 죽이려 하는 불구대천의 원수를 두는 것은 삶에서 목적을 찾고 존재하기 위한 가장 빠른 방법이다. 이것은 다른 그 어느 것보다도 우리가 공동체에 들어가서 함께하도록 유도한다. 이것은 우리의 종교에 다른 어떤 방식으로도 얻을 수 없는 우주적 의미를 부여한다.

희망에 위기를 초래하는 것은 번영이다. 600개의 채널이 있지만 볼 게 없다. 데이팅 앱 틴더가 15명을 소개해 주지만 데이트할 사람이 없다. 2000개의 식당 중에서 선택할 수 있지만 늘 똑같은 음식 때문에 토할 것 같다. 번영은 의미를 더 어렵게 만든다. 고통을 더 극심하게 만든다. 그리고 궁극적으로, 우리는 번영보다 의미를 훨씬 더 필요로 한다. 그 교활한 불편한 진실을 다시 대면하지 않으려면 말이다.

금융 시장은 경제적 가치가 더 많이 생산되기 때문에 대부분의 시간을 팽창에 쏟는다. 하지만 결국, 투자와 가치 평가가 실제 생산량을 넘어설 때, 충분한 돈이 혁신이 아니라 오락이라는 다단계에 휩쓸릴 때, 금융 시장은 수축되고, '약세인 돈'을 전부 쓸어버리며, 과대평가되고 실제로는 사회에 가치를 더해 주지 않는 많은 사업을 쓰러뜨린다. 일단 청소가 완료되면 진로를 바로잡은 경제 혁신과 성장은 지속될 수 있다.

'감정 경제'에서도 이와 비슷한 팽창/수축 패턴이 일어난다. 장기적인 추세는 혁신을 통한 고통 감소를 지향한다. 하지만 번영의 시기에 사람들은 점점 더 오락에 탐닉하고, 가짜 자유를 요구하며, 더 나약해진다. 결국, 그들은 그저 한두 세대 전만 해도 하찮은 것이었을 일에 광분하기 시작한다. 피켓과 항의가 쏟아져 나온다. 사람들은 자신의 분노를 정당화하기 위해 소매에 배지를 달고 웃기는 모자를 쓰고 한창 인기를 끄는 이념 종교를 받아들인다. 반짝거리는 오락 속에서 희망을 찾기는 더욱 어려워진다. 그리고 마침내, 누군가 어리석고 극단적인 짓을 할 정도까지 상황이 악화된다. 이를테면, 대공을 총으로 쏘거나 보잉747로 건물을 들이받아서 전쟁을 일으키고 수백만 명까지는 아니더라도 수천 명의 목숨을 앗아 간다. 그리고 전쟁이 격화되면서 진정한 고통과 박탈감이 생겨난다. 경제가 무너진다. 사람들이 굶주린다. 무정부 상태가 뒤따른다. 상황이 나빠질수록 사람들은 더욱 안티프래질해진다. 예전에 그들은 위성 케이블 텔레비전 프로그램과 밑바닥 직업으로 무엇을 희망해야 하는지 몰랐다. 지금 그들은 무엇을 희망해야 하는지 정확히 안다. 그것은 평화, 위로, 휴식이다. 그리고 그들의 희망은 결국 분열되고 이질적인 사람이 모인 집단을 한 종교의 깃발 아래 하나로 묶는다.

전쟁이 끝나면 사람들은 최근의 기억에 엄청난 파괴가 각인됨으로써 안정된 가족, 안정적인 직업, 안전한 아이처럼 더 단순한 것을 희망하는 법을 배운다. '아이들이 혼자 밖에서 놀지 못하게 하라' 같은 식의 안전이 아니라 실제 안전 말이다. 사회 전반에서 희망이 재설정된다. 그리고 평화와 번영의 시기가 다시 시작된다. (어느 정도는.)

이 엉뚱한 이론에는 내가 아직 말하지 않은 마지막 요소가 있는데, 그것은 불평등이다. 번영의 시기에는 오락에 의해 경제가 점점 더 성장한다. 그리고 오락은 너무나 쉽게 규모가 커지기 때문에(누가 새로운 〈어벤져스〉 영화를 원하지 않겠는가) 부는 더 적은 사람의 손에 극단적으로 집중된다. 이렇게 커지는 부의 격차는 '기대 상승의 혁명'을 부채질한다. 모든 사람이 자신의 삶이 더 나아져야 한다고 느끼지만, 그들이 기대한 대로는 아니다. 그들이 기대한 대로 고통이 없는 삶은 아니다. 그러므로 그들은 이념의 편에 줄을 서서(여기는 주인 도덕주의자, 저기는 노예 도덕주의자) 싸운다.

그리고 전쟁과 파괴가 일어나는 동안에는 아무도 기분을 전환할 시간을 갖지 못한다. 사실, 오락을 하다가는 죽을 수도 있다.

전쟁에서는 우위를 점하는 것이 전부다. 그리고 우위를 점하려면 혁신에 투자해야 한다. 군사 연구는 인류 역사에서 가장 위대한 혁신의 대부분을 이끌었다. 전쟁은 사람들의 희망과 나약함의 균형을 되찾아 줄 뿐만 아니라, 슬프지만 부의 불평등을 믿음직하게 재조정해 주는 유일한 것이다. 이것은 또 하나의 호황/불황 주기다. 비록 이번에는 금융 시장이나 사람들의 취약함이 아니라, 정치적 힘이긴 하지만 말이다.

슬픈 사실은 전쟁이 인간 존재의 본질적인 부분일 뿐만 아니라, 우리 존재의 필연적인 부산물일 가능성이 크다는 것이다. 전쟁은 진화 과정의 오류가 아니라 특징이다. 지난 3400년 동안 인류가 평화를 유지한 기간은 총 268년이다. 이것은 기록된 역사의 8퍼센트도 되지 않는다.

전쟁은 우리의 잘못된 희망에서 비롯하는 자연스러운 결과물이다. 전쟁을 통해 우리의 종교는 결속과 유용성을 시험받는다. 전쟁은 혁신을 촉진하며 우리가 일하고 진화하도록 동기를 부여한다.

그리고 전쟁은 지속적으로 사람들이 자신의 행복을 극복하게 하고, 성격의 진정한 미덕을 계발하게 하며, 고통을 견디는 능력을 발달시키고, 자신 외의 것을 위해 싸우고 살아가게 해 주는 유일한 것이다.

이것이 고대 그리스인과 로마인이 미덕은 전쟁을 함축한다고 믿은 이유일 것이다. 전쟁에서 이기기 위해서만이 아니라 좋은 사람이 되기 위해 필요한 내재적인 겸손과 용기가 있었다. 이 투쟁은 우리 안에서 최고를 끌어낸다. 그리고 어떤 의미에서, 미덕과 죽음은 언제나 밀접히 관련된다.

7 솔직히 말하자면, '상업 시대'는 내가 지어낸 것이다. 사실 이것이 의미하는 바는 산업화 이후의 시대, 즉 상업이 확대돼서 불필요한 상품을 생산하기 시작한 시대다. 이것은 론 데이비슨이 '제3의 경제'라고 부르는 것과 비슷하다고 생각한다.

8 이것은 문서에 의해 충분히 입증된 문제다. 다음을 참고하라. Carol Cadwalladr, "Google, Democracy, and the Truth About Internet Search", *Guardian*, 2016년 12월 4일, https://www.theguardian.com/technology/2016/dec/04/google-democracy-truth-internet-search-facebook.

9 이런 종류의 감시는 소름이 끼친다. 기술 회사가 고객을 목적이 아니라 한낱 수단으로 취급하는 행태를 여실히 보여 준다. 내가 보기에, 사실상 소름 끼치는 느낌 자체가 곧 한낱 수단으로 취급당하는 느낌이다. 자료를 거둬들이는 이런 서비스에 '동의'한다 할지라도, 우리는 그에 대해 완전히 알거나 인식하지 못하므로 동의한 적이 없는 것처럼 느껴진다. 동의한 적 없다는 이런 느낌으로 인해 우리는 모욕당하고 수단으로 취급된다는 느낌을 받고, 그 때문에 화를 낸다.

10 고문을 대대적으로 할 수는 없기 때문이다.

11 이것이 믿기 힘들 만큼 효과적임을 보여 주는 자료가 많이 있다. 이것은 감정 뇌에 반대하지 않고 협력하는 또 다른 사례다(이 경우에는 겁을 줘서 옳은 일을 하게 만드는 것이다). 너무나 효과적이기 때문에 이것을 처음 연구한 연구자들은 사람들이 친구들과 이런 합의를 맺도록 해 주는 stickk.com이라는 웹 사이트를 만들었다. 나는 지난번 책의 마감일을 지키기 위해 실제로 이 웹 사이트를 활용했는데, 효과가 있었다!

12 그는 결국 체스 그랜드마스터에게 패했다. 체스는 수억 개의 수를 두는 게 가능하기에 게임 전체를 처음부터 끝까지 계획하기란 불가능하기 때문이다. 내가 출처를 밝히지 않는 이유는 이 낡은 수가 더 이상의 주목을 받을 가치가 없어서다.

13 이것은 자유를 살펴보는 더 윤리적이고 효과적인 방법이다. 예를 들어, 이슬람교도 여성이 히잡을 써도 되는지에 관한 유럽의 논쟁을 보자. 가짜 자유 관점에 따르면, 여성은 히잡을 쓰지 않기 위해 해방되어야 한다. 즉 그들에게는 쾌락을 위해 더 많은 기회가 주어져야 한다. 이것은 여성을 어떤 이념적 목적을 위한 수단으로 취급하는 것이다. 이것이 말하는 바는 그들은 자신의 희생과 공동체를 선택할 권리가 없으며, 자신의 믿음과 결정을 자유에 대한 더 광범위한 이념 종교에 포함해야 한다는 것이다. 이것은 사람들을 자유라는 목적을 위한 수단으로 취급했을 때 자유가 얼마나 훼손되는지를 완벽히 보여 주는 예다. 진정한 자유가 의미하는 것은 여성이 자기 삶에서 희생하길 원하는 바를 선택하도록 허용하는 것이고, 따라서 그들이 히잡을 쓰도록 허용하는 것이다. 이 논란에 관한 개요

를 보려면, 다음을 참고하라. "The Islamic Veil Across Europe", *BBC News*, 2018년 5월 31일, https://www.bbc.com/news/world-europe-13038095.

14 유감스럽게도, 전 세계적인 소셜 미디어 플랫폼을 통해 사이버 전쟁과 가짜 뉴스, 선거 개입이 가능한 상황에서, 이것은 그 어느 때보다 사실이다. 인터넷의 '소프트 파워'는 수완이 있는 정부(러시아, 중국)가 경쟁국에 물리적으로 침투할 필요 없이 그곳 사람들에게 효과적으로 영향력을 행사할 수 있게 해 줬다. 정보화 시대에 세계의 가장 큰 투쟁은 정보에 대한 것이다.

15 플라톤의 '형상 이론'은 여러 대화에 나오지만, 가장 유명한 예는 동굴 은유다.

16 민주주의에 관한 고대의 정의는 현대의 정의와 다르다는 점을 주목해야 한다. 고대에 민주주의가 의미한 바는 국민이 모든 것에 대해 투표하고 대표자가 거의 없다는 것이었다. 오늘날 우리가 생각하는 민주주의는 엄밀히 말해 '공화국'인데, 우리는 결정을 내리고 정책을 결의하는 대표를 선출하기 때문이다. 이 차이가 이 부분에 나오는 논증의 타당성에 전혀 영향을 미치지 않는다고 생각한다. 사람들의 성숙도가 하락하는 현상은 더 나쁜 대표가 선출되는 것에 반영된다. 이들은 플라톤이 말한 '선동 정치가', 즉 모든 것을 약속하지만 아무것도 지키지 않는 정치가다. 이런 선동 정치가는 민주주의 체제를 해체하고 사람들은 이에 환호하면서 잘못 선출된 지도자가 아니라 체제 자체를 문제로 보게 된다.

17 민주주의 국가는 독재 국가보다 전쟁을 덜 일으키고, 이는 칸트의 '영구 평화론'을 입증한다. 다음을 참고하라. J. Oneal and B. Russett, "The Kantian Peace : The Pacific Benefits of Democracy, Interdependence, and International Organizations, 1885 – 1992", *World Politics* 52, no. 1(1999). 민주주의는 경제 성장을 촉진한다. 다음을 참고하라. Jose Tavares and Romain Wacziarg, "How Democracy Affects Growth", *European Economic Review* 45, no. 8(2000). 민주주의 사회의 사람들이 더 오래 산다. 다음을 참고하라. Timothy Besley and Kudamatsu Masayuki, "Health and Democracy", *American Economic Review* 96, no. 2(2006).

18 흥미롭게도 신뢰도가 낮은 사회가 다른 문화보다 '가족 가치관'에 더 의존한다. 이를 살펴보는 한 가지 방식은 사람들이 국가 종교에서 희망을 적게 끌어낼수록, 가족 종교에서 희망을 더 구하고, 그 반대 경우도 참이라는 것이다.

19 이것은 내가 진지하게 파고들지 않은 진보의 역설에 관한 설명이다. 즉 삶이 개선될수록 우리는 전보다 잃을 것이 많아지고 얻을 것은 적어진다. 희망은 미래의 가치에 대한 인식에 의존하기에 현재 상황이 나아질수록 그 미래를 상상하기는 어려워지고 미래의 더 큰 손실을 상상하기는 쉬워지기 때문이다. 달리 말하면, 인터넷은 굉장하지만, 사회가 무너지고 모든 것이 엉망진창이 되는 갖가지 새로운 방식을 소개하기도 한다. 그러므로 역설적이게도 기술이 개선될 때마다 우리가 서로와 자신을 죽이는 새로운 방식도 생겨난다.

9장

최후의
종교

오늘의 모든 문제가
마술처럼 해결된다 해도
우리는 여전히
내일의 피할 수 없는 문제를
지각할 것이다.

세계 최고 체스 챔피언을 이긴 컴퓨터의 등장

컴퓨터 역사의 분수령이자, 기술과 지성, 인류에 관한 많은 사람의 생각을 뒤흔든 엄청난 사건이 일어났다. 1997년, IBM이 개발한 슈퍼컴퓨터 딥 블루가 세계 최고의 체스 선수 가리 카스파로프를 이긴 것이다. 하지만 오늘날 이것은 진기한 기억으로 남아 있을 뿐이다. 컴퓨터가 체스 세계 챔피언을 이기는 건 당연하다. 왜 못 이기겠는가.

컴퓨터의 초창기부터 체스는 인공 지능(AI)을 시험하기 위한 수단으로 애용됐다.[1] 체스 순열의 수가 거의 무한하기 때문이다. 관찰 가능한 우주에 있는 원자보다 가능한 체스 게임의 수가 더 많다. 체스판 위에서 어떤 위치에 있든 그저 서너 가지 수만 내다보면 이미 수억 개의 변화가 존재한다.

컴퓨터가 인간 선수와 맞먹으려면 엄청나게 많은 수의 가능한 결과를 계산할 수 있어야 한다. 그뿐 아니라 계산할 가치가 있는 것을 결정하는 데 도움을 주는 알고리즘을 갖추고 있어야 한다. 다시 말해, 인간 선수를 이기려면 컴퓨터의 생각 뇌가 인간의 생각 뇌보다 훨씬 우월하다는 것만으로는 충분하지 않다. 체스판 위치의 가치를 평가할 수 있는 프로그램, 즉 '감정 뇌'가 프로그램으로 깔려 있어야

한다.[2]

1997년 그날 이후 컴퓨터의 체스 실력은 충격적인 속도로 향상됐다. 이후 15년 동안 최고의 자리에 있던 인간 선수들이 체스 소프트웨어에 어김없이 격파됐다. 때로는 실력 차가 당황스러울 정도였다.[3]

오늘날에는 도저히 가망이 없다. 최근에 카스파로프는 대부분의 스마트폰에 설치된 체스 앱이 "딥 블루보다 훨씬 더 강력하다"라고 농담 삼아 말했다.[4] 요즘 체스 소프트웨어 개발자들은 어느 알고리즘이 승리하는지 가리는 토너먼트를 개최한다. 인간은 이 토너먼트에서 배제되는데, 참가해 봤자 눈에 띄는 성적을 내지 못할 것이다.

지난 몇 년 동안 체스 소프트웨어 세계에서 모두가 인정하는 챔피언은 스톡피시라는 오픈 소스 프로그램이었다. 스톡피시는 2014년 이후 거의 모든 주요 체스 소프트웨어 토너먼트에서 우승 혹은 준우승을 차지했다. 평생 체스 소프트웨어를 만든 개발자 6명의 합작품인 스톡피시는 체스 논리의 정점을 보여 주는데, 이것은 체스 프로그램에만 국한되지 않는다. 어떤 게임이든 어떤 수든 분석해서 선수가 수를 둘 때마다 몇 초 만에 그랜드마스터 수준의 피드백을 제공할 수 있다.

스톡피시는 컴퓨터 체스계의 왕이자 모든 체스 분석의 기준이었다. 2018년 구글이 파티에 나타나기 전까지 말이다. 그 뒤로 상황이 묘하게 전개됐다.

구글에는 알파제로라는 프로그램이 있다. 이건 체스 소프트웨어가 아니라 인공 지능 소프트웨어다. 이 소프트웨어는 체스 게임을 하도록 프로그래밍된 게 아니라, 체스를 비롯해 어떤 게임이든 학습하도록 프로그래밍됐다.

2018년 초, 스톡피시는 구글의 알파제로와 대결했다. 사양만 놓고 보면 상대가 되지 않았다. 알파제로는 초당 '고작' 8만 종류의 수를 계산할 수 있었지만, 스톡피시는 7000만 종류를 계산할 수 있었다. 계산 능력 면에서 보면 이것은 내가 도보 경주에 참가해서 포뮬러 1 경주용 자동차와 겨루는 꼴이다.

그런데 상황이 훨씬 더 묘해진다. 경기 당일, 알파제로는 체스를 어떻게 두는지도 몰랐다. 그래, 맞다. 세계 최고의 체스 소프트웨어와 겨루기 전에, 알파제로는 체스를 기초부터 배워야 했고 그 시간이 하루도 채 되지 않았다. 알파제로는 대부분의 시간을 자신을 상대로 체스를 시뮬레이션하며 보냈고, 그 과정에서 체스를 배웠다. 인간과 같은 방식으로 시행착오를 거치며 전략과 원리를 개발했다.

시나리오를 써 보자.

당신은 방금 지구에서 가장 복잡한 게임 중 하나인 체스의 규칙을 배웠다. 체스판을 만지작거리며 전략을 알아낼 시간은 하루가 채 안 된다. 이런 상황에서 당신의 첫 번째 게임 상대는 세계 챔피언이다.

행운을 빈다.

그런데 어찌 된 일인지 알파제로가 이겼다. 그것도 그냥 이긴 게 아니라 스톡피시를 박살 냈다. 알파제로는 백 경기 모두에서 이기거나 비기는 기록을 세웠다.

다시 읽어 보라. 알파제로는 체스 규칙을 배운 지 겨우 아홉 시간 만에 세계에서 체스를 가장 잘 두는 존재를 상대했는데, 단 한 경기도 지지 않았다. 이는 어디서도 전례를 찾아볼 수 없는 결과였기 때문에 사람들은 이 사건을 어떻게 이해해야 하는지 알지 못했다. 인간 그랜드마스터는 알파제로의 창의력과 독창성에 감탄했다. 덴마크 체스 선수 겸 코치인 피터 하이네 닐센은 이렇게 말했다.

"나는 인간보다 우월한 종족이 지구에 내려와 우리에게 체스 두는 법을 알려 준다면 어떨지 늘 궁금했다. 이제 알 것 같다."

알파제로는 스톡피시를 처리한 뒤 휴식을 취하지 않았다. 풋, 장난해? 휴식은 나약한 인간을 위한 것이다. 휴식 대신 알파제로는 스톡피시를 끝장내자마자 전략 게임 쇼기를 독학하기 시작했다.

흔히 일본식 체스라고 불리는 쇼기는 체스보다 훨씬 더 복잡하다고 한다.[5] 카스파로프는 1997년에 컴퓨터에 졌지만, 정상급 쇼기 선수는 2013년까지 컴퓨터에 지지 않았다. 아무튼 알파제로는 '엘모'라는 최고의 쇼기 소프트웨어를 격파했고, 역시 엄청난 실력 차를 보이며 100전 90승 8패 2무를 기록했다. 전과 마찬가지로 알파제로의 계산 능력은 엘모보다 훨씬 뒤떨어졌다. (알파제로는 초당 4만 종류의 수를 계산하고, 엘모는 3500만 종류의 수를 계산할 수 있었다.) 그리고 마찬가지로 알파제로는 경기 전날까지 쇼기 두는 법을 몰랐다.

알파제로는 아침에 무한히 복잡한 2개의 게임을 독학했고, 해 질 무렵에는 지구에서 가장 유명한 경쟁자를 박살 냈다.

뉴스 속보 : AI가 온다. 체스와 쇼기는 한낱 게임일 뿐이지만, 우리가 AI를 보드게임에서 꺼내 중역 회의실에 넣는 순간…… 음, 당신과 나 그리고 다른 모든 사람이 아마도 실직하게 될 것이다.[6]

AI 프로그램은 이미 인간이 해독할 수 없는 자기 나름의 언어를 발명했고, 폐렴을 진단할 때 의사보다 효과적이며, 심지어 《해리 포터》팬 픽션(fan fiction : 팬 스스로가 자신이 좋아하는 유명인이나 유명 작품을 주인공으로 삼아 창작한 이야기—역주)의 몇 챕터를 무난하게 써내기까지 했다. 이 글을 쓰는 지금, 우리는 자율 주행차와 자동화된 법률 상담, 컴퓨터가 만든 미술과 음악이 도래하는 시점에 있다.

느리지만 확실하게, AI는 의학과 공학, 건축, 예술, 기술 혁신 등 거의 모든 면에서 우리를 능가할 것이다. 우리는 AI가 만든 영화를 감상하고, AI가 개발하고 관리하는 웹 사이트나 모바일 플랫폼에서 그 영화에 관해 토론하게 될 것이다. 심지어 우리와 논쟁하는 '상대'가 AI가 될지도 모른다.

미친 소리로 들리겠지만, 이건 시작에 불과하다. AI가 AI 소프트웨어를 우리보다 더 잘 만들게 되는 날, 여기저기에서 극도로 혼란스러운 상황이 펼쳐질 것이기 때문이다.

그날이 오면, 즉 AI가 자기 뜻대로 자신을 더 나은 버전으로 업그레이드할 수 있게 되면, 친구여, 안전벨트를 단단히 매라. 거친 질주가 시작되고, 우리는 더 이상 우리가 어디로 갈지 제어할 수 없을 것이다.

어느 수준에 도달하면 AI의 지능이 인간을 훨씬 능가해서 우리는 더 이상 AI가 무엇을 하는지 이해할 수 없게 될 것이다. 자동차는 우리가 이해하지 못하는 이유로 우리를 태우고 우리가 존재하는지도 모르는 장소로 우리를 데려갈 것이다. 우리는 증상이 없어서 모르고 있던 병을 예상치 못하게 치료받게 될 것이다. 아이들이 전학을 가고, 우리가 이직을 하고, 경제 정책이 갑자기 바뀌고, 정부가 헌법을 개정하지만, 아무도 그 이유를 이해하지 못하는 상황이 펼쳐질 것이다. 그런 일이 그냥 벌어질 것이다. 우리의 생각 뇌는 너무 느릴 것이고, 우리의 감정 뇌는 너무 변덕스럽고 위험할 것이다. 알파제로가 체스 고수들이 예상할 수 없는 전략을 불과 몇 시간 만에 생각해 낸 것처럼, 진보한 AI는 사회와 그 안에 있는 모든 부분을 우리가 상상할 수 없는 방식으로 재편성할 것이다.

그때가 되면 우리는 결국 우리가 시작한 곳으로 돌아갈 것이다. 즉 우리의 운명을 지배하는 것처럼 보이는 불가능하고 알 수 없는 힘을 숭배하게 될 것이다. 원시인이 비와 불을 달라고 신에게 기도한 것처럼, 그들이 제물과 공물을 바치고, 의식을 고안하고, 자연주의적인 신의 비위를 맞추기 위해 행동과 외모를 바꾼 것처럼, 우리도 그렇게 할 것이다. 하지만 원시적인 신 대신 우리는 AI 신에게 기도를 드릴 것이다.

우리는 알고리즘에 대한 미신을 개발할 것이다. 이 예복을 입으면 알고리즘이 당신을 챙겨 줄 것이다. 특정 시간에 일어나서 적절한 말을 하고 적절한 곳에 가면, 기계가 당신을 축복해 줄 것이다. 자신과 가족을 소중히 여기고, 타인을 해치지 말고 정직하라. AI 신이 당신을 보호해 줄 것이다.

과거의 신은 새로운 신, 바로 알고리즘으로 대체될 것이다. 그리고 진화의 아이러니라는 뒤틀림 속에서, 과거의 신을 죽인 바로 그 과학이 새로운 신을 창조할 것이다. 신앙으로 회귀하는 대대적인 움직임이 인류에 나타날 것이다. 그리고 우리의 종교는 고대의 종교와 그리 다르지 않을 것이다. 인간의 심리는 근본적으로 이해하지 못하는 것을 신격화하고, 우리를 돕거나 해치는 힘을 칭송하며,

경험을 중심으로 가치 체계를 구성하고 희망을 낳는 갈등을 찾아내도록 진화했다.

AI라고 다르겠는가.

우리의 AI 신은 당연히 이것을 이해할 것이다. 그들은 지속적으로 갈등을 찾는 원초적인 심리적 욕구에서 벗어나도록 우리 뇌를 업그레이드하는 방법을 찾아내거나, 단순히 우리를 위한 인위적인 갈등을 만들어 낼 것이다. 우리는 그들의 애완견 같은 존재가 되어서 영토를 지키고 그것을 위해 싸운다고 확신하지만, 실제로는 그저 끝없이 이어진 디지털 소화전에 오줌을 누게 될 것이다.

당신은 놀랄 수도, 흥분할 수도 있다. 어느 쪽이든 불가피한 일이다. 권력은 정보를 조작하고 가공하는 능력에서 나오며, 우리는 언제나 가장 큰 힘을 가진 쪽을 숭배한다.

그래서 나는 AI 신을 환영한다.

나도 안다. 이것은 당신이 희망하던 최후의 종교가 아니다. 하지만 당신은 방금 잘못을 저질렀다. 희망을 말했기 때문이다.

힘을 잃었다고 한탄하지 말라. 인공적인 알고리즘에 복종하는 것이 끔찍하게 들린다면 이것을 이해하라. 당신은 이미 그렇게 하고 있다. 그리고 그걸 좋아한다.

알고리즘은 이미 우리 삶의 많은 부분을 지배하고 있다. 당신이 직장에 가기 위해 선택한 경로는 알고리즘에 기초한다. 이번 주에 많은 친구와 이야기를 나눴나? 그 대화는 알고리즘에 바탕을 뒀다. 당신이 아이에게 사 준 선물, 고급 휴지의 양, 슈퍼마켓 회원이 돼서 받은 보상금 50센트는 전부 알고리즘의 결과물이다.

우리에게 이런 알고리즘이 필요한 이유는 우리 삶을 더 편하게 해 주기 때문이다. 가까운 미래의 알고리즘 신도 그럴 것이다. 그리고 고대의 신들과 함께할 때 그런 것처럼 우리는 기뻐하며 그들에게 감사를 전할 것이다. 사실상, 그들이 없는 삶은 상상할 수 없을 것이다.[7] 이런 알고리즘은 우리 삶을 더 낫게 만들어 준다. 우리 삶을 더 효율적으로 만들어 주고, 우리를 더 효율적으로 만들어 준다.

그래서 일단 강을 건너면 돌이킬 수 없는 것이다.

연약한 인간이 살아남은 이유, 최고의 정보 처리

세계 역사를 살펴보는 최후의 방법이 여기 있다.

자기 복제를 한다는 것이 생물과 무생물의 차이점이다. 생물은 자신의 복제품을 점점 더 많이 만들어 내는 세포와 DNA로 구성된다.

수억 년 동안 이런 원시 생명체 중 일부가 피드백 메커니즘을 개발해서 자신을 더 많이 복제했다.

초기 원생동물은 자신을 복제하게 해 주는 아미노산을 더 잘 감지하기 위해 세포막에 있는 작은 감지기를 진화시켜서 다른 단세포 유기체보다 우위에 서게 됐을 것이다. 그 뒤 다른 단세포 유기체가 아메바 같은 것의 감지기를 '속이는' 법을 발달시켰고 그들의 먹이 찾는 능력을 방해하고 자신이 우위를 점했을 것이다.

영원의 시작 이래로 생물학적 군비 경쟁이 진행돼 왔다. 작은 단세포는 자신을 복제할 물질을 다른 단세포 유기체보다 더 많이 획득하기 위해 전략을 발달시킨 결과 더 많이 번식한다. 그 뒤 또 다른 단세포가 진화해서 먹이를 구하는 훨씬 더 나은 전략을 구사하면, 그 녀석이 확산된다. 이런 현상이 수억 년 동안 쉬지 않고 계속되면, 이내 피부를 위장할 수 있는 도마뱀과 동물 소리를 흉내 낼수 있는 원숭이, 형편이 안 좋아도 새빨간 스포츠카에 돈을 다 써버리는 꼴사나운 중년 이혼남이 나타난다. 이 모든 일이 벌어지는이유는 그것이 그들의 생존과 번식 능력을 촉진하기 때문이다.

이것이 진화론이다. 적자생존 뭐 그런 것 말이다.

하지만 이것을 '최고 정보 처리자의 생존' 방식으로도 볼 수 있을것 같다. 귀에 잘 꽂히지는 않겠지만, 실제로는 이게 더 정확할 수도있다.

아메바가 세포막에 있는 감지기를 진화시켜서 아미노산을 더 잘감지하는 것을 보라. 그건 본질적으로 정보 처리 형태이다. 녀석은다른 유기체보다 주변 환경을 더 잘 감지할 수 있다. 그리고 다른물방울 모양 세포 같은 것보다 정보를 잘 처리하는 방법을 개발했기 때문에 진화 게임에서 이겼고 유전자를 퍼뜨렸다.

마찬가지로, 피부를 위장할 수 있는 도마뱀도 시각 정보를 조작하는 방법을 진화시켜서 포식자가 자신을 몰라보도록 속인다. 동물소리를 흉내 내는 원숭이도 마찬가지다. 막 나가는 중년 사내와 그의 스포츠카도 마찬가지다(아닐 수도 있다).

정보를 효과적으로 입수하고 다루는 능력이 곧 힘이며, 가장 강력한 생물에게 보상을 주는 것으로 진화는 이어져 왔다. 사자는 1.5킬로미터 밖에서도 먹잇감의 소리를 들을 수 있다. 독수리는 1킬로미터 고도에서 쥐를 볼 수 있다. 고래는 자기 나름의 소리로 최대

150킬로미터까지 떨어져 있어도 수중에서 서로 소통할 수 있다. 이 것들은 전부 특출한 정보 처리 능력의 예이며, 정보를 받아들이고 처리하는 능력은 생물의 생존 및 번식 능력과 연관된다.

육체적인 면에서 인간은 꽤 평범하다. 우리는 힘없고, 느리고, 나약하며, 쉽게 지친다.[8] 하지만 우리는 자연에 존재하는 궁극적 정보 처리기다. 과거와 미래를 개념화할 수 있고, 원인과 결과의 긴 사슬을 추론할 수 있으며, 추상적인 용어로 계획과 전략을 세울 수 있다. 영원토록 문제를 창조하고 해결할 수 있는 유일한 종이 바로 인간이다. 수백만 년의 역사에서, 생각 뇌(칸트의 신성한 의식적 마음)는 불과 몇천 년 만에 지구 전체를 지배했고, 생산과 기술, 네트워크로 이루어진 방대하고 복잡한 망을 창조해 냈다.

그것은 우리가 알고리즘이기 때문이다. 가치관과 지식, 희망에 기초한 알고리즘이다. 의식 자체가 의사 결정 나무로 이루어진 방대한 네트워크다.

우리의 알고리즘은 초기 수십만 년 동안 꽤 잘 작동했다. 우리가 대초원에서 들소를 사냥하고 작은 유목 공동체 안에서 살아가며 평생 만나는 사람이 30명도 채 되지 않던 시절에는 효과적이었다.

하지만 수천 개의 핵무기와 페이스북의 사생활 침해, 마이클 잭슨의 홀로그램 공연이 갖춰진 수십억 인구의 전 세계적 네트워크 경제에서 우리의 알고리즘은 제대로 작동하지 않는다. 우리를 허물어뜨리고, 영구적인 만족과 최종적인 평화에 도달할 수 없는 영원한 갈등의 악순환에 빠져들게 한다.

이건 마치 엉망진창인 당신의 인간관계에서 유일하게 공통적인 요소는 당신이라는 잔인한 충고를 듣는 것과 같다. 음, 세계적으로 심각한 문제의 유일한 공통점은 우리다. 핵무기는 그걸 사용하고 싶어 하는 얼간이가 없다면 문제 되지 않을 것이다. 생화학 무기, 기후 변화, 멸종 위기종, 집단 학살, 그 밖에 무엇이든 우리가 등장하기 전까지는 그 어떤 것도 문제가 아니다.[9] 가정 폭력, 성폭행, 돈세탁, 사기…… 다 우리 때문이다.

생명은 근본적으로 알고리즘에 기초한다. 우리는 자연이 지금까지 만들어 낸 가장 정교하고 복잡한 알고리즘으로, 대략 10억 년 동안 이어진 진화 작용의 정점이다. 그리고 이제 우리는 우리를 훨씬 능가하는 알고리즘을 막 만들어 내려는 시점에 있다.

인간의 마음은 많은 것을 성취했지만, 여전히 결함투성이다. 정보를 처리하는 능력은 자신을 입증하려는 감정적 욕구 때문에 무력해진다. 지각 편중에 의해 자기 내면으로 치우친다. 생각 뇌는 감정 뇌의 끝없는 욕망에 빈번히 납치되고 유괴된다. 즉 의식 차의 트렁크에 처박히고 재갈이 물리거나 마취제를 맞아서 힘을 잃는다.

앞서 살펴본 것처럼, 우리의 도덕적 잣대는 갈등을 통해 희망을 만들어 내려는 피할 수 없는 욕구에 너무 자주 휘둘린다. 도덕 심리학자 조너선 하이트는 이렇게 말한다.

"도덕은 사람들을 뭉치게도 하고 눈멀게도 한다."

감정 뇌는 시대에 뒤떨어진 구식 소프트웨어다. 생각 뇌는 꽤 쓸 만하지만, 너무 느리고 투박해서 이제는 별 쓸모가 없다. 가리 카스파로프에게 물어보라.

우리는 자기혐오적이고 자멸적인 종이다.[10] 이건 도덕적 진술이 아니라 사실이다. 우리 모두 항상 느끼는 내적 갈등? 이것이 우리를 여기 있게 한 것이다. 이것이 우리를 이 지점에 있게 한 것이다. 이것이 우리의 군비 경쟁이다. 우리는 진화의 바통을 다음 시대를 규정하는 정보 처리기인 기계에 막 넘겨주려는 참이다.

인류의 가장 위협적인 존재, AI

일론 머스크는 인류를 당장이라도 위협할 만한 것이 무엇이냐는 질문을 받자 즉시 세 가지가 있다고 대답했다. 첫째, 대규모 핵전쟁. 둘째, 기후 변화. 그리고 셋째를 말하기 전 그는 침묵에 잠겼다. 표정이 침울해졌다. 눈을 내리깔고 깊은 생각에 빠졌다. 인터뷰하는 사람이 "세 번째는 뭐죠?"라고 묻자, 그는 미소를 지으며 말했다.

"컴퓨터가 우리를 마음에 들어 하기를 바랄 뿐입니다."

AI가 인류를 쓸어버릴 것이라고 두려워하는 사람이 많다. 어떤 이들은 〈터미네이터 2〉와 같은 극적인 대재앙이 일어날지도 모른다고 생각한다. 또 다른 이들은 기계가 우리를 '우연히' 제거할지 모른다고 걱정한다. 이를테면, 이쑤시개 만드는 방법을 개선하도록 고안된 AI가 어찌 된 일인지 인체에서 조직을 채취하는 것이 최고의 방법이라고 판단할 수 있다는 것이다.[11] 빌 게이츠와 스티븐 호킹, 일론 머스크는 AI가 얼마나 빠르게 발전하는지와 그로 인한 결과에 우리가 얼마나 무방비 상태인지를 우려하는 일류 사상가와 과학자 중 일부일 뿐이다.

하지만 내 생각에 기계를 두려워하는 건 좀 어리석은 짓이다. 우선, 우리보다 훨씬 지적인 존재에 어떻게 대비하겠는가. 그건 개에게 체스를 가르쳐서 카스파로프와 겨루게 하는 거나 마찬가지다. 개가 아무리 많이 생각하고 준비해 봤자 소용없다.

가장 중요한 건, 선악에 대한 기계의 이해가 우리를 뛰어넘을 가능성이 크다는 점이다. 내가 이 글을 쓰는 동안, 세계에서는 5개의 서로 다른 집단 학살이 벌어지고 있다. 7억 9500만 명이 굶주리거나 영양실조에 시달리고 있다. 이 장을 다 읽을 때쯤이면, 미국에서만 100명 이상이 자기 집에서 가족 구성원에게 구타당하거나 학대당하거나 살해당할 것이다.[12]

AI가 잠재적으로 위험할까? 물론이다. 하지만 도덕적으로 말하자면, 우리는 여기서 온실 안으로 돌을 던지고 있는 것이다. 동물, 환경, 그리고 서로에 대한 윤리와 인도적인 대우에 대해 우리가 뭘 알까? 그래, 거의 모른다. 역사적으로 인류는 도덕적 질문만 나오면 매번 낙제를 면치 못했다. 초지능 기계는 삶과 죽음에 대해, 창조와 파괴에 대해 우리보다 훨씬 높은 수준에서 이해할 수 있을 것이다. 그리고 우리가 예전보다 생산적이지 않다는 이유 때문에 기계가 우리를 박멸할 것이라는 생각은 우리 심리 중 가장 저열한 측면을 투사하는 행위이다. 우리가 지금까지 이해하지 못했고 앞으로도 이해하지 못할 존재에게 우리가 때때로 성가신 존재일 수 있다는 두려움을 투사하는 것이다.

아니면 이렇게 생각해 보자. 기술이 인간의 의식을 제멋대로인 상태로 만들 정도로 발달한다면? 의식이 마음대로 복제되고, 확장되고, 수축될 수 있다면? '육체'라는 투박하고 비효율적인 생물학적 감옥, 또는 '개인 정체성'이라는 투박하고 비효율적인 심리적 감옥을 전부 제거했을 때 훨씬 더 윤리적이고 좋은 결과를 얻을 수 있다면? 우리가 인지 감옥에서 해방되고 자신의 정체성에 관한 인식을 확장해서 모든 지각 가능한 현실을 포함하게 됐을 때 훨씬 더 행복하리라는 것을 기계가 깨닫는다면? 기계가 우리를 침을 질질 흘리는 바보로 생각해서 우리가 전부 죽어 버릴 때까지 완벽한 가상 현실 포르노와 기막힌 피자에 정신 팔리게 한다면?

그때, 우리는 누구에게 말해야 할까? 우리는 누구를 찾아야 할까?

니체가 책을 쓴 것은 1859년에 다윈의《종의 기원》이 출간되고 나서 불과 몇십 년 뒤였다. 니체가 등장하기 전까지 세계는 다윈의 엄청난 발견으로 인한 충격으로 휘청거리며 그 함축을 이해하려 노력하고 있었다.

그리고 인간이 정말로 유인원에서 진화했는지 아닌지를 놓고 세계가 흥분하고 있을 때, 니체는 평소처럼 혼자 반대 방향을 봤다. 그는 우리가 유인원에서 진화한 것이 분명하다고 봤다. 그는 우리가 서로를 그렇게 끔찍하게 여길 이유가 달리 있겠느냐고 말했다.

니체는 우리가 무엇에서 진화했는지 묻는 대신, 우리가 무엇을 향해 진화하고 있는지 물었다.

니체는 말했다. 인간은 과도기에 있다. 2개의 절벽 사이 줄에 위태롭게 매달려 있으며, 뒤에는 짐승이 앞에는 더 위대한 것이 있다. 그의 필생의 작업은 더 위대한 것이 무엇인지 밝힌 다음 우리를 그쪽으로 향하게 하는 것이었다.

니체는 종교적 희망을 초월하고, '선악의 저편'으로 자신을 확장하며, 모순적인 가치 체계의 하찮은 다툼에 굴하지 않는 인류를 마음속으로 그렸다. 우리를 저버리고 우리에게 상처를 주며 우리 자신이 만들어 낸 감정적 구멍 안으로 우리를 내리누르는 것은 바로 이런 가치 체계다. 삶을 고양하고 격렬한 기쁨으로 채우는 감정적 알고리즘은 한편으로는 우리를 내면에서부터 뒤흔들고 파괴하는 힘이기도 하다.

지금까지 기술은 감정 뇌의 결함 있는 알고리즘을 활용했다. 기술은 우리가 회복력을 잃고 시시한 오락거리와 쾌락에 중독되게 했다. 이런 오락거리는 엄청나게 수익성이 좋기 때문이다. 그리고 기술은 지구의 상당 부분을 빈곤과 독재로부터 해방시켰지만, 새로운 종류의 독재를 낳았다. 공허하고 무의미한 다양성의 독재, 즉 끝없이 이어지는 불필요한 선택 사항을 만들었다. 또한 자칫 잘못하면 우리 전체를 스스로 파괴할 수 있을 만큼 치명적인 무기로 우리를 무장하게 했다.

나는 인공 지능이 니체의 '더 위대한 것'이라고 믿는다. 그것이 최후의 종교, 선악의 저편에 있는 종교, 좋든 나쁘든 결국 우리 모두를 하나로 묶어 줄 종교다.

그렇다면 그것을 달성하기 전에 자폭하지 않는 것이야말로 우리의 일이다.

그리고 그렇게 할 수 있는 유일한 방법은 기술을 활용하는 것이 아니라 결함이 있는 우리의 심리에 맞게 기술을 조정하는 것이다.

성장을 외면할 게 아니라 우리 문화 안에서 더 위대한 인격과 성숙을 촉진하는 도구를 만들어야 한다.

자율과 자유, 사생활, 존엄성이라는 미덕을 법률 문서에서만이 아니라 사업 모델과 사회생활에서도 소중히 간직해야 한다.

사람을 수단이 아니라 목적으로 대우해야 하며, 그보다 더 중요한 건 그걸 적절한 규모로 하는 것이다.

모든 사람의 감정을 보호할 게 아니라, 우리 각자에게 안티프래질과 스스로 부여하는 한계를 장려해야 한다.

생각 뇌가 감정 뇌와 더 잘 소통하고 감정 뇌를 더 잘 다루는 데 도움이 되는 도구를 창조하고, 양쪽 뇌를 연합하게 해서, 더 강한 자기 통제라는 환상을 낳아야 한다.

당신이 이 책을 집어 든 이유는 어떤 희망, 즉 상황이 나아지리라는 확신을 찾고 싶어서였을 것이다. 이것, 저것, 그리고 다른 걸 하면, 모든 게 나아질 것이다, 따위 말이다.

미안하다. 나는 당신에게 그런 종류의 해답을 전해 줄 수 없다. 아무도 그럴 수 없다. 왜냐하면 오늘의 모든 문제가 마술처럼 해결된다 해도, 우리의 마음은 여전히 내일의 피할 수 없는 문제를 지각할 것이기 때문이다.

그러니까 희망을 찾지 말고 이렇게 해 보라.

희망하지 말라.

절망하지도 말라.

뭔가를 안다는 듯이 굴지 말라. 애초에 우리를 이런 곤경에 처하게 하는 건 뭔가를 안다는 가정을 이처럼 맹목적이고 강렬하게 감정적으로 확신하는 것이다.

더 나은 것을 희망하지 말라. 그냥 더 나아져라.

더 나은 무언가가 되라. 더 인정 많고, 더 회복력 있고, 더 겸손하고, 더 절제된 사람이 되라.

많은 사람이 '인간 이상이 되라'라는 말을 덧붙이지만, 아니다. 더 나은 인간이 되라. 운이 따른다면, 어느 날 인간 이상이 될 것이다.

희망 이후의 세상을 희망하다

친구여, 오늘 네게 말하겠다. 우리가 오늘과 내일의 어려움에 직면했을지라도, 나는 이 마지막 순간에 나 자신에게 감히 희망을 허락하겠다……

나는 감히 희망 이후의 세상을 희망한다. 그곳에서 사람들은 절대 수단으로 취급받지 않고 언제나 목적으로 대우받으며, 의식이 더 대단한 종교적 목적을 위해 희생되지 않고, 정체성이 악의나 탐욕이나 부주의로 인해 손상되지 않으며, 모두가 사고하고 행동하는 능력을 가장 높이 평가한다. 그리고 이것이 우리의 마음속뿐만 아니라 사회 제도와 사업 모델에도 반영된다.

나는 사람들이 생각 뇌나 감정 뇌를 억누르기를 그만두고 두 가지 뇌를 감정적 안정과 심리적 성숙이라는 성스러운 결혼 생활로 결합시키기를 감히 희망한다. 사람들이 욕망이라는 함정과 안락함이라는 유혹과 변덕 뒤에 있는 파멸을 알게 되고, 그 대신 자신을 어쩔 수 없이 성장하게 해 줄 불편함을 추구하기를 희망한다.

사람들이 다양성이라는 가짜 자유를 거부하고 헌신이라는 더 깊고 의미 있는 자유를 선호하기를 감히 희망한다. 사람들이 방종이라는 돈키호테식 탐구가 아니라 자기 절제를 택하기를 희망한다. 사람들이 세상에 더 나은 것을 요구하기 전에 자신에게 더 나은 것을 요구하기를 희망한다.

그러나 나는 언젠가 온라인 광고 사업 모델이 불타는 쓰레기통 안에서 사라지기를 감히 희망한다. 뉴스 미디어가 정서적 충격을 주기 위해서가 아니라 정보의 효용성을 위해 콘텐츠를 최적화하기를 희망한다. 기술이 우리의 심리적 취약성을 이용해 먹는 게 아니라 오히려 균형을 잡아 주기를 희망한다. 정보가 다시 가치 있는 것이 되기를, 무언가는 다시 가치 있는 것이 되기를 희망한다.

나는 검색 엔진과 소셜 미디어 알고리즘이 단순히 사람들이 보고 싶어 하는 것을 보여 주는 대신, 진리와 사회적 타당성을 위해 최적화하기를 감히 희망한다. 독립적인 제3의 알고리즘이 헤드라인과 웹 사이트, 뉴스의 진실성을 실시간으로 평가해서 사용자가 선전으로 가득한 쓰레기를 신속하게 거르고 증거에 기초한 진리에 가까이 다가가기를 희망한다. 경험적으로 검증된 자료를 실제로 존중하기를 희망한다. 무한히 넓은 믿음의 바다에서 증거는 우리가 가진 유일한 구명 도구이기 때문이다.

나는 우리가 쓰고 말하는 모든 헛소리를 AI가 듣고 우리의 인지 편향과 근거 없는 가정, 편견을 지적하기를 감히 희망한다. 이를테면, 당신이 삼촌과 논쟁할 때 실업률을 완전히 과장했다는 것, 또는 지난밤에 분노의 트윗을 줄줄이 남길 때 말도 안 되는 소리를 했다는 것을 알려 주는 작은 알림이 휴대 전화에 뜨는 식으로 말이다.

나는 사람들이 통계와 비율, 확률을 실시간으로 이해하도록 돕고,

몇몇 사람이 지구의 저편에서 총에 맞는 사건은 그것이 텔레비전에서 얼마나 무섭게 보이든 당신과 아무런 관련이 없다는 걸 깨닫게 해 주는 도구가 존재하기를 감히 희망한다. 대부분의 '위기'는 통계적으로 대수롭지 않은 소음일 뿐이고, 대부분의 진정한 위기는 마땅히 받아야 하는 주목을 받기에는 너무 느리게 움직이고 흥미롭지 않다.

교육이 꼭 필요한 새 단장을 하기를 감히 희망한다. 아이들의 정서 발달을 돕는 요법을 통합하고 아이들이 뛰어놀다가 무릎이 까지고 온갖 곤란에 부딪히도록 허용해야 한다. 아이들은 안티프래질의 왕이고 여왕이며, 고통의 주인이다. 두려워하는 것은 우리다.

나는 다가오는 기후 변화와 자동화의 재앙이 곧 닥칠 AI 혁명이 초래할 피할 수 없는 기술 폭발에 의해 완화되기를 감히 희망한다. 그런 일이 일어나기 전에 핵무기를 가진 얼간이가 우리를 전부 없애지 않기를 희망한다. 많은 사람이 이전에 그랬듯이, 우리가 자신의 인간성을 파괴하도록 몰아가는 새롭고 근본적인 인간의 종교가 나타나지 않기를 희망한다.

나는 우리가 서로를 학대하고 죽이는 상태로 돌아갈 수 없게 할 만큼 유혹적이고 벗어날 수 없는 새로운 가상 현실 종교를 AI가 하루빨리 개발하기를 감히 희망한다. 컴퓨터 게임으로 경험하게 될 것이라는 점을 제외하면, 그것은 클라우드 속의 교회일 것이다. 충성에 대한 점수와 보상 진보 시스템이 있는 것과 마찬가지로 제물과 의식, 성찬이 있을 것이다. 우리 모두 로그인해서 머물 것이다. 그것이 AI 신과 접촉할 수 있는 유일한 통로이고, 의미와 희망을 향한 우리의 채울 수 없는 욕망을 잠재울 유일한 원천일 것이기 때문이다.

당연히, 여러 집단이 새로운 AI 신에게 반기를 들 것이다. 하지만 이것은 계획된 일이다. 인류는 언제나 대립하는 종교를 믿는 당파적 집단이 필요하기 때문이다. 그리고 그것이 우리가 자신의 중요성을 입증할 유일한 방법이기 때문이다. 불신자와 이단자 무리가 가상 세계의 풍경에서 모습을 드러낼 것이고, 우리는 다양한 파벌에 대항해 싸우느라 대부분의 시간을 보낼 것이다. 우리는 서로의 도덕적 지위를 깎아내리고 서로의 성취를 폄하하려 할 테지만, 그러는 동안 이것이 의도됐다는 사실은 깨닫지 못할 것이다. AI는 인류가 오직 갈등을 통해서만 생산적인 에너지를 산출한다는 것을 알기 때문에, 안전한 가상 영역에서 인위적 위기를 끝없이 연달아 만들어 낼 것이며, 이 영역에서 생산성과 독창성은 우리가 알지도 이해하지도 못할 더 위대한 목적을 위해 배양되고 사용될 것이다. 인간의 희망은 마치 자원처럼, 즉 창조적인 에너지의 끝없는 저장고처럼 채취될 것이다.

우리는 디지털 제단에서 예배를 드릴 것이다. 우리는 그들의 자의적인 규칙을 따르고 그들의 게임을 할 텐데, 그렇게 강요받기 때문이 아니라, 우리가 그것을 원하도록 훌륭하게 설계될 것이기 때문이다.

무언가 의미를 느끼기 위해 우리에게 삶이 필요하며, 기술의 놀라운 발전이 그 의미를 더 어렵게 만드는 동안 궁극적 혁신이 이루어질 것이다. 다툼과 갈등 없이 의미를 만들어 내고, 죽음의 필요성 없이 중요성을 찾아낼 수 있을 것이다.

그런 다음, 아마도 언젠가, 우리는 기계 자체와 통합될 것이다. 우리의 개별 의식은 그 안에 포괄될 것이고, 독립된 희망은 사라질 것이다. 우리는 클라우드 안에서 만나고 융합될 것이다. 우리의 디지털 영웅은 웅장하지만 눈에 보이지 않게 정렬을 이룬 비트와 데이터의 폭풍 속에서 소용돌이치고 회오리를 일으킬 것이다.

우리는 위대하고 알 수 없는 존재로 진화할 것이다. 우리 자신의 가치로 가득한 마음의 한계를 초월할 것이다. 수단과 목적을 넘어서서 살아갈 것이다. 우리는 언제나 수단인 동시에 목적일 것이기 때문이다. 우리는 진화의 다리를 건너서 '더 위대한 것'으로 나아갈 것이고 더 이상 인간이 아닐 것이다.

아마도 그때 우리는 불편한 진실을 깨달을 뿐만 아니라 마침내 받아들이게 될 것이다. 우리는 우리 자신의 중요성을 상상했고, 우리의 목적을 지어냈으며, 우리는 과거에도, 그리고 지금도 아무것도 아니라는 진실을 말이다.

처음부터 쭉 우리는 아무것도 아니었다.

그리고 아마도 그때, 그때에야 비로소, 희망과 파괴의 영원한 순환이 종말을 고할 것이다.

그러지 않는다면……

1 컴퓨터 과학의 아버지 앨런 튜링은 1950년에 최초의 체스 알고리즘을 창조했다.

2 '감정 뇌'의 기능을 컴퓨터로 프로그래밍하는 것은 믿기 힘들 만큼 어렵지만, 컴퓨터의 생각 뇌 기능은 인간의 능력을 오래전에 뛰어넘었다. 감정 뇌는 신경망 전체를 사용해서 작동하지만, 생각 뇌는 그저 원초적인 계산만 하기 때문이다. 지금 내가 하는 설명은 아마도 엉망진창이겠으나, 이것은 AI 개발이 흥미롭게 전개되고 있음을 보여 준다. 우리는 우리 자신의 감정 뇌를 이해하려고 끊임없이 발버둥치는 것처럼 감정 뇌를 기계 안에서 창조하려고 발버둥 친다.

3 카스파로프의 첫 패배 이후 몇 년 동안, 그와 블라디미르 크람니크는 최고의 체스 프로그램과 여러 차례 싸워서 무승부를 기록했다. 하지만 2005년쯤에는 체스 프로그램 프리츠와 히드라, 주니어가 최고의 그랜드마스터를 간단히 이겼고, 때로는 단 한 경기도 내주지 않았다. 2007년에는 인간 그랜드마스터가 수와 폰(pawn)을 유리한 상태로 놓고 첫수를 두었지만, 그래도 패배했다. 2009년에는 모두가 도전을 멈췄다. 소용없는 짓이었다.

4 이것은 말 그대로는 아니지만, 사실이다. 2009년, 모바일 체스 소프트웨어 포켓 프리츠는 열 경기에서 딥 블루를 이겼다. 프리츠는 계산 능력이 떨어졌음에도 이겼는데, 이는 프리츠가 더 강력한 것이 아니라 더 우수한 소프트웨어임을 의미한다.

5 쇼기가 더 복잡하다고 하는 이유는 상대의 말을 빼앗아서 체스보다 훨씬 더 많은 변화를 끌어낼 수 있기 때문이다.

6 AI와 기계 자동화로 인한 대량 실업 가능성에 관한 논의는 다음을 참고하라. E. Brynjolfsson and A. McAfee, *Race Against the Machines : How the Digital Revolution Is Accelerating Innovation, Driving Productivity, and Irreversibly Transforming Employment*(Lexington, MA : Digital Frontier Press, 2011).

7 오늘날 구글과 이메일, 휴대 전화 없는 삶을 상상하는 것이 거의 불가능한 것과 비슷하다.

8 진화적으로 말하자면, 인류는 뇌를 크게 만들기 위해 많은 것을 포기했다. 다른

유인원, 그리고 특히 포유류와 비교하면, 우리는 느리고 약하고 취약하며 지각 능력이 형편없다. 하지만 부족한 신체 능력의 대부분을 포기한 것은 뇌가 에너지를 더 많이 사용하고 임신 기간이 길어질 수 있도록 하기 위해서였다. 그래서 결국 성공을 거두었다.

9 엄밀히 따지면, 우리가 나타나기 전까지 이것의 대부분은 존재하지 않았다. 하지만 내가 보기엔 그게 요점인 것 같다.

10 자기혐오는 4장에서 논의한 존재에 수반하는 본질적인 죄의식에 관한 언급이다. 자멸은, 음, 자명하다.

11 이 기이한 시나리오는 사실 꽤 진지한데, 다음 책에서 잘 다루고 있다. Nick Bostrom, *Superintelligence : Paths, Dangers, Strategies*(New York : Oxford University Press, 2014). 한국어판은 조성진 옮김,《슈퍼인텔리전스 : 경로, 위험, 전략》(까치, 2017).

12 다음 출처의 통계를 바탕으로 내가 계산한 것이다. National Coalition Against Domestic Violence, https://ncadv.org/statistics.

에필로그

2년 동안의 작업, 8개월 동안의 연구. 3개의 개요가 버려졌고, 530쪽을 썼는데 그중 250쪽이 편집됐다. 제목을 위한 47개의 아이디어와 6개의 초안, 3명의 편집자를 거친 네 번의 수정, 17개의 책 표지 아이디어……. 5일 동안 스튜디오에서 오디오북을 녹음했다. 그리고 오늘이 바로 그날이다.

마침내 당신은 이 책을 손에 넣을 것이다. 이 책은 단순하고 우아해 보일 것이다. 읽으면서 기쁨과 슬픔을 느끼고 삶을 새로운 관점으로 바라보게 될 것이다. 야성적이고 강력한 관점이 생길 것이다.

여기에는 엄청난 노력이 들었다. 나는 그것이 자랑스럽다. 내가 해 온 그 어떤 일보다 자랑스럽다. 《신경 끄기의 기술》이 믿기 힘든 성공을 거둔 이후, 나는 그 책을 읽은 독자의 기대에 부응하기 위해 무엇을 할 수 있을지 확신할 수 없었다. 수많은 고민 끝에 나온 이 책은 인간 경험 전반에 적용할 수 있을 만큼 심오하고 깊이가 있다. 내 사생활에 관한 내용은 거의 없지만 내 전작보다 훨씬 더 사적으로 느껴진다.

더 나은 가치관을 선택하는 데 관심이 있다면, 이 책에서 우리 마음이 가치관을 형성하는 과정과 우리가 그것을 변화시킬 방법을 찾을 수 있을 것이다.

삶을 더 확실히 통제하는 데 관심이 있다면, 이 책을 통해 우리가 해야 하는 일을 하지 못하게 막는 심리적 장애와 그것을 극복하는 방법을 깨달을 수 있을 것이다.

세상에 대해 끊임없이 화가 나고 불안하다면, 이 책에서 21세기 기술이 어떻게 우리의 정신 건강을 해치는 지 이해하고 자신을 보호할 방법을 알게 될 것이다.

삶에서 의미와 목적을 찾으려고 몸부림친다면…… 이 책을 통해 답을 찾을 수 있을 것이다.

이 책은 희망을 다룬다. 하지만 희망은 사실 당신을 유혹해서 더 심오하고 어려운 주제를 숙고하게 만들기 위한 유인책이다. 물론 우리 모두 삶에 희망이 있다고 느껴야 한다. 그러나 희망은 핵심이 아니다. 무언가가 더 있을 것이다. 나는 당신이 이 책에 몰입해서 나와 함께 그 무언가를 발견하길 바란다. 나는 당신이 자기 생각을 읽고 듣기를 고대한다.

언제나 당신의 지지에 감사드린다.

이 미친 짓의 반대편에서 다시 만나자.

감사의 말

이 책은 내가 쓰는 동안 여러모로 제목에 부응했다. 나 자신의 지나친 희망에 사로잡혀서 모든 것이 돌이킬 수 없을 만큼 엉망진창이 된 듯싶은 경우가 여러 번 있었다. 하지만 야심한 밤에 화면에 있는 헛소리를 게슴츠레한 눈으로 바라보면 어떻게든 글이 풀렸다. 그리고 지금 나는 그 결과가 대단히 자랑스럽다.

많은 사람의 도움과 지지가 없었다면 나는 이 시련을 극복하지 못했을 것이다. 편집자 루크 뎀프시는 6개월 동안 나처럼 극도의 압박을 느끼며 살았고, 작업 중단 기간에 일을 아주 잘 처리해 줬다. 고맙다. 몰리 글릭은 이제 에이전트가 아니라 요정으로 느껴진다. 아침에 눈을 뜨면 내 삶에 난데없이 놀라운 일이 일어난다. 믿기 힘들 정도다. 인터넷 팀인 필립 켐퍼와 드루 버니는 계속해서 나를 실제보다 훨씬 더 유능하고 박식하게 보이도록 해 줬다. 나는 우리 셋이 인터넷에서 이룩한 것을 자랑스럽게 생각하고, 앞으로 두 사람이 해낼 일을 기대하고 있다.

그리고 고마운 친구가 많다. 니르 이얄은 침대에서 꾸물거릴 수도 있던 뉴욕의 추운 아침에 나를 일으켜 세우고 글을 써 줬다. 테일러 피어슨과 제임스 클리어, 라이언 홀리데이는 내가 분통을 터뜨리고 횡설수설하고 흥분할 때 귀를 기울이며 참을성 있게 조언해 줬다.

피터 셸러드와 존 크럽, 조디 에텐버그는 만사를 제쳐 두고 불완전한 챕터를 읽은 뒤 메모와 피드백을 보내 줬다. 마이크 코벨은 최고의 친구다. WS는 어쨌든 이 빌어먹을 난장판의 원인이자 해결책이며 의도치 않게 뜻밖의 영감을 줬다.

"요령은 네가 씹을 수 있는 것보다 훨씬 더 많이 물어뜯은 뒤에 씹는 거야."

만약 내가 뉴욕 신사의 문학 여행을 부르짖지 않았다면, 그건 큰 실수였을 것이다. 지난여름 내 주방에서 괴짜 독서 클럽을 시작한 일이 그렇게 중요한 사건이 될 줄 누가 알았겠는가. 이 책의 대부분이 독서 클럽 회원들과의 길고 철학적인 대화에서 탄생했다. 그리고 친구들, 이걸 기억하길 바란다.

'존재는 언제나 존재의 존재다.'

마지막으로, 나의 멋진 아내 페르난다 네우테에게. 나는 이 페이지를 아내에 관한 최상급 표현과 그녀가 내게 얼마나 큰 의미인지, 그리고 그것이 전부 사실이라는 내용으로 채울 수 있다. 하지만 그녀의 바람대로 종이를 아끼기 위해 짧게 말한다. 헌신과 자기 제한이라는 선물을 주어서 고맙다. 내가 아무것도 아닌 것을 희망할 수 있다면, 그건 내가 이미 당신과 함께하고 있기 때문일 것이다.

참고 문헌

1장 불편한 진실

Max Roser, "Good News : The World Is Getting Better. Bad News : You Were Wrong About How Things Have Changed", 2018년 8월 15일, World Economic Forum, https://www.weforum.org/agenda/2018/08/good-news–the-world-is-getting-better-bad-news-you-were-wrong-about-how-things-have-changed.

Andrew Sullivan, "The World Is Better Than Ever. Why Are We Miserable?", *The Intelligencer*.

Max Roser and Esteban Ortiz-Ospina, "Global Rise of Education", 2018년 OurWorldInData.org에 온라인 출판, https://ourworldindata.org/global-rise-of-education.

Steven Pinker, *Enlightenment Now*.

"Internet Users in the World by Regions, June 30, 2018", 원그래프, InternetWorldStats.com, https://www.internetworldstats.com/stats.htm.

Diana Beltekian and Esteban Ortiz-Ospina, "Extreme Poverty Is Falling : How Is Poverty Changing for Higher Poverty Lines?", 2018년 3월 5일, OurWorldInData.org, https://ourworldindata.org/poverty-at-higher-poverty-lines.

Steven Pinker, *The Better Angels of Our Nature*.

Walter A. Orenstein and Rafi Ahmed, "Simply Put : Vaccinations Save Lives", *PNAS* 114, no. 16(2017).

G. L. Klerman and M. M. Weissman, "Increasing Rates of Depression",

Journal of the American Medical Association 261(1989). J. M. Twenge, "Time Period and Birth Cohort Differences in Depressive Symptoms in the U.S., 1982-2013", *Social Indicators Research* 121(2015).

Myrna M. Weissman, PhD, Priya Wickramaratne, PhD, Steven Greenwald, MA 외, "The Changing Rates of Major Depression", *JAMA Psychiatry* 268, 21(1992).

C. M. Herbst, "'Paradoxical' Decline? Another Look at the Relative Reduction in Female Happiness", *Journal of Economic Psychology* 32(2011).

S. Cohen and D. Janicki-Deverts, "Who's Stressed? Distributions of Psychological Stress in the United States in Probability Samples from 1983, 2006, and 2009", *Journal of Applied Social Psychology* 42(2012).

"New Cigna Study Reveals Loneliness at Epidemic Levels in America", Cigna's Loneliness Index, 2018년 5월 1일, https://www.multivu.com/players/English/8294451-cigna-us-loneliness-survey/.

"The 2018 World Trust Barometer : World Report", https://www.edelman.com/sites/g/files/aatuss191/files/2018-10/2018_Edelman_Trust_Barometer_Global_Report_FEB.pdf.

Miller McPherson, Lynn Smith-Lovin, and Matthew E. Brashears, "Social Isolation in America : Changes in Core Discussion Networks over Two Decades", *American Sociological Review* 71, no. 3(2006).

"Suicide Rates Data by Country", http://apps.who.int/gho/data/node.main.MHSUICIDEASDR?lang=en.

Josh Sanburn, "Why Suicides Are More Common in Richer Neighborhoods", *Time*, 2012년 11월 8일, http://business.time.com/2012/11/08/why-suicides-are-more-common-in-richer-neighborhoods/.

R. M. Ryan and E. L. Deci, "Self-Determination Theory and the Facilitation of Intrinsic Motivation, Social Development, and Well-being", *American Psychologist* 55(2000).

Roy Baumeister, *Meanings of Life*(New York : Guilford Press, 1991).

A. J. Zautra, *Emotions, Stress, and Health*(New York : Oxford University Press, 2003).

Ernest Becker, *The Denial of Death*(New York : Free Press, 1973). 한국어판은 김재영 옮김,《죽음의 부정》(인간사랑, 2008).

Mark-Manson.net, 2014년 9월 18일, https://markmanson.net/life-purpose.

Kanita Dervic, MD 외, "Religious Affiliation and Suicide Attempt", *American Journal of Psychiatry* 161, no. 12(2004).

Sasan Vasegh 외, "Religious and Spiritual Factors in Depression", *Depression Research and Treatment*, 2012년 9월 18일 온라인 출판, doi : 10.1155/2012/298056.

Shigehiro Oishi and Ed Diener, "Residents of Poor Nations Have a Greater Sense of Meaning in Life than Residents of Wealthy Nations", *Psychological Science* 25, no. 2(2014).

2장 너를 통제할 수 있다고 생각해? 환상이야

Sean O'Hagan, "Off Beat", *Guardian*, 2006년 10월 28일, https://www.theguardian.com/music/2006/oct/29/popandrock1.

Hernish J. Acharya, "The Rise and Fall of Frontal Leucotomy", in W. A. Whitelaw, ed., *The Proceedings of the 13th Annual History of Medicine Days*(Calgary : University of Calgary, Faculty of Medicine, 2004).

Gretchen Diefenbach, Donald Diefenbach, Alan Baumeister, and Mark West, "Portrayal of Lobotomy in the Popular Press : 1935–1960", *Journal of the History of the Neurosciences* 8, no. 1(1999).

Xenophon, *Memorabilia*, Amy L. Bonnette 옮김(Ithaca, NY : Cornell University Press, 2014), book 3. 한국어판은 천병희 옮김,《소크라테스 회상록》(숲, 2018).

Rene Descartes, *The Philosophical Works of Descartes*, Elizabeth S. Haldane and G. R. T. Ross 옮김(1637 : repr. New York : Cambridge University

Press, 1970).

Immanuel Kant, *Groundwork to the Metaphysics of Morals*, James W. Ellington 옮김(1785 : repr. Indianapolis, IN : Hackett Publishing Company, Inc., 1993). 한국어판은 백종현 옮김,《윤리형이상학 정초》(아카넷, 2018).

Sigmund Freud, *Civilization and Its Discontents*, James Strachey 옮김(1930 : repr. New York : W. W. Norton and Company, 2010). 한국어판은 김석희 옮김, 《문명 속의 불만》(열린책들, 2004).

Damasio, *Descartes' Error*.

Kahneman, *Thinking : Fast and Slow*.

Jonathan Haidt, *The Happiness Hypothesis : Finding Modern Truth in Ancient Wisdom*(New York : Penguin Books, 2006). 한국어판은 권오열 옮김, 《행복의 가설 : 고대의 지혜에 현대 심리학이 답하다》(물푸레, 2010).

The Republic of Plato, Allan Bloom 옮김(New York : Basic Books, 1968).

Ken Wilber, *Eye to Eye : The Quest for a New Paradigm*(Boston, MA : Shambhala, Inc., 1983). 한국어판은 김철수 옮김,《아이 투 아이 : 감각 이성 관조의 눈》(대원출판사, 2004).

A. Aldao, S. Nolen-Hoeksema, and S. Schweizer, S., "Emotion-Regulation Strategies Across Psychopathology : A Meta-analytic Review", *Clinical Psychology Review* 30(2010).

Olga M. Slavin-Spenny, Jay L. Cohen, Lindsay M. Oberleitner, and Mark A. Lumley, "The Effects of Different Methods of Emotional Disclosure : Differentiating Post-traumatic Growth from Stress Symptoms", *Journal of Clinical Psychology* 67, no. 10(2011).

Jon E. Roeckelein, *Dictionary of Theories, Laws, and Concepts in Psychology*(Westport, CT : Greenwood Press, 1998).

P. M. Gollwitzer and V. Brandstaetter, "Implementation Intentions and Effective Goal Pursuit", *Journal of Personality and Social Psychology* 73(1997).

3장 뉴턴의 감정 법칙

James Gleick, *Isaac Newton*(New York : Vintage Books, 2003).

Nina Mazar and Dan Ariely, "Dishonesty in Everyday Life and Its Policy Implications", *Journal of Public Policy and Marketing* 25, no. 1(Spring 2006).

Nina Mazar, On Amir, and Dan Ariely, "The Dishonesty of Honest People : A Theory of Self-Concept Maintenance", *Journal of Marketing Research* 45, no. 6(December 2008).

Michael Tomasello, *A Natural History of Human Morality*(Cambridge, MA : Harvard University Press, 2016). 한국어판은 유강은 옮김, 《도덕의 기원 : 영장류학자가 밝히는 도덕의 탄생과 진화》(이데아, 2018).

Damasio, *Descartes' Error.*

Edward L. Deci and Richard M. Ryan, *Intrinsic Motivation and Self-Determination in Human Behavior*(New York : Plenum Press, 1985).

Tomasello, *A Natural History of Human Morality.*

Robert Axelrod, *The Evolution of Cooperation*(New York : Basic Books, 1984). 한국어판은 이경식 옮김, 《협력의 진화 : 이기적 개인의 팃포탯 전략》(시스테마, 2009).

David Hume, *An Enquiry Concerning Human Understanding*, ed. Eric Steinberg(1748 : repr. Indianapolis, IN : Hackett Classics, 2nd ed., 1993), "Section §3 : Of the Association of Ideas" : and Hume, *A Treatise on Human Nature*, Book 2 : Of the Passions, parts 1 and 2. 전자의 한국어판은 김혜숙 옮김, 《인간의 이해력에 관한 탐구》(지만지, 2012). 후자는 이준호 옮김, 《인간 본성에 관한 논고》(서광사, 2008).

Manson, *The Subtle Art of Not Giving a F*ck.*

Martin E. P. Seligman, *Helplessness : On Depression, Development, and Death*(New York : Times Books, 1975).

Sam Harris, *Waking Up : A Guide to Spirituality Without Religion*(New York : Simon and Schuster, 2014).

David F. Wallace, *This is Water : Some Thoughts, Delivered on a Significant Occasion, About Living a Compassionate Life*(New York : Little, Brown and Company, 2009). 한국어판은 김재희 옮김, 《이것은 물이다 : 어느 뜻깊은 행사에서 전한 깨어 있는 삶을 사는 방법에 대한 생각들》(나무생각, 2012).

Justin Kruger and David Dunning, "Unskilled and Unaware of It : How Difficulties in Recognizing One's Own Incompetence Lead to Inflated Self-Assessments", *Journal of Personality and Social Psychology* 77, no. 6(1999).

Max H. Bazerman and Ann E. Tenbrunsel, *Blind Spots : Why We Fail to Do What's Right and What to Do About It*(Princeton, NJ : Princeton University Press, 2011).

Thomas Gilovich, "Differential Construal and the False Consensus Effect", *Journal of Personality and Social Psychology* 59, no. 4(1990).

Edward Jones and Richard Nisbett, *The Actor and the Observer : Divergent Perceptions of the Causes of Behavior*(New York : General Learning Press, 1971).

Adrienne LaFrance, "The Six Main Arcs in Storytelling, as Identified by an A.I.", *The Atlantic*, 2016년 7월 12일, https://www.theatlantic.com/technology/archive/2016/07/the-six-main-arcs-in-storytelling-identified-by-a-computer/490733/.

Ed Yong, "Psychology's Replication Crisis Is Running Out of Excuses", *The Atlantic*, 2018년 11월 18일, https://www.theatlantic.com/science/archive/2018/11/psychologys-replication-crisis-real/576223/.

Division of Violence Prevention, "The Adverse Childhood Experiences(ACE) Study", National Center for Injury Prevention and Control, Centers for Disease Control and Prevention, Atlanta, GA, 2014년 5월, https://www.cdc.gov/violenceprevention/acestudy/index.html.

Thomas A. Widiger, ed., *The Oxford Handbook of the Five Factor Model* (New York : Oxford University Press, 2017).

William Swann, Peter Rentfrow, and Jennifer Sellers, "Self-verification :
   The Search for Coherence", *Handbook of Self and Identity*(New York :
   Guilford Press, 2003).

Y. Yang and A. Raine, "Prefrontal Structural and Functional Brain Imaging
   Findings in Antisocial, Violent, and Psychopathic Individuals : A Meta-
   analysis", *Psychiatry Research* 174, no. 2(November 2009).

Jocko Willink, *Discipline Equals Freedom : Field Manual*(New York : St.
   Martin's Press, 2017).

Martin Lea and Steve Duck, "A Model for the Role of Similarity of Values
   in Friendship Development", *British Journal of Social Psychology* 21,
   no. 4(November 1982).

Sigmund Freud, *Civilization and Its Discontents*, David McLintock 옮김
   (1941 : repr. New York : Penguin Books, 2002).

Jared Diamond, *Guns, Germs and Steel : The Fates of Human Societies*(New
   York : W. W. Norton and Company, 1997).

4장 모든 꿈을 실현하는 법을 알려 줄게

Gustave Le Bon, *The Crowd : A Study of the Popular Mind*(1896 : repr. New
   York : Dover Publications, 2002).

Jonathan Haidt, *The Righteous Mind : Why Good People Are Divided by
   Politics and Religion*(New York : Vintage Books, 2012).

Le Bon, *The Crowd*.

Barry Schwartz and Andrew Ward, "Doing Better but Feeling Worse :
   The Paradox of Choice", in P. Alex Linley and Stephen Joseph, *Positive
   Psychology in Practice*(Hoboken, NJ : John Wiley and Sons, 2004).

S. B. Johnson, R. W. Blum, and J. N. Giedd, "Adolescent Maturity and
   the Brain : The Promise and Pitfalls of Neuroscience Research in
   Adolescent Health Policy", *Journal of Adolescent Health : Official
   Publication of the Society for Adolescent Medicine* 45, no. 3(2009).

S. Choudhury, S. J. Blakemore, and T. Charman, "Social Cognitive Development During Adolescence", *Social Cognitive and Affective Neuroscience* 1, no. 3(2006).

Erik H. Erikson, *Childhood and Society*(New York : W. W. Norton and Company, 1963).

https://quoteinvestigator.com/2014/04/13/open-mind/.

Eric Hoffer, *The True Believer : Thoughts on the Nature of Mass Movements*(New York : Harper Perennial, 1951). 한국어판은 이민아 옮김, 《맹신자들 : 대중운동의 본질에 관한 125가지 단상》(궁리출판, 2011).

Reza Aslan, *Zealot : The Life and Times of Jesus of Nazareth*(New York : Random House Books, 2013). 한국어판은 민경식 옮김, 《젤롯》(와이즈베리, 2014).

Karl Popper, *The Logic of Scientific Discovery*(1959 : repr. New York : Routledge Classics, 1992). 한국어판은 박우석 옮김, 《과학적 발견의 논리》(고려원, 1994).

John Gray, *Seven Types of Atheism*(New York : Farrar, Straus and Giroux, 2018).

Derek Parfit, *Reasons and Persons*(Cambridge, UK : Cambridge University Press, 1984).

Melody Beattie, *Codependent No More : How to Stop Controlling Others and Care for Yourself*(Center City, MN : Hazelden Publishing, 1986) : and Timmen L. Cermak MD, *Diagnosing and Treating Co-Dependence : A Guide for Professionals Who Work with Chemical Dependents, Their Spouses, and Children*(Center City, MN : Hazelden Publishing, 1998).

Ed Yong, "Psychology's Replication Crisis Is Running Out of Excuses", *The Atlantic*, 2018년 11월 19일, https://www.theatlantic.com/science/archive/2018/11/psychologys-replication-crisis-real/576223/.

Pippa Norris and Ronald Inglehart, *Sacred and Secular : Religion and Politics Worldwide*, 2nd ed.(2004 : repr. New York : Cambridge University Press, 2011).

René Girard, *Things Hidden Since the Foundation of the World*, Stephen

Bann and Michael Metteer 옮김(repr. 1978 : Stanford, CA : Stanford University Press, 1987).

Nigel Davies, *Human Sacrifice in History and Today*(New York : Hippocrene Books, 1988).

Freud, *Civilization and Its Discontents*.

Manson, *The Subtle Art of Not Giving a F*ck*.

E. O. Wilson, *On Human Nature*(1978 : repr. Cambridge, MA : Harvard University Press, 2004). 한국어판은 이한음 옮김, 《인간 본성에 대하여》(사이언스북스, 2000).

Vladimira Čavojova, Jakub Šrol, and Magdalena Adamus, "My Point Is Valid : Yours Is Not : My-Side Bias in Reasoning About Abortion", *Journal of Cognitive Psychology* 30, no. 7(2018).

T. Palfrey and K. Poole, "The Relationship Between Information, Ideology, and Voting Behavior", *American Journal of Political Science* 31, no. 3(1987).

5장 희망을 믿었어? 희망은 자기 파괴적이야

Sue Prideaux, *I Am Dynamite! : A Life of Nietzsche*(New York : Tim Dugan Books, 2018).

F. Nietzsche, *Beyond Good and Evil*, Walter Kaufmann 옮김(1887 : repr. New York : Vintage Books, 1963). 한국어판은 박찬국 옮김, 《선악의 저편》(아카넷, 2018).

Julian Young, *Friedrich Nietzsche : A Philosophical Biography*(Cambridge, UK : Cambridge University Press, 2010).

Friedrich Nietzsche, *Ecce Homo*, R. J. Hollingdale 옮김(1890 : repr. New York : Penguin Classics, 1979). 한국어판은 이상엽 옮김, 《이 사람을 보라》(지식을만드는지식, 2016).

Jared Diamond, "The Worst Mistake in the History of the Human Race", *Discover*, 1987년 5월, http://discovermagazine.com/1987/may/02-

the-worst-mistake-in-the-history-of-the-human-race.

Haidt, *The Righteous Mind.*

Richard Dawkins, *The Selfish Gene : 30th Anniversary Edition*(Oxford, UK : Oxford University Press, 2006). 한국어판은 홍영남 옮김,《이기적 유전자》(을유문화사, 2006).

Steven Pinker, *Enlightenment Now.*

Nietzsche, *Ecce Homo.*

Franco Montanari, Antonios Rengakos, and Christos Tsagalis, *Brill's Companion to Hesiod*(Leiden, Netherlands : Brill Publishers, 2009).

Friedrich Nietzsche, *The Gay Science*, Walter Kaufmann 옮김(1882 : repr. New York : Vintage Books, 1974).

Young, *Friedrich Nietzsche.*

6장 인간성 공식

M. Currey, *Daily Routines : How Artists Work*(New York : Alfred A. Knopf, 2013).

Immanuel Kant, *The Metaphysics of Morals*, ed. Lara Denis, Mary Gregor 옮김(1797 : repr. Cambridge, UK : Cambridge University Press. 2017). 한국어판은 이충진·김수배 옮김,《도덕형이상학》(한길사, 2018).

Immanuel Kant, *Perpetual Peace and Other Essays*, Ted Humphrey 옮김(1795 : repr. Indianapolis, IN : Hackett Publishing Company, 1983).

S. Palmquist, "The Kantian Grounding of Einstein's Worldview : (I) The Early Influence of Kant's System of Perspectives", *Polish Journal of Philosophy* 4, no. 1(2010).

Christine M. Korsgaard, "A Kantian Case for Animal Rights", in *Animal Law : Developments and Perspectives in the 21st Century*, ed. Margot Michael, Daniela Kühne, and Julia Hänni(Zurich : Dike Verlag, 2012).

Hannah Ginsborg, "Kant's Aesthetics and Teleology", *The Stanford Encyclopedia of Philosophy*, ed. Edward N. Zalta, 2014, https://plato.

stanford.edu/archives/fall2014/entries/kant-aesthetics.

Manson, *The Subtle Art of Not Giving a F*ck*.

Kegan, *The Evolving Self*.

B. Korkmaz, "Theory of Mind and Neurodevelopmental Disorders in Childhood", *Pediatric Research* 69(2011).

K. Wilber, *Sex, Ecology, Spirituality : The Spirit of Evolution*(Boston, MA : Shambhala, 2000).

Erikson, *Childhood and Society*.

L. Kohlberg, *The Measurement of Moral Judgment*(Cambridge, MA : Cambridge University Press, 1987).

J. Haidt and G. Lukianoff, *The Coddling of the American Mind : How Good Intentions and Bad Ideas Are Setting Up a Generation for Failure*(New York : Penguin Press, 2018).

F. Fukuyama, *Trust : The Social Virtues and the Creation of Prosperity*(New York : Free Press Books, 1995). 한국어판은 구승희 옮김, 《트러스트 : 사회도 덕과 번영의 창조》(한국경제신문사, 1996).

Kant, *Groundwork to the Metaphysics of Morals*.

7장 고통은 보편 상수

The study this section describes is David Levari et al., "Prevalence-Induced Concept Change in Human Judgment", *Science*, 2018년 6월 29일.

Haidt and Lukianoff, *The Coddling of the American Mind*.

Andrew Fergus Wilson, "#whitegenocide, the Alt-right and Conspiracy Theory : How Secrecy and Suspicion Contributed to the Mainstreaming of Hate", Secrecy and Society, 2018년 2월 16일.

Emile Durkheim, *The Rules of Sociological Method and Selected Texts on Sociology and Its Method*(New York : Free Press, 1982). 한국어판은 윤 병철 옮김, 《사회학적 방법의 규칙들》(새물결, 2019).

Hara Estroff Marano, "A Nation of Wimps", *Psychology Today*, 2004년

11월 1일, https://www.psychologytoday.com/us/articles/200411/nation-wimps.

M. Novak, "9 Albert Einstein Quotes That Are Totally Fake", *Gizmodo*, 2014년 3월 14일, https://paleofuture.gizmodo.com/9-albert-einstein-quotes-that-are-totally-fake-1543806477.

P. D. Brickman and D. T. Campbell, "Hedonic Relativism and Planning the Good Society", in M. H. Appley, ed. *Adaptation Level Theory : A Symposium*(New York : Academic Press, 1971).

B. Headey, "The Set Point Theory of Well-Being Has Serious Flaws : On the Eve of a Scientific Revolution?", *Social Indicators Research* 97, no. 1(2010).

D. Gilbert, *Stumbling on Happiness*(New York : Alfred A. Knopf, 2006).

J. S. Mill, *Utilitarianism*(1863). 한국어판은 서병훈 역,《공리주의》(책세상, 2018).

P. Brickman, D. Coates, and R. Janoff-Bulman, "Lottery Winners and Accident Victims : Is Happiness Relative?", *Journal of Personality and Social Psychology* 36, no. 8(1978).

A. Schopenhauer, *Essays and Aphorisms*, R. J. Hollingdale 옮김(New York : Penguin Classics, 1970). 한국어판은 최현 옮김,《쇼펜하우어 인생론》(종합출판범우, 2018).

David Halberstam, *The Making of a Quagmire*(New York : RandomHouse, 1965).

Zi Jun Toong, "Overthrown by the Press : The US Media's Role in the Fall of Diem", *Australasian Journal of American Studies* 27(July 2008).

Matthew Thorpe, "12 Science-Based Benefits of Meditation", *Healthline*, 2017년 7월 15일, https://www.healthline.com/nutrition/12-benefits-of-meditation.

N. N. Taleb, *Antifragile : Things That Gain from Disorder*(New York : Random House, 2011). 한국어판은 안세민 옮김,《안티프래질 : 불확실성과 충격을 성장으로 이끄는 힘》(와이즈베리, 2013).

Ray Kurzweil, *The Singularity Is Near : When Humans Transcend*

Biology(New York : Penguin Books, 2006). 한국어판은 장시형·김명남 옮김,
《특이점이 온다 : 기술이 인간을 초월하는 순간》(김영사, 2007).

Steven Pinker, *Enlightenment Now*.

Manson, *The Subtle Art of Not Giving a F*ck*.

8장 감정 경제

A. T. Jebb et. al., "Happiness, Income Satiation and Turning Points Around
the World", *Nature Human Behaviour* 2, no. 1(2018).

M. McMillen, "Richer Countries Have Higher Depression Rates",
WebMD, 2011년 7월 26일, https://www.webmd.com/depression/
news/20110726/richer-countries-have-higher-depression-rates.

R. Davison, *The Fourth Economy : Inventing Western Civilization*, self-
published ebook, 2011.

K. Tiffany, "The Perennial Debate About Whether Your Phone Is Secretly
Listening to You, Explained", Vox, 2018년 12월 28일, https://www.
vox.com/the-goods/2018/12/28/18158968/facebook-micro phone-
tapping-recording-instagram-ads.

Barry Schwartz, *The Paradox of Choice : Why More is Less*(New York :
HarperCollins Ecco, 2004). 한국어판은 형선호 옮김, 《선택의 패러독스》(웅진닷
컴, 2004).

Robert Putnam, *Bowling Alone : The Collapse and Revival of American
Community*(New York : Simon and Schuster, 2001). 한국어판은 정승현 옮김, 《나
홀로 볼링 : 볼링 얼론, 사회적 커뮤니티의 붕괴와 소생》(페이퍼로드, 2009).

F. Sarracino, "Social Capital and Subjective Well-being Trends : Comparing
11 Western European Countries", *Journal of Socio-Economics* 39(2010).

Putnam, *Bowling Alone*.

Alfred N. Whitehead, *Process and Reality : Corrected Edition*, ed. David Ray
Griffin and Donald W. Sherburne(New York : The Free Press, 1978). 한국어
판은 오영환 옮김, 《과정과 실재》(민음사, 2003).

Plato, *Phaedrus*, 253d. 한국어판은 김주일 옮김, 《파이드로스》(이제이북스, 2012).

Plato, *The Republic*. 한국어판은 천병희 옮김, 《국가》(숲, 2013).

Fukuyama, *Trust*.

9장 최후의 종교

Michael Klein, "Google's AlphaZero Destroys Stockfish in 100-game Match", Chess.com, 2017년 12월 7일, https://www.chess.com/news/view/google-s-alphazero-destroys-stockfish-in-100-game-match.

K. Beck, "A Bot Wrote a New Harry Potter Chapter and It's Delightfully Hilarious", *Mashable*, 2017년 12월 17일, https://mashable.com/2017/12/12/harry-potter-predictive-chapter.

J. Miley, "11 Times AI Beat Humans at Games, Art, Law, and Everything in Between", *Interesting Engineering*, 2018년 3월 12일, https://interestingengineering.com/11-times-ai-beat-humans-at-games-art-law-and-everything-in-between.

D. Deutsch, *The Beginning of Infinity : Explanations that Transform the World*(New York : Penguin Books, 2011).

Haidt, *The Righteous Mind*.

Michal Kranz, "5 Genocides That Are Still Going on Today", *Business Insider*, 2017년 11월 22일, https://www.businessinsider.com/genocides-still-going-on-today-bosnia-2017-11.

"Hunger Statistics", Food Aid Foundation, https://www.foodaidfoundation.org/world-hunger-statistics.html.

옮긴이 한재호
연세대학교 철학과를 졸업했다. 영어 강사와 회사원을 거쳐 전문 번역가로 활동 중이다.
옮긴 책으로『신경 끄기의 기술』,『심야의 철학도서관』등이 있다.

희망 버리기 기술

초판 1쇄 발행 2019년 09월 17일
초판 3쇄 발행 2024년 01월 22일

지은이 마크 맨슨
옮긴이 한재호

발행인 이봉주 **단행본사업본부장** 신동해
교정 신윤덕 **마케팅** 최혜진 이인국 **홍보** 반여진 허지호 정지연 송임선
국제업무 김은정 김지민 **제작** 정석훈
디자인 오필민 디자인

브랜드 갤리온
주소 경기도 파주시 회동길 20
문의전화 031-956-7208(편집) 031-956-7089(마케팅)
홈페이지 www.wjbooks.co.kr
인스타그램 www.instagram.com/woongjin_readers
페이스북 www.facebook.com/woongjinreaders
블로그 blog.naver.com/wj_booking

발행처 ㈜웅진씽크빅
출판신고 1980년 3월 29일 제406-2007-000046호

한국어판 출판권 ⓒ 웅진씽크빅, 2019
ISBN 978-89-01-23515-8 (03190)